Edition Akzente
Herausgegeben von
Michael Krüger

Klaus Reichert

Die unendliche Aufgabe
Zum Übersetzen

Carl Hanser Verlag

1 2 3 4 5   07 06 05 04 03

ISBN 3-446-20278-1
© 2003 Carl Hanser Verlag München Wien
Umschlag: nach einem Entwurf von Klaus Detjen
unter Verwendung eines Motives von John Cage:
OHNE TITEL, New River Watercolor, Serie II,
April 1988, Margarete Roeder Gallery, New York
Satz: Filmsatz Schröter GmbH, München
Druck und Bindung: Friedrich Pustet, Regensburg
Printed in Germany

Inhalt

Vorwort: Wir Übersetzer 7

I

Zur Übersetzbarkeit von Kulturen – Appropriation,
Assimilation oder ein Drittes? 25
Im Hinblick auf eine Geschichte
des Übersetzens 42
Lesbarkeit oder Erhaltung der Komplexität?
Thesen zur Praxis des Übersetzens 63
Der Silberblick für das Detail in der
Geschichte des Übersetzens 79
Stil und Übersetzung 99
Im Namen der Prose 119
Zum Übersetzen aus dem Hebräischen 131

II

Zeit ist's. Die Bibelübersetzung von Franz Rosenzweig
und Martin Buber im Kontext 151
Ein Shakespeare aus Flandern 199
Der erste deutsche Hamlet-Monolog 220
Deutschland ist nicht Hamlet. Der Hamlet-Monolog
am Vorabend der Reichsgründung 225
What Where? Becketts Hinüber und Herüber 233

III

Die Herausforderung des Fremden
Erich Fried als Übersetzer 251

Dankrede nach der Überreichung des
Wieland-Preises 268
Zur Technik des Übersetzens amerikanischer
Gedichte 275

Die wichtigsten Übersetzungen des Autors 300
Nachweise 302

Vorwort: Wir Übersetzer

> »*Ob Uebersetzungen* möglich *seyen,*
> *darum hat sich niemand bekümmert.*«
> Friedrich Schlegel

1

Als Bottom der Weber im Sommernachtstraum von Puck einen Eselskopf aufgesetzt bekommen hat, schreit sein Spießgeselle Peter Quince entsetzt: »Bottom thou art translated«. Wie kann man das übersetzen? Du bist verwandelt, verwunschen, verhext? Gewiß, etwas in dieser Richtung ist gemeint, aber das steht nicht da. Da steht – wortwörtlich – »Du bist übersetzt.« Kann man das sagen? Sollen wir uns Bottom als Esel, als die Inkarnation, als eine bühnenfleischgewordene Imago der Übersetzung vorstellen?

Warum nicht? Die Übersetzung ist oft eine Metamorphose genannt worden, also die Verwandlung von einer *Form* in eine andere: der Handwerker als Esel. Für die klassischen Texte, Ovids Metamorphosen, ist bezeichnend, daß die Verwandlung nicht ganz aufgeht, daß vielmehr in der neuen Gestalt die alte mitgesetzt bleibt, ja sogar auf ihren charakteristischen Zug konzentriert sein kann. Als die trauernde Niobe in Gestein verwandelt wird, bezeugen die darüberströmenden Gewässer die nicht zu stillende Gegenwärtigkeit ihrer Tränen. Die um ihre verschmähte Liebe zu Narziß klagende Nymphe Echo ist schließlich totes Gebein, aber eben auf immer Stimme, die Stimme der Wiederholung. Als die lykischen Bauern, die die unstet wandernde, mit Apollo und Artemis schwangere Leto verhöhnen, in Frösche verwandelt wurden, heißt es: »quamvis sint sub aqua, sub aqua maledicere temptant«: der Zustand der Verwandlung ist also *zugleich* die lautmalerische Übersetzung des Froschchors. Bottom als Esel: er hat Appetit auf »a bottle of hay« (so übersetzt er »bundle of hay«), auf einen Arm voll Futter, trockene Eicheln, und er ist zugleich der »bully«, der er war, geblieben, der Großsprecher und Möchtegern, der am liebsten ein Verwandlungskünstler wäre. In dem Stück, nach Ovid, das die Handwerker proben, soll er den Pyramus spielen, aber das reicht ihm nicht – »let me play Thisbe too«. Auch den Löwen im Stück will er geben, und auf den Einwand, er werde zu laut brüllen, so daß die Damen erschrecken, verspricht er, die Stimme des Löwen in die einer Nachtigall zu übersetzen. Wer kann eins ins andere verwandeln, eine Form durch eine andere ersetzen, alle Rollen zugleich spielen, wenn nicht der Übersetzer (und sein Stiefbruder der Dichter)? Und die so häufig verfehlte Rede Bottoms, seine Verwechslung von Sagen und Meinen, diese Quelle der Komik, könnte eine Reflexion auf das Übersetzen implizieren: das von Fall zu Fall (notwendig?) Verfehlte, Verzerrte, Überzeichnete, Befremdliche oder schier Unausdenkliche, das bei der Transformation einer Sprache in eine andere herauskommt, ein zwittriges Geschöpf. Die losen Enden. Das Unvernähte. Lassen sich dabei die verfitzten Webstrippen wieder entwirren? Die Zettel oder Kettfäden? Wieder mit eigenem Kopf sinniert Bottom über seine Übersetzung: wer auch immer erklären möchte, was mit ihm war, wäre ein Esel, nur könnte man dem Geschehen, was immer es war, den Namen geben »Bottom's Dream« – »because it hath no bottom.« Und die einzige ›wahre‹ Aussage, die Bottom in der ganzen Komödie von sich gibt, könnte auch über jeder Übersetzung stehen: »Ich, Pyramus, bin nicht Pyramus.«

2

Der Mensch ist ein Wesen, das auf das Übersetzen angewiesen ist wie auf die Luft. Alles Reden sei Übersetzung, schrieb Johann Georg Hamann. Man kann das ergänzen: alles Wahrnehmen und Empfinden ist es auch. Mit dem Übersetzen beginnt die Welt: ob für den Neuankömmling, der sich zwei fleischige Wülste in Objekte des Begehrens übersetzt, die Mutterbrust, ob für den Erfinder der Religion, der sich den Donner in die Stimme einer übernatürlichen Instanz übersetzt, die er glaubt fürchten zu müssen und daher vorsichtshalber anbetet. Früh auch tauchen die Mißverständnisse auf, die Fragen ob etwas so oder so zu übersetzen sei, und sie sind oft unlösbar. Ist das ›Klartext‹, was die Mutter *meint*, wenn sie es *sagt*, oder ist es eher das, was sie in ihrer Mimik und Gestik zum Ausdruck bringt, also das Gegenteil? Wie immer die Antwort ausfällt, ist sie falsch. Das kann in Extremfällen zu dem führen, was man ›double bind‹ genannt und für die Entstehung von Schizophrenie verantwortlich gemacht hat. Im Sonderfall des Übersetzens literarischer Texte kann ein ›double bind‹ es nötig werden lassen, beide Schichten übersetzen zu müssen, die wortwörtliche und die möglicherweise gegenläufige darunter. Aber wie?

Jede Kommunikation ist ein Übersetzungsvorgang, der auf mehreren Ebenen gleichzeitig abläuft. »Du hast das-und-das gesagt.« »Ja, aber ich habe es anders gemeint.« »Nein, ich seh's dir doch an, daß du genau das gemeint hast, was du gesagt hast.« So läßt sich nur argumentieren, weil Wörter einen Spielraum haben, eine Unschärfe, an deren probierender Fixierung mindestens zwei beteiligt sind – der, der spricht, und der, der hört –, die keinesfalls den gleichen Konvergenzpunkt im Auge haben müssen. (Die Verständigung über den Wortgebrauch in der Alltagssprache ist ein Kompromiß und schließt das Mißverständnis immer ein.) Die Diskrepanz zwischen Sagen und Meinen ist kaum zu vermeiden und macht (ohne daß wir das immer merken) mehrere Übersetzungsschritte nötig, um beide notdürftig zur Deckung zu bringen. (Peirce schrieb, Bedeutung sei die Übersetzung eines Zeichens in ein anderes Zeichen*system.*) Paradoxerweise ist die Diskrepanz in der Literatur zunächst weniger offensichtlich, weil hier Bedeutung in einem komplexen Lenkungsvorgang *jeweils* hergestellt wird. Die Diskrepanz zeigt sich hier erst in großer Schärfe, wenn von einer Sprache in eine andere übersetzt wird. Übersetzer sagen gern, sie wollten übersetzen, was (oder wie es) der Autor gemeint hat. Aber wie wollen sie das wissen, selbst bei einem zeitgenössischen Autor, den man befragen kann, angesichts der Wahlmöglichkeiten schon des schlichtesten Wortes, die sich eröffnen? Und wie erst bei Texten, von denen uns Jahrhunderte oder Jahrtausende trennen?

Das Problem ist natürlich viel allgemeiner und läßt sich in verschiedene Richtungen verfolgen. Benjamin schreibt: »In ›Brot‹ und ›pain‹ ist das Gemeinte zwar dasselbe, die Art, es zu meinen, dagegen nicht. In der Art des Meinens nämlich liegt es, daß beide Worte dem Deutschen und dem Franzosen je etwas Verschiedenes bedeuten, daß sie für beide nicht vertauschbar sind, ja sich letzten Endes auszuschließen streben ...« Übertragen auf die Literatur ist das Mißverhältnis der Arten des Meinens kaum zu richten. Wenn ich das englische ›moon‹ in einem Gedicht mit ›Mond‹ übersetze, entstehen auf Grund der literarischen Tradition ganz andere Erinnerungsräume als die, die im Original geöffnet waren (abgesehen davon, daß im Englischen ›moon‹ als Femininum zu denken ist). Wir haben es hier mit dem Neben- oder sogar dem Gegeneinander zweier Kulturkreise zu tun, die sich nur in dem einen Punkt der ›Wortgleichung‹ treffen. Übersetzen als Entsprechung wäre also Illusion. Und dennoch verstehen wir, was gesagt ist, wenn wir vielleicht auch das Gemeinte erst erfassen, wenn wir in beiden Kulturen zu Hause sind. Hinter dieser Inkompatibilität steht das noch allgemeinere Problem des sogenannten ›Sprachgeistes‹, das seit dem späten 18. Jahrhundert diskutiert zu werden beginnt. Läßt sich der ›Geist‹ einer Sprache in einer anderen ab- und nachbilden? August Wilhelm Schlegel scheint das für möglich gehalten zu haben, wenn er 1796 die Prosaübersetzungen Shakespeares bemängelte und sich den Weg für seine eigenen Unternehmungen bahnte: »Wenn es nun möglich wäre, ihn treu und zugleich poetisch nachzubilden, Schritt vor Schritt dem Buchstaben des Sinnes zu folgen, und doch einen Teil der unzähligen, unbeschreiblichen Schönheiten, die nicht im Buchstaben liegen, die wie ein geistiger Hauch über ihm schweben, zu erhaschen! Es gilt einen Versuch.«[1] Oder auch, derselbe Schlegel: »Wörtlichkeit ist noch lange keine Treue.« Schlegel hatte deshalb alles andere als eine »Kopie« im Sinn; der fremde »geistige Hauch« sollte sich seinen Übersetzungen gleichsam anschmiegen, so daß sie sich wie aus einem Geist erzeugte lesen ließen (und die Erfolgsgeschichte gab ihm recht, die Shakespeare zum dritten deutschen Klassiker promovierte). Andere sahen das anders und versuchten, der eigenen Sprache die fremde aufzupfropfen, das Deutsche also sozusagen zu vergriechischen (Voß, Hölderlin). Diese Übersetzer dichteten gewissermaßen in zwei Sprachen gleichzeitig und hatten im Zuge der Entstehung einer deutschen Nationalliteratur wenig Chancen, gehört zu werden. Das wurde erst anders unter veränderten politischen Bedingungen um den Ersten Weltkrieg. Bis dahin dürfte das eine knappe Generation nach Schlegel geäußerte Urteil Leopardis über die unüberbrückbare Eigengesetzlichkeit der Sprachen – mithin also über die Unmöglichkeit ›adäquater‹ Übersetzung – einer konsensfähigen Überzeugung Ausdruck gegeben haben: »Es kann nicht sein, daß eine solche Sprache, indem sie genau die besonderen Formen und Sätze einer andern, verschieden gearteten Sprache nachmacht, den Charakter, den Genius derselben darstelle und ihren Geist bewahre; hat man doch stets in den einzelnen Fällen bemerkt, und die allgemeinen Vernunftgründe bestätigen es, daß dabei die völlig entgegengesetzte Wirkung entsteht, selbst wenn es sich noch um benachbarte und im Wesen vergleichbare Sprachen handelt. Doch davon abgesehen und nur auf Grund jener ersten Unmöglichkeit meine ich, daß die besondere Wesensart einer Sprache stets von Natur die anderen Arten ausschließt ...«[2]

3

Und dennoch wurde seit unvordenklichen Zeiten übersetzt – in schierer rechtsetzender Anverwandlung oder in Ausnutzung der Unschärfe. Das deutsche Wort ›übersetzen‹ ist erst seit dem späten 17. Jahrhundert gebräuchlich und löst das bis dahin verwendete ›dolmetschen‹, ein Wort slavischer Herkunft, ab. Dem Wort hört man den Vorgang des *Über*setzens an, von einem Ufer zum anderen, oder im Sprung über einen Graben. Ganz anders und weiterreichend ist das lateinische ›translatio‹ (von ›transferre‹). Das heißt zunächst nichts anderes als das Versetzen, insbesondere der Gewächse, also die Verpflanzung, aber auch das Aufpfropfen. Gedeiht etwas in fremdem Boden, und kann es sich da so entfalten wie im alten? Die translatio der Rebstöcke und Eichbäume nach Germanien zeigt, daß es gehen kann. Translatio heißt weiter ›das Abgießen in ein anderes Gefäß‹ – da bliebe der Inhalt der gleiche, aber die Form änderte sich. (Und so galt jahrhundertelang ein Übersetzen als legitim.) Translatio heißt die Übertragung eines Wortes oder Gedankens in eine uneigentliche Bedeutung. Hierher gehört der gesamte Bereich der Tropen, der bildlichen Rede, der Metaphern, also auch der größte Teil der alltagssprachlichen Verständigung. (Wenn ich sagte, daß der Kommunikationsvorgang ein ständiger Übersetzungsprozeß sei, wäre jetzt zu ergänzen, daß auch der Sprechende selber, indem er sich figurativer Rede bedient – und wie anders sollte er sprechen können? –, ständig übersetzt.)

Translatio heißt Veränderung, Vertauschung (da wären wir wieder bei unserem übersetzten Bottom), und es heißt schließlich auch Übersetzung, aber nur in Bezug auf die mündliche Rede (ein anderes Übersetzen wäre ›interpretatio‹).

Man sieht, translatio ist ubiquitär, sie gehört zum Alltag und Landbau, zur gewöhnlichen und geschliffenen Rede, und zum Gericht (im Sinne der Abweisung einer Klage) gehört sie auch. Sie gehört zur *praktischen* Kultur nach Maßgabe einer umordnenden Neusetzung. (Im Mittelalter wird man dann von einer translatio imperii sprechen und meint damit die ›Übertragung‹ des Römischen Reichs in ein *Heiliges* Römisches Reich nördlich und südlich der Alpen.) Translatio (oder auch interpretatio) hat aber wenig zu tun mit dem, was wir unter Übersetzung als der Geltung des Eigenrechts zweier Sprachen verstehen. Nietzsche hat sich in der *Fröhlichen Wissenschaft* (II, 83) über die Indolenz der Römer in diesem Punkt geärgert: »... das römische Alterthum selbst: wie gewaltsam und naiv zugleich legte es seine Hand auf alles Gute und Hohe des griechischen älteren Alterthums! Wie übersetzten sie in die römische Gegenwart hinein! Wie verwischten sie absichtlich und unbekümmert den Flügelstaub des Schmetterlings Augenblick!« »... als Dichter liessen sie diese ganz persönlichen Dinge und Namen und Alles, was einer Stadt, einer Küste, einem Jahrhundert als seine Tracht und Maske zu eigen war, nicht gelten, sondern stellten flugs das Gegenwärtige und das Römische an seine Stelle.« »... das Vergangene und Fremde war ihnen peinlich, und als Römern ein Anreiz zu einer römischen Eroberung. In der That, man eroberte damals, wenn man übersetzte, – nicht nur so, dass man das Historische wegliess: nein, man fügte die Anspielung auf das Gegenwärtige hinzu, man strich vor Allem den Namen des Dichters hinweg und setzte den eigenen an seine Stelle ...«[3]

Anders als bei der Literatur war es bei solchen Texten, die als heilige verstanden wurden. Was Gott seinem Mann Moses diktiert hatte, wollte wortwörtlich übertragen werden. Aber was hieß das? Als eine Gruppe von Gelehrten, die sogenannten Siebzig, im 3. und 2. Jahrhundert v. u. Z. in Alexandria die hebräische Bibel ins Griechische übersetzten, bedeutete das eine Versetzung, Verpflanzung in einen ganz anderen Kulturraum: aus einer archaischen, hart gefügten Sprache nomadischer Stämme wurde die nuancenreiche, in den Zeitstufen differenzierte Philosophensprache einer Metropole. Wie stand es da um die Wortwörtlichkeit, zumal wenn allenfalls die Bedeutung eines Wortes übertragen werden konnte, nicht aber dessen Buchstäblichkeit, das heißt der Zahlenwert der Wörter? Ich möchte hier nur auf eine Entscheidung der Siebzig hinweisen, die weitreichende Folgen haben sollte. In der hebräischen Bibel gibt es zehn verschiedene Gottesnamen, die für unterschiedliche Machtbereiche stehen. Kompliziert wird die Sache noch dadurch, daß es Überschneidungen mit den Götternamen angrenzender Religionen gibt. So ist »El« (Jakob nennt eine Stätte ›Beth-El‹, ›Haus Gottes‹) ein geläufiger Gottesname im altorientalischen Raum, und auch der El der Sumerer und Babylonier kann es regnen lassen, was der Judengott aber für sich allein beansprucht. Er ist ein ›eifernder Gott‹, was eben auch aus der großen Konkurrenz verständlich wird. Hier hat die Septuaginta sich entschieden, die Namen zu vereinheitlichen und mit Gott, theos, zu übersetzen (›Beth-El‹ heißt z. B. ›oikos theou‹); der unaussprechliche Gottesname (JHVH), der ›adonai‹ (›Herr‹) gelesen werden muß, aber eben in den Buchstaben sichtbar bleibt, heißt nur noch ›kyrios‹, d. h. der Name ist getilgt; und wo das Machtaggregat im Namen nicht zu übersehen war, wurde es zu einem Attribut des einen Gottes herabgestuft (so wurde aus Eljon der Höchste, aus Shaddai der Allmächtige). Ist es zuviel gesagt, daß die Erfolgsgeschichte des Monotheismus eine Folge übersetzerischer Entscheidungen gewesen ist?

Bibelübersetzungen aus nicht-theologischer Sicht zu beurteilen, bleibt immer ein erstaunliches intellektuelles Vergnügen. Davon zu unterscheiden ist das kulturelle oder historische Umfeld, in das hinein übersetzt wurde, davon zu unterscheiden sind die Wirkungen, die sie hatten, und die Traditionen, die sie schufen, auch, wenn diese auf durchaus bezweifelbare übersetzerische Entscheidungen zurückgehen mochten. Jedenfalls ist die Entwicklung des Christentums ohne die Grundtexte in Übersetzungen – der griechischen für die Ostkirche, der lateinischen für die Westkirche – gar nicht zu denken. So sprach denn Gott das abendländische Mittelalter hindurch Lateinisch. In diesem Zusammenhang ist noch an eine andere übersetzerische Großtat zu erinnern, ohne die das Denken des lateinischen Hochmittelalters einen anderen Verlauf genommen hätte. Nach dem Untergang des Römischen Reiches war im Westen die Verbindung zum großen Schatz des Wissens der Alten weitgehend unterbrochen. Tradiert, kommentiert und weiterentwickelt wurde es aber von arabischen und jüdischen Gelehrten, die sich die Texte vor allem aus dem Griechischen in die eigenen Sprachen übersetzt hatten. Da geschah im 12. und 13. Jahrhundert wissenschaftsgeschichtlich etwas ganz Außerordentliches: die arabischen und hebräischen Schriften wurden in Toledo und am Kaiserhof Friedrichs II. in Sizilien gesammelt, in eine der romanischen Vernacularsprachen übersetzt und von da aus wiederum in eine lateinische Form gebracht. Die ursprünglichen Texte bekamen also erst über mindestens zwei Zwischenstufen, dazu durch Kommentare ergänzt oder durchsetzt, die Gestalt, in der das Abendland sie aufnehmen konnte. Jedem Übersetzer schwindelt es bei dem Gedanken, was auf solchen Wegen alles verloren geht – und hinzukommt. Aber durch eben diese Übersetzungen wurden Wissenschaft und Kultur des povren lateinischen Westens in nicht zu überschätzender Weise beflügelt und verändert. Aristoteles wurde entdeckt, Galen, Ptolemäus, Euklid, Plato (von dem bis dahin nur eine verstümmelte Version des Timaios bekannt war). Damit wurden Astronomie und Astrologie, Logik, Erkenntnislehre und Metaphysik, Mathematik und Medizin auf ein neues Fundament gestellt, damit bekam der Westen letzten Endes seine wissenschaftliche Beschleunigung, die den einstigen islamischen Vorsprung einholte und dann hinter sich ließ. Man könnte, was damals geschah, eine translatio scientiae nennen. Als dann nach dem Fall von Byzanz das Griechische und die griechischen Originale dem Abendland wieder zugänglich wurden, begann die Arbeit der Philologen; die großen wissenschaftlichen Impulse hatte es davor gegeben. Das Beispiel soll zeigen, daß es durchs Übersetzen Texte gibt, eben die wissenschaftlichen, für die die Differenz zwischen Sagen und Meinen relativ unerheblich ist und bei denen der reine Sachgehalt, auch in seinen produktiven Mißverständnissen, in den Gang der Geschichte unumkehrbar eingreift. Diese appropriierende Schlichtheit ist bei der übersetzerischen Auseinandersetzung mit literarischen Gegenständen undenkbar, weil sie eine Reflexion auf das sprachliche Gemachtsein ihrer Objekte voraussetzt.

4

Ein systematisches Nachdenken über die *Theorie* des Übersetzens beginnt erst gegen Ende des 18. Jahrhunderts und ist mit der Reflexion über die Sprache überhaupt und die Nationalsprachen im besonderen verknüpft.[4] Wenn jede Sprache eine historisch gewachsene, bis in kleinste Nuancen ausdifferenzierte Eigengesetzlichkeit entwickelt hat, wie läßt sich begründen, das in dieser Sprache Formulierte in eine andere, anderen Gesetzen folgende Sprache konvertieren zu können? Läßt sich überhaupt das Fremde im Eigenen nachbilden? Schleiermacher schreibt dazu 1813: »Wer überzeugt ist daß wesentlich und innerlich Gedanke und Ausdrukk ganz dasselbe sind, und auf dieser Ueberzeugung beruht doch die ganze Kunst alles Verstehens der Rede, und also auch alles Uebersetzens, kann der einen Menschen von seiner angebornen Sprache trennen wollen, und meinen, es könne ein Mensch, oder auch nur eine Gedankenreihe eines Menschen, eine und dieselbe werden in zwei Sprachen?«[5] Da das nicht gehen kann, da jeder Anschein eines Identischen zu vermeiden ist (von der Art: hätte ein Grieche oder Römer deutsch geschrieben, hätte er so geschrieben wie sein Übersetzer), da also die *Differenz* zu erhalten ist, sieht Schleiermacher die Notwendigkeit, eine Sprache zu finden, der »die Spuren der Mühe aufgedrückt sind und das Gefühl des Fremden beigemischt bleibt.« Er verlangt, den Leser dem Original entgegen zu bewegen (nicht umgekehrt). Dadurch kann etwas entstehen, das zugleich den Geist zweier Sprachen sichtbar werden läßt und die Bewegung der Geschichte, die Differenz zu Damals und zum Fremden, nicht unterschlägt. Diese Aufgabe ist aber wohl nur als unabschließbarer Prozeß denkbar, weil jede Übersetzung im Fluß der Geschichte steht und mit dem Tag ihres Erscheinens schon ihren historischen Standort markiert.

Wenn Bedeutung in einem literarischen Text etwas ist, das sich erst jeweils herstellt (das gleiche Wort hätte in einem anderen Kontext eine andere Bedeutung), dann erscheint das Problem des Übersetzens vollends als unlösbar. Herder sagte zwar schon früh: »Der beste Uebersetzer muß der beste Erklärer sein«, aber wie soll das gehen, wenn der Text erst in seine Konstituentien, die die Bedeutung bestimmen, zerlegt werden muß, um dann zu eben dieser Bedeutung mit anderen Bausteinen wieder zusammengesetzt zu werden? Die Romantiker – die Brüder Schlegel, Novalis –, in deren Umkreis Schleiermacher stand (von Friedrich Schlegel bezog er wohl entscheidende Ideen[6]), begannen darum gleichsam von vorn: »Wir wissen eigentlich noch gar nicht, was eine Uebersetzung sey« (Friedrich Schlegel). Derselbe Schlegel: »Was in gewöhnlichen guten oder vortrefflichen Übersetzungen verloren geht, ist grade das Beste.« Und noch einmal: »Eine Uebersetzung ist durchaus keine Nachbildung. Ueber das Wörtchen Nach bei Uebersetzungen.« Für Friedrich Schlegel war das bisherige Übersetzen ein Sistieren, eine Erstarrung, eine Verabschiedung aus dem historischen Prozeß. Dem stellte er die Forderung entgegen: »Jede Uebersetzung ist eine unbestimmte, unendliche Aufgabe.« Sie ist unbestimmt, weil die Übersetzung im Entstehen erst wittern muß, welchen Stellenwert die Bedeutung eines Textes (eines Wortes, einer Wendung, eines Verses), die im Rad der Geschichte ja nie stabil sein *kann*, in einer gegenwärtigen Konstellation, vielleicht auch nur im Momentanen, Ephemeren, hat oder haben muß. (Das im Alltäglichen Unscharfe bekommt hier zusätzlich historisches Gepäck.) Und sie ist unendlich, weil wir im Fluß der Zeit stehen, also nur flüchtige Gäste in einem permanenten Progreß der Sprach- und Bedeutungsveränderung sind, und weil zweitens, gleichsam netzartig, je nach Talent, je nach Interesse, die Assoziationsspielräume verschiedene sind. (Beides, das Unbestimmte und das Unendliche, verläuft natürlich sowohl vorwärts wie rückwärts, in die Zukunft wie in die Vergangenheit. Man kann zum Beispiel zeigen, daß der *Ulysses* unsere Lektüre Homers verändert hat.) Die Grenzen eines an der Umsetzung, an der Ersetzung ausgerichteten Übersetzens sind damit freilich überschritten, und es erscheint nur konsequent, wenn von Brentano die Übersetzung mit dem Romantischen überhaupt gleichgesetzt werden konnte. Übersetzen ist ein Reflektieren über Sprache als Bewegung, das sich von der philosophischen Reflexion darin unterscheidet, daß die Bewegung zweier Sprachen im Auge behalten werden muß, aufeinander zu oder voneinander weg.

Novalis hat in einem Blütenstaub-Fragment das, was er verändernde Übersetzung nennt, auf eine emphatische Formel gebracht: »Zu den verändernden Übersetzungen gehört, wenn sie echt sein sollen, der höchste poetische Geist. [...] Der wahre Übersetzer dieser Art muß in der Tat der Künstler selber sein, und die Idee des Ganzen beliebig so oder so geben können. Er muß der Dichter des Dichters sein und ihn also nach seiner und des Dichters eigner Idee zugleich reden lassen können. In einem ähnlichen Verhältnisse steht der Genius der Menschheit mit jedem einzelnen Menschen.«[7] Und in einem Brief an August Wilhelm Schlegel schreibt Novalis: »Übersetzen ist so gut dichten, als eigene Werke zustande bringen – und schwerer, seltener. Am Ende ist alle Poesie Übersetzung.«

5

Bei den in diesem Band zusammengestellten Arbeiten aus über dreißig Jahren handelt es sich fast ausschließlich um Vorträge, die zu bestimmten Anlässen gehalten wurden. Ich habe immer versucht, die Praxis des Übersetzens durch Überlegungen zur Geschichte und Theorie zu begleiten. Es versteht sich, daß während eines so langen Zeitraums die Perspektiven wechseln, die Akzente anders gesetzt werden. Ich habe aber nicht versucht, bei der Durchsicht der Texte etwas zu begradigen, damit am Ende so etwas wie ›meine‹ Theorie der Übersetzung herauskäme. Ich habe keine Theorie. Oder vielmehr: ich habe sie bei der übersetzerischen Auseinandersetzung mit dem jeweiligen Gegenstand und muß sie beim nächsten wieder zur Disposition stellen. Zu den ›Akzentumschwüngen‹ gehörte zum Beispiel die Beschäftigung mit dem Hebräischen und die Forderung Rosenzweigs und Bubers, ›von den Wurzeln her‹ zu übersetzen. Auf diese Möglichkeit war ich zwar schon früh, wenn auch eher sporadisch, bei Joyce gestoßen, aber jetzt bekam sie eine theoretische Fundierung und schärfte das Bewußtsein dafür, daß die Aufmerksamkeit für den Wurzelsinn einen ›Unterschied ums Ganze‹ bedeuten konnte. (Seit Anbeginn wurde das erste Genesis-Wort mit ›en arché‹, ›in principio‹, ›Am Anfang‹ übersetzt, bis André Chouraqui die in ›bereshit‹ enthaltene Wurzel, ›rosh‹/›Kopf‹, ernst nahm und das Wort durch den Neologismus ›Entête‹ widergab, also ›Im Kopf schuf Gott …‹ wobei ›Gott‹ hier das nächste Problem wäre.) Übersetzung und Reflexion waren im übrigen immer eingebettet in die Dauerbeschäftigung mit Avantgarde-Literatur (nicht nur des 20. Jahrhunderts), deren Kühnheiten oder Entautomatisierungen (Šklovskij) einen Weg wiesen, den auch Übersetzungen sollten gehen können. Warum denn nicht? Dies jedenfalls ist ein Motiv, das alle hier versammelten Arbeiten, trotz der unterschiedlichen Ansätze im einzelnen, verbindet.

Die Anordnung ist nicht chronologisch. Ich habe versucht, eine sinnvolle Ordnung herzustellen vom mehr Allgemeinen zum Spezielleren, Technischen. Freilich sollte jede Arbeit für sich unter den ihr eigenen Prämissen gewertet werden. (Und man muß sie auch nicht in der hier vorgenommenen Reihenfolge lesen.) Dann ist es hoffentlich auch zu tolerieren, daß gewisse große Namen – Wieland, Schlegel, Voß, Hölderlin, Buber/Rosenzweig – immer wieder auftauchen: ein anderer Zusammenhang wirft ein anderes Licht.

Was in diesem Buch fehlt, ist eine systematische Auseinandersetzung mit Benjamins Thesen über ›Die Aufgabe des Übersetzers‹. Aber darüber – und auch über seinen Messianismus im Sinne der am Ende Einen Sprache, die zu übersetzen Aufgabe der Übersetzung sei – gibt es mittlerweile ganze Bibliotheken. (Aber hat sich schon einmal jemand Gedanken darüber gemacht, daß ›Aufgabe‹ auch ›Aufgeben‹ bedeutet, weil jeder Text – ›zwischen den Zeilen‹, ›als geheime Losung‹ – seine eigene Übersetzung schon enthält?) Was fehlt, zweitens, ist die Darstellung eines mehr als nur lustigen Sonderfalls der Übersetzung, die sich ausschließlich auf die Laute konzentriert und die lexikalische Bedeutung der Wörter dabei unberücksichtigt läßt. Es ist die von Ernst Jandl so genannte Oberflächenübersetzung. (Aus Wordsworths »My heart leaps up when I behold« macht er »mai hart lieb zapfen eibe hold«.) Dadurch werden Wörter generiert (auch durch Überspringen der Wortgrenzen des Originals), deren Kombination zunächst einen eigenartigen Klangteppich ausbreitet, in dem aber zugleich bizarre Bildreste, Bildmuster entstehen. Der große amerikanische Lyriker Louis Zukofsky hat das schon 1961 am ganzen Catull durchprobiert. Was fehlt, schließlich, ist die Auseinandersetzung mit neueren experimentellen Formen des Übersetzens, in denen versucht wird, die unter dem Medusenblick der Tradition starr gewordenen Textgeschöpfe wieder zu verflüssigen (nicht sie zu aktualisieren!) im Sinne der Romantik. Hier wäre zu denken an Oskar Pastiors Petrarca oder an die Shakespeare-Sonette von Franz Josef Czernin und Ulrike Draesner. Oskar Pastior übersetzt einmal Petrarcas ›eternità‹ mit ›Sang und Klang fürs Kinderherz‹. Das war der Titel eines Liederbuchs, das zum Hausschatz der in der ersten Hälfte des 20. Jahrhunderts Geborenen gehörte. Auf dem Buchdeckel sind zwei kniende Kinder zu sehen, die auf ein im Spagat aufgestelltes Buch schauen, aus dem alle möglichen Spielzeugfiguren herausmarschieren; auf dem Deckel des aufgeschlagenen Buches sind zwei kniende Kinder zu sehen, die auf ein im Spagat aufgestelltes Buch schauen, aus dem ... und so immer weiter. Ein Bild für die Ewigkeit, die sich im nicht mehr Sichtbaren verliert. Es bleibt also noch viel zu tun. Eine unendliche Aufgabe.

6

Moishe ist von Galizien nach Neuyork ausgewandert. Nach einer Zeit besuchen ihn seine zwei Freunde. Er erwartet sie am Kai.

Die Freunde begrüßen ihn: »Moishe, biste glicklich?«

Moishe schaut verloren zum Himmel und gibt keine Antwort.

Ah, denken sich die Freunde, er versteht unsere Mameloshn schon nicht mehr, und versuchen es anders: »Moishe, biste heppie?«

Moishe darauf, die Hände hebend, achselzuckend: »Heppie scho – ober glicklich??!«

1 August Wilhelm Schlegel, »Etwas über William Shakespeare bei Gelegenheit Wilhelm Meisters« (1796), in: *Kritische Schriften und Briefe I, Sprache und Poetik*, hrsg. v. Edgar Lohner, Stuttgart: Kohlhammer, 1962, S. 101.

2 Giacomo Leopardi, *Das Gedankenbuch*, Auswahl und Übersetzung v. Hanno Helbling, München: Winkler, 1985, S. 432. Die Aufzeichnung stammt von 1823.

3 Friedrich Nietzsche, *Sämtliche Werke*. Kritische Studienausgabe in 15 Bänden, hrsg. v. Giorgio Colli und Mazzino Molinari, Band 3, München: dtv, 1980, S. 438f.

4 Vgl. hierzu und zum folgenden das glänzende Buch von Friedmar Apel, *Sprachbewegung. Eine historisch-poetologische Untersuchung zum Problem des Übersetzens*, Heidelberg: Winter, 1982.

5 Friedrich Schleiermacher, »Ueber die verschiedenen Methoden des Uebersezens«, in: *Das Problem des Übersetzens*, hrsg. v. Hans Joachim Störig, Stuttgart: Goverts, 1963, S. 60.

6 Nachweise bei Josef Körner in der Einleitung zu seiner Edition »Friedrich Schlegels ›Philosophie der Philologie‹«, in: *Logos* 17 (1928), S. 1-16, bes. S. 8ff. Friedrich Schlegels Übersetzungstheorie wird von Friedmar Apel (Anm. 4) rekonstruiert.

7 Fragment 68 nach der Zählung von Kluckhohn (1928) und Minor (1907), Nr. 74 nach Ewald Wasmuth (1943).

I

Zur Übersetzbarkeit von Kulturen – Appropriation, Assimilation oder ein Drittes?

Hinter dem alten Streit – soll man ein fremdes Werk in der eigenen Sprache fugen- und bruchlos gleichsam neu schreiben, es der eigenen Sprache integrieren, oder soll man seine Fremdheit erhalten – hinter diesen beiden entgegengesetzten Theorien vom Übersetzen verbirgt sich, wie erst langsam ins Bewußtsein kommt, eine Kulturtheorie, eine heimliche Theorie über den Umgang mit dem Fremden. Ich möchte behaupten, daß in dem, was etwa seit Goethe als gleichsam konstante Option verstanden wird, wobei die Entscheidung für die eine oder die andere Möglichkeit von der Freiheit des Übersetzers in der Wahl der Perspektive auf den Text abhängt, sich historisch benennbare, einander ablösende Stadien der Aneignung des Fremden abbilden.

Ich habe für die erste Verfahrensweise den Ausdruck Appropriation gewählt, für die zweite den problematischeren der Assimilation. Appropriation ist ursprünglich ein medizinischer Terminus: er bezeichnet die Einverleibung von Speisen und deren Umwandlung in die Körpersäfte. Er wurde später weiterentwickelt zu einem juristischen und ökonomischen Terminus und bedeutete nun die Inbesitznahme fremden Eigentums, den Zugriff auf dieses. Beide Wortbedeutungen meinen also Einverleibung, im ersten Fall zum Zwecke der Erhaltung eines schon bestehenden Organismus, im zweiten zur Erweiterung des eigenen Besitzes durch Enteignung eines Fremden. Vom ursprünglichen Objekt – in seiner Gestalt, seiner Eigenart, seinem Eigenwert – bleibt nach dem Akt der Appropriation nichts mehr übrig: es verschwindet, nachdem es seine Funktion erfüllt hat.

Die Aneignung fremder Kulturen ist ein höchst komplexer Prozeß, und ich will keineswegs behaupten, daß sie stets über Akte der Appropriation verlaufen ist. Schon die Erscheinung des Synkretismus zeigt, daß die Verschmelzung zweier Kulturen das Gedächtnis an beide wachhalten konnte. Was ich aber behaupten möchte und was sich leicht zeigen ließe, ist, daß die über Übersetzungen verlaufende Aneignung des Fremden in der westlichen Welt über Appropriationen verlief und daß das mit dem Herrschaftsanspruch des Christentums und mit der Herausbildung von Nationalsprachen und Nationalliteraturen zusammenhing. Die Übersetzung der Siebzig und mehr noch die Vulgata waren durch ihre Transformationen heiliger Texte in einen ganz anders gearteten kulturellen, philosophisch gebildeten Kontext reine Appropriationen, wie auch die zeitgenössischen Kontroversen zeigten. Ob im Mittelalter überhaupt von Übersetzungen die Rede sein kann, ist fraglich: ein fremdes Epos wurde als Vorlage oder Steinbruch genommen, um etwas Neues zu schaffen. Nach einem jahrhundertelangen Zwischenspiel eines interessegesteuerten Umgangs mit fremden Texten, vergleichbar der Benutzung antiker Elemente im christlichen Kirchenbau, sind dann Luthers Bibel und die Bibel der Engländer mit ihren Vorläufern wieder die ersten wirklichen Übersetzungen seit der Antike, Wort für Wort und Satz für Satz, so wie die Vulgata eine gewesen war und die der Siebzig. Beide, die zu den größten Sprachschöpfungen der jeweiligen Sprache zählen, die diese Sprachen sogar mitgeschaffen haben, sind Akte der Appropriation: sie eignen sich einen kulturellen Raum an, der bisher von der lateinischen Kirche besetzt war, und man weiß aus den militanten Debatten um die volkssprachlichen Bibeln, daß dies zugleich ein politischer Akt war, mit weitreichenden Folgen für territoriale Umbesetzungen und für die Herausbildung eines weltlichen Souveränitätsbegriffs. Das für unseren Zusammenhang interessante an diesen Bibeln ist, daß sie zwar auf die Originaltexte – um deren ›kritische‹ Ausgaben man sich gleichzeitig bemüht (man denke an das Neue Testament des Erasmus) – zurückgehen, daß diese aber kaum Spuren in den Übersetzungen hinterlassen haben: ob aus dem

Hebräischen oder dem Griechischen übersetzt ist, kann der Leser nicht merken, da alles gleich klingt. Die erheblichen sprachlichen und stilistischen Unterschiede der Heiligen Schrift, die durch die verschiedenen historischen Schichten ihrer Entstehung bedingt sind oder durch die Vielzahl der verwendeten Gattungen – Lied, Erzählung, Gesetzestext, Prophetenwort, Traumvision, Parabel – sind in ein homogenes Textkorpus eingeschmolzen: er ist ein gigantischer Rammbock zur territorialen Appropriation, oder, um zum medizinischen Bild zurückzukehren, die Zermalmung der köstlichsten Früchte, um daraus einen neuen Lebenssaft zusammenzubrauen. Ich will damit sagen: was als unbestreitbarer Gipfel im Deutschen und Englischen erscheint, ist zugleich ein Akt der Barbarei, ein Akt der Auslöschung des Fremden und seiner radikalen Ersetzung durch ein Eigenes. Das kraftvolle, nie dunkle, verworrene oder rätselhafte Lutherdeutsch, das wir alle so lieben, zu Recht lieben, wenn man etwas zu Recht lieben kann, hat wenig mit dem zu tun, dessen Übersetzung zu sein es vorgibt.

Das Zeitalter Luthers war das Zeitalter der Kolonisierungen. Das bedeutete nicht zuletzt sprachliche Kolonisierung, Namengebung wie durch Adam, Umbenennung, denn diese Menschen in den neu entdeckten Ländern, wenn es denn Menschen waren, die bellten ja bloß, hatten keine Sprache, so wie sie keine Kleider hatten. Die englischen Kolonisierungsversuche verliefen eher glücklos – von der kostspieligen und langwierigen Nord-West-Passagen-Expedition brachte man schließlich einen Eskimo zurück, dem man ein paar Brocken Englisch eingetrichtert hatte –, und es ist kürzlich die These aufgestellt worden, daß die Engländer derlei Fehlschläge ›geistig‹ kompensiert hätten, angefangen mit Morus' ›Utopia‹, diesem Reich im Nirgendwo[1]. Jedenfalls ist nicht zu übersehen, daß, obwohl auch noch die letzte europäische Bastion auf dem Festland, Calais, verloren gegangen war, die Preisreden auf England – man denke an John of Gaunts Rede in *Richard II.* – als dem Hort der Kultur und Wissenschaften, ja als einem auserwählten Volk, kompensatorisch bedingt vielleicht durch seinen protestantischen Sonderweg, im Konzert der europäischen Stimmen immer dominanter wurden. Gleichzeitig mit der allmählichen Herausbildung des Nationalstaates beginnen die Debatten über eine genuin englische Kultur und über die Gleichwertigkeit des Englischen gegenüber den alten Sprachen oder seine Überlegenheit gegenüber den anderen europäischen. Das Englische als gleichsam standardisierte Literatursprache, die auch geeignet ist, lokale Abweichungen (schottisches oder walisisches Englisch wie in *Henry V.*) zu integrieren (oder konsequent auszuschließen), muß erst geschaffen werden. Muß man sich dazu das Lateinische zum Vorbild nehmen und etwa dessen prosodisches System übertragen, oder darf man sich der eigenen Ressourcen bedienen, etwa des verachteten Reims? Die Debatten sind lang, werden mit Heftigkeit geführt, und es hat oft den Anschein, als hinge die Selbstbehauptung der entstehenden Nation an der zu schaffenden Überlegenheit der Sprache. Die immer mitzulesende Militanz dieser Auseinandersetzungen in bezug auf das Fremde kommt zum Beispiel ganz unverstellt in Philemon Hollands Vorwort zu seiner Livius-Übersetzung (1600) zum Ausdruck, wo er für seine Übersetzung in Anspruch nimmt »to triumph now over the Romans in subduing their literature under the dent of the English pen, in requitall of the conquest sometime over this island, atchieved by the edge of their sword.«[2]

Es ist denn auch die Sprache, in der die Tudor-Zeit ihre größten, bis heute unübertroffenen, bis heute wirkenden Leistungen auf dem Wege zur kulturellen Schaffung eines Nationalstaates erbracht hat. Darunter sind bemerkenswerte Übersetzungen. 1567 erscheint Arthur Goldings Übersetzung der Metamorphosen: aus Ovids Hexametern sind paarweise gereimte Vierzehnsilber bzw. siebenfüßige Jamben geworden. Chapmans nicht minder berühmter Homer von 1598 macht aus den Hexametern gereimte Pentameter; Marlowe macht aus den Hexametern Lucans ungereimte Pentameter, also Blankverse, die fortan das Versmaß der Engländer für Epik und Dramatik sein werden. Die antiken Autoren gehören seitdem zum festen Bestand des englischen Kanons, da das englische Territorium durch Akte der Appropriation um diese Provinzen erweitert wurde. Auch hier sind die Spuren der Originale weitgehend getilgt, unter anderem dadurch, daß sie einer durch Chaucer vorbereiteten Epentradition zugeschlagen wurden. Chapmans Homer ist besonders aufschlußreich dadurch, daß die griechischen Namen über eine Latinisierung anglisiert wurden – also Ulysses statt Odysseus, Jove statt Zeus –, weil auch dadurch der Anschluß an eine spezifisch englische Tradition hergestellt ist: die Briten leiteten ihre Herkunft nämlich von Aeneas ab, und zumal nach dem Bruch mit Rom sahen sie sich als die Bewahrer des lateinischen Erbes. Homer wird also gleichsam dem lateinischen Erbe zugeschlagen. Der Zugriff aufs Lateinische geht so weit, daß Milton in *Paradise Lost*, das einmal das englische Nationalepos hätte werden sollen, den Versuch unternimmt, beide Sprachen zu verschmelzen; seine Verse haben im Englischen häufig eine Unverständlichkeit, die sich aus den ihnen zugrunde liegenden lateinischen Strukturen erklärt. Hier ist der einzigartige sprachsynkretistische Versuch unternommen, einer Sprache das Potential einer anderen zuzuführen. Dabei handelt es sich aber nicht mehr um Appropriation, sondern um Assimilation, wie sie jedoch erst hundert Jahre später, unter veränderten politischen Bedingungen, in Deutschland möglich geworden ist. Milton ist in mancher Hinsicht ein Sonderfall – und Vorläufer –, indem er sogar Eigenheiten des Hebräischen in seinen wenigen Übersetzungen der Psalmen wiederzugeben versuchte. Obwohl er die Psalmen in gereimte Stanzen übersetzt, hat er den Wortlaut des Originals im Auge, zitiert sogar einige hebräische Wörter in den Fußnoten. So übersetzt er zum Beispiel in Psalm 80, wo in der Authorized

Version »Before Ephraim and Benjamin« steht, das »le-peneh« wörtlich mit »In Ephraim's view and Benjamin's«. »Gojim«, das offiziell »heathen« heißt, heißt bei ihm »nations«. Manchmal versucht er sogar den Wurzelsinn eines Wortes zu erfassen: »ashan« heißt »Rauch« und wurde metonymisch erweitert zur Bedeutung von »Zorn«; bei Luther wurde »zürnen« daraus, in der James-Bibel »to be angry«; Milton übersetzt etymologisch »Thy smoking wrath«. Dies sind Kleinigkeiten, gewiß, aber sie zeigen, daß etwas anderes als Appropriation sich ankündigen beginnt, was in Miltons Fall allerdings mit dem großen Respekt des Puritaners – der Puritaner überhaupt – vor dem Hebräischen zusammenhängen mag.

Lassen Sie mich aber noch ein letztes, besonders schlagendes Beispiel für Appropriation geben: Wielands Shakespeare. Er erscheint zu einem Zeitpunkt, als die Deutschen versuchen, eine eigene Nationalkultur aufzubauen, ausdrücklich gegen die französierenden Dominanzen der Hofkultur. Shakespeare ist Neuland, wenn man will Brachland. Eine Sprache, in die er zu übersetzen wäre, gibt es nicht, wenn man den ungeeigneten, französisch geprägten Alexandriner umgehen will. Da tut Wieland etwas, das der Poesie Shakespeares den Garaus macht, aber den Dramatiker Shakespeare zum Sprechen bringt: er überträgt in Prosa, die er damit nebenbei auch noch theaterfähig macht. Das war ein Geniestreich und dabei gleichzeitig ein Akt der Barbarei, denn Wieland tat ein übriges, die Sprache zu ›entrümpeln‹, die als ›reiner Schmuck‹ nur störenden Metaphern und inkohärenten Bilder auf den Begriff zu bringen, Szenen wegen Anstößigkeit zu streichen usw. Aber indem Wieland den Kontinent Shakespeare appropriierte und urbar machte, verleibte er ihn dem deutschen Territorium ein, so daß die jungen Stürmer und Dränger darauf siedeln konnten. Es ist schwer vorstellbar, wie die deutsche Literatur sich ohne Wielands Shakespeare entwickelt hätte. Als dann Schlegels sehr viel genauere, auch die Versgestalt berücksichtigende Übersetzung erschien, fügte sie sich fast bruchlos in die inzwischen etablierte deutsche Theatersprache ein. Daß Shakespeare zum dritten deutschen Klassiker avancieren konnte, besagt nichts über die Güte der Übersetzung, aber alles über den Zugriff der Appropriation, denn die Treue trügt: die häufig regelwidrigen, dann aber immer semantisch oder gestisch begründeten Verse sind klassizistisch begradigt und harmonisiert, die verschiedenen Stilhöhen sind eingeebnet, die Vulgarismen sind getilgt oder verharmlost, etwas semantisch ganz Konkretes wird häufig ins Allgemeine, ins allgemein Menschliche gewendet. Aus einem die gesamte Gesellschaft erfassenden Panorama und Pandämonium ist Hoftheater geworden, Lesedrama. Soviel zur Appropriation als dem kaum je in Frage gestellten Verfahren, die eigene Kultur an die Stelle einer fremden zu setzen, sie sich zu eigen zu machen, um die eigenen Säfte zu beleben. Das Verfahren ist integrativ und lebt von der Einschmelzung des Fremden.

Es ist nun aber höchst merkwürdig, daß parallel zur Entwicklung einer integrativen Nationalliteratur in Deutschland etwas ganz anderes stattfindet, dessen Feld man mit Herders *Stimmen der Völker in Liedern* und seinen ganz außerordentlichen, fremden Sprachgeist bis in Nuancen erfassenden Gesprächen über den *Geist der Ebräischen Poesie*, mit Winckelmanns Entdeckung der Griechen und mit Wielands und Goethes Begriff der Weltliteratur umreißen kann (analog zum Konzept des Weltbürgers und des Kosmopolitischen). In solchen Zeugnissen kommt ein neuer ›Ton‹ zur Sprache: das Fremde wird in seinem Eigenwert als Anderes erkannt und respektiert. Ich habe für diesen Perspektivenwechsel den problematisch gewordenen Begriff der Assimilation vorgeschlagen, weil die durch ihn geweckten Assoziationen an die versuchte Judenemanzipation im 18. Jahrhundert die politische Dimension des Vorgangs markieren. ›Assimiliert‹ heißt anähnelnd, ziemlich ähnlich, ziemlich vergleichbar, gerade wie wenn, quasi, es bedeutet also nicht Ersetzung, Selbstpreisgabe, das Aufgehen vom Einen im Anderen, Identitätswechsel – im Quasi oder Als-Ob bleibt vielmehr, über die Ähnlichkeitsbeziehung hinweg, die Differenz zwischen dem Einen und dem Anderen gewahrt, wie gerade Moses Mendelssohn, der Vorkämpfer der Emanzipation und Assimilation, betont hat, und es entsteht so etwas wie eine doppelte Identität, ein großes, ein großgeschriebenes Und. Das ist ein utopisches Projekt, dessen Realisierung immer wieder auf Unverständnis stieß. Was bedeutet das für die Übersetzungsverfahren? Es werden Versuche unternommen, gegen die Gegebenheiten einer mehr oder weniger homogenen, gewachsenen Sprachtradition, im Eigenen das Andere durchscheinen zu lassen, es zu bewahren, also gewissermaßen Doppeltexte zu schreiben. Das Deutsche hat einen jambischen Sprechduktus, und es bedeutete zugleich einen Verstoß gegen die im Vers inzwischen erreichte Geschmeidigkeit, deutsche Daktylen, deutsche Hexameter auch nur zu versuchen. Die Debatten darüber wurden jahrelang erbittert geführt, und der große Johann Heinrich Voß wurde für seinen Homer eher gerügt. Aber die Leistung von Voß war, daß das, was er machte, nicht deutsch klang, daß er das Deutsche verfremdete. Man kann es auch anders sagen: er hat versucht, das Deutsche um die Dimensionen des Griechischen, so wie er es verstand, zu erweitern, aber eben nicht in einem integrativen Akt der Appropriation, sondern in der Ergänzung der Assimilation, in einem Quasi. Er hat die Möglichkeiten des Deutschen – grammatisch-strukturell, prosodisch, auch in seinen Wortfindungen – danach untersucht, wo sich Anschlüsse zum Griechischen herstellen ließen: so hätte ein deutscher Homer geschrieben, und es ist nicht zuletzt die simulierte Archaik, die Voßens Homer von der zeitgenössischen Dichtung unterscheidet.

Von besonderem Interesse sind in diesem Zusammenhang Moses Mendelssohns Übersetzungen der Tora, der Psalmen und des Lieds der Lieder. Sie waren ein wesentlicher Baustein seines emanzipatorischen Projekts. Die Juden seiner Zeit sprachen fast ausnahmslos jiddisch, eine Sprache, die er verachtete. Ein erster Schritt auf dem Wege der bürgerlichen Gleichstellung der Juden war, wie er meinte, daß sie richtiges Deutsch lernten. Seine Übersetzungen waren daher gedacht als Lern- und Lehrmittel. Drucken ließ er sie in hebräischen Buchstaben, da dies die einzige Schrift war, die sie lesen konnten. Aber sein Projekt hatte auch eine andere Seite: es sollte eine jüdische Übersetzung sein, mit Kalkül, politischem Kalkül, gegen Luther und die protestantische Appropriation gesetzt. Außerdem verstanden die Juden seiner Zeit nicht mehr allzuviel von ihrer eigenen Tradition, konnten allenfalls nur noch elementar hebräisch lesen und schreiben. Die Übersetzungen waren daher auch als Lesehilfe gemeint – die Ausgabe erschien zweisprachig –, um zum Original zurückzuführen (»das Verständnis der Urschrift zu erleichtern«). Einführende Bemerkungen über die Grammatik, die Redeteile, das Verbsystem, Akzentuierung und Punktierung wurden der Tora-Übersetzung vorangestellt. Der unbekannte Herausgeber der ersten Ausgabe der Tora (1780) schrieb, die Übersetzung sei in einem Maße wortgetreu, daß sie manche Hebraismen enthalte, »die im Deutschen fremd klingen und nur durch den Context verständlich werden«. Es sei aber die Absicht des Übersetzers gewesen, eben »das hebräische Original in seiner ganzen Simplicität, bis auf den Ton der Erzählung und selbst bis auf das Unausgebildete der Sprache, in seiner Übersetzung darzustellen«[3]. Mendelssohn selber sagte, Christen könnten die Bibel durchaus ihren historisch wechselnden Bedingungen anpassen, für den Juden aber, für den die Tora das ewige Gesetz sei, sei es unabdingbar, sich an den ursprünglichen von den Masoreten festgelegten Wortlaut zu halten, ohne Emendationen zu berücksichtigen oder die spätere Entwicklung der Sprache mit ihren historisch bedingten Veränderungen einzubeziehen. Mendelssohns Radikalität ist oft kritisiert worden, sogar von späteren Herausgebern. Einer seiner Enkel, der 1845 seine Gesammelten Schriften herausgab, meint, er sei zu weit gegangen »in dieser Nachahmung einer Sprache, deren Genius von dem der deutschen Sprache so verschieden ist, und welche an sich schon an einer Dürftigkeit in den Mitteln zur harmonischen und mannigfaltigen Bildung des Satzes und zur Verschlingung der Sätze leidet.«[4] Aber genau darum ging es bei Mendelssohns Unternehmung: eben nicht elegant und glatt zu sein, nicht sich in die Entwicklung der deutschen Nationalliteratur einzuschmiegen, sondern diese Literatur mit differenten, unzeitgemäßen, irritierenden Annäherungen an die Heilige Schrift und die Sprache zu konfrontieren. Die Andersartigkeit des Anderen wurde gespürt, des Anderen, der ein anerkanntes Mitglied der deutschen bürgerlichen Gesellschaft werden wollte, ohne doch seine Andersartigkeit dabei opfern zu wollen. Niemals zuvor wurden die deutschen Christen, für die die Übersetzung ja eigentlich nicht bestimmt war, mit einem Text konfrontiert, den sie sich so vollständig zu eigen gemacht hatten, daß er zu einem Nationalheiligtum geworden war. Jetzt stand da ein erratischer Block. Das Eigene gewann als das radikal Andere und Fremde Kontur. Vielleicht war es nur das hohe Ansehen, in dem Mendelssohn stand, daß seine Übersetzung überhaupt – auch gegen die Androhung eines Bannfluchs aus orthodoxen jüdischen Kreisen – gedruckt, diskutiert und mehrfach aufgelegt wurde. Andererseits blieb sie wirkungslos, setzte jedenfalls keine neue Tradition von Bibelübersetzungen in Gang. Die jüdischen Übersetzungen des folgenden Jahrhunderts fügten sich wieder dem glatt fließenden Stil der deutschen Literatursprache ein. Erst heute, nach Bubers und Rosenzweigs Bibel, läßt sich ermessen, wie kühn und unzeitgemäß Mendelssohns Unternehmung gewesen ist.

Ähnlich radikal ging eine Generation später Hölderlin in seinen Sophokles- und Pindar-Übersetzungen vor. Bei aller Griechenidentifizierung der Klassik läßt sich erst von Hölderlin sagen, daß er griechisch dachte. Griechenland war wie eine Rettung für sein Deutschland und dem Deutschen entfremdetes Dasein; Hoffnung kam aus dem anderen. Bis in die syntaktischen Konstruktionen, bis in die Verwendung von Partikeln sind seine Verse griechisch gefügt, vollends die Übersetzungen, die sich wie Interlinearversionen läsen, machte nicht der Reichtum der gnomischen Erfindungen diese Sprache als gedichtete, griechisch-deutsch gedichtete, hörbar. Es verwundert kaum, daß diese Stimme, die zweisprachig sang, weil sie in dieser Doppelexistenz gründete, diese Stimme, die das Fremde als das Eigene, das Eigene als das Fremde artikulierte, auf taube und verständnislose Ohren traf, denn der kurze Hiat einer Offenheit für das Fremde in seiner Eigenmächtigkeit, möglicherweise in Hinsicht auf eine Vielheit der Kulturen im aufgeklärten deutschen Sprachraum, ein Hiat, der gesamteuropäisch beispiellos war, war vorüber. Das 19. Jahrhundert arbeitete mit Ein- und Ausgrenzungen, in denen Vielstimmigkeit keine Luft mehr bekam. Die Übersetzungen planierten das Terrain per Appropriation. Sie wurden deutschnational, wie sich an denen der Griechen wie an denen Shakespeares leicht zeigen ließe.

Die Demonstration der Menschenrechte des Anderen in der Übersetzung also ruhte, ruhte bis etwa 1910, als Borchardt die ersten Gesänge seines Dante vorlegte, der aber ein Sonderfall ist, ruhte bis in die zwanziger Jahre, als Franz Rosenzweig erst seinen Jehuda Halevi vorlegte – mit programmatischer Einleitung zum Recht des Fremden, im Übersetzten gehört zu werden –, dann gemeinsam mit Martin Buber die Bibel zu übersetzen unternahm. Der Anlaß war, kaum verhüllt, ein politischer: die von Moses Mendelssohn verfochtene Emanzipation war gescheitert, der erste Weltkrieg hatte nicht die erhoffte volle Gleichstellung der Juden gebracht, und der vom Zionismus nur national gezeigte Weg schien keine Alternative zu bieten. Da kamen Rosenzweig und Buber, als Juden *und* Deutsche, wie sie sich verstanden, auf den Gedanken, ihre doppelte Identität auch sprachlich zu realisieren und entwarfen das bisher kühnste Projekt der Übersetzbarkeit zweier Kulturen, Übersetzbarkeit allerdings nicht als reziproker Prozeß eines Austauschs verstanden, sondern als linearer des Transports des Hebräischen ins Deutsche. Sie wollten nichts Geringeres, als das Deutsche und das Hebräische gleich mächtig werden lassen in der einen Sprache ihrer Übersetzung. Ein vergleichbares Nebeneinander als Ineins ist nie versucht worden. Rosenzweig spricht von einem Hieros Gamos, einer heiligen Hochzeit. Wer diese Übersetzung zum erstenmal aufschlägt, wird kaum verstehen, wovon da die Rede ist: die Wörter sind ganz deutsch – es gibt keine sogenannten Fremdwörter – und sind doch zugleich ganz fremd. Wie kommt das? Rosenzweig und Buber hatten sich vorgenommen, ein Deutsch für Juden zu finden, und das bedeutete, es *er*finden zu müssen, wenn sie die vom Luther-Deutsch in Gang gesetzten und historisch festgeschriebenen Assoziationen praktisch jedes einzelnen Wortes, die auch die bisherigen jüdischen Übersetzungen in Kauf zu nehmen hatten – es gab ja kein anderes Deutsch –, umgehen wollten. Das Deutsch, das sie erfanden, war vom Hebräischen her gedacht, seiner Wortbildungslehre, seinen Etymologien, seinem Tempussystem, das nur abgeschlossene und unabgeschlossene Zeitstufen kennt, dafür aber eigene Paradigmen für Intensitätsgrade hat, seinem zyklopenhaft hart gefügten Satzbau, der fast durchweg paratraktisch gereiht ist. Von der Vorlage her gearbeitet war auch der Stil: lesbar und hörbar gemacht werden sollten die verschiedenen historischen Schichten, die Mündlichkeit der Schrift, die Gattungs- und Tonwechsel, die Vernetzungen durch Wort- oder auch nur Silbenzellen, die Entlegenstes auf einmal erhellen, die Atemeinheiten, die das vortragende Sprechen unterteilen. Rosenzweig spricht einmal davon, aus dem Lutherschen Klavierauszug wieder die Vielstimmigkeit einer Partitur zu machen. Nur: wie kann das gehen? Gedacht war an kein Okulieren – das fremde Pfropfreis, das dem Deutschen implantiert wird. Rosenzweig hatte die Theorie, es gäbe nur *eine* Sprache, jede Sprache enthalte die Möglichkeiten aller Sprachen, die in ihnen latent vorhanden wären und nur an die Oberfläche, ans Licht geholt werden müßten. Ähnlich wie Luther suchten also er und Buber in den Randzonen – in den sprichwörtlichen Marktplätzen und Kinderstuben, aber auch in den ungewöhnlichen Betonungs- und Satzbauweisen, wie sie etwa im Lied praktiziert werden – nach Material, das zwar vorhanden war, aber noch nicht den Weg in die Hochsprache gefunden hatte oder von ihr irgendwann ausgeschieden worden war. Es gibt zwar viele Wortneuschöpfungen oder semantische Verschiebungen, um ein hebräisches Wort bis in die Implikationen seiner Bestandteile hinein nachzubilden, aber meistens wird dazu in Rosenzweigs Notizen nachgefragt: steht das vielleicht im Grimm, bei Heyne, bei Weigand?, und in der Tat erweist sich manches Wort, das wie ein Neologismus erscheint, als ein wiederbelebtes altes, d. h. es gibt für die beiden Übersetzer keine tote Sprache, was wiederum, wie für Mendelssohn, mit der ewigen Lebendigkeit und Präsenz ihres archaischen Textes zusammenhängt. Das Deutsch wird also gewissermaßen erneuert aus dem Geist des Hebräischen. Wer sagt, das sei »kein Deutsch«, hat vermutlich recht. Aber sie wollten ja auch kein wiedererkennbares Deutsch vermitteln. Das Deutsche wird dem Hebräischen angeähnelt, »assimiliert« im Gestus des Als-Ob, aber eben so, daß die Differenz immer spürbar bleibt. Der Text ist, wenn man so sagen kann, zweisprachig und zielt auf die Herausbildung einer doppelten Identität.[5]

Voß, Mendelssohn, Hölderlin, Buber/Rosenzweig – das waren Versuche, dem Anderen im Eigenen Gehör zu verschaffen. Bei aller jeweils anderen historischen und politischen Motivierung waren es aber zugleich Unternehmungen, die die Geschichte eigentlich übersprangen, weil sie von der Möglichkeit eines unmittelbaren Zugangs zu ihren Vorlagen ausgingen. Es fehlt der rezeptionsgeschichtliche Vorbehalt, den wir heute nicht mehr wegdenken können, auch wenn er in die übersetzerische Praxis noch nicht Eingang gefunden hat. Hier ist der Punkt, an dem wir einige Überlegungen Walter Benjamins, die er seinen Baudelaire-Übertragungen voranstellte, aufgreifen können. In den Übersetzungen, heißt es, erreiche »das Leben des Originals seine stets erneuerte späteste und umfassendste Entfaltung«. Die Werke überleben also nicht nur in den Übersetzungen, denn es kann in ihnen, in einer veränderten historischen Situation, etwas zum Vorschein kommen, das im Original nur latent vorhanden, gleichsam keimhaft angelegt war. Es kommt also etwas hinzu: die Übersetzung erweitert das Original. Das setzt freilich Leser voraus, die beider Sprachen mächtig sind, und folgerichtig gelten Benjamins eigene Baudelaire-Übertragungen dem französischkundigen Leser, weil nur er diese Bewegung mitvollziehen, die »Nachreife« des Werks wahrnehmen kann. Aufgabe des Übersetzers sei es im übrigen nicht, den »Sinn«, das »Gemeinte« zu übertragen, da dies dem Gedicht äußerlich sei. Er faßt, in der wohl radikalsten Abkehr von dem, was bisher unter Übersetzung verstanden wurde, den Vorgang ins Bild der Tangente, von der er sagt, sie berühre »flüchtig und nur in dem unendlich kleinen Punkte des Sinnes das Original, um nach dem Gesetz der Treue in der Freiheit der Sprachbewegung ihre eigenste Bahn zu verfolgen«. Aber wenn nicht das »Gemeinte«, was dann, und von was für einer Treue ist hier die Rede? Benjamin gibt als Beispiel das Wort »pain«, das zwar »Brot« *meine*, aber die *Arten* des Meinens seien verschieden, und genau diese Differenz in der Übersetzung sichtbar zu machen, sei ihre Aufgabe. Es geht aber dabei keineswegs um ein Festhalten am Fremden, um seine Markierung, damit es in seinem Eigenrecht erhalten bleibe, wie in der Assimilation. Benjamin spricht von der »Intention auf die Sprache«, die Sprache überhaupt, denn ähnlich wie Rosenzweig hatte er die Idee der Einen Sprache, der sich anzunähern der Tangente Richtung und Ziel gibt. Benjamins Übersetzer widmet sich der Aufgabe, die Babelsche Verwirrung und Zerstreuung wieder aufzuheben.

Benjamins Überlegungen zielen auf einen dritten Weg
– jenseits von Appropriation und Assimilation – und führen
hin zu der sich verändernden Haltung gegenüber dem Übersetzen in unserer heutigen multikulturellen Situation. Sie haben etwas zur Sprache gebracht, was unseren pragmatischen
Orientierungen einen anderen Schwung – so übersetzte Wieland Shakespeares Wort ›style‹ – geben könnte.[6] Beim Übersetzen, zumal von Gedichten, geht immer etwas verloren, vielleicht das Wesentliche. Es kommt aber immer auch etwas
hinzu, vielleicht etwas anderes Wesentliches, und sei es nur in
einer Wendung, die in der Übersetzung glücklicher sich fügt,
als das in der Sprache des Originals möglich war, vielleicht
eine Bedeutungsverschiebung im Sinne der »Nachreife«.
Gedicht und Übersetzung könnten daher, meine ich, in einem Tauschverhältnis zueinander stehen: der Übersetzer erhält das Geschenk des Gedichts, er eignet es sich, mit Brecht
zu sprechen, produktiv an, und er reicht es, durch seine Aufmerksamkeit vermehrt, verändert zurück. Auch der Dichter
sollte sich, nebenbei, als Beschenkter fühlen, dem Gegebenen seinerseits Aufmerksamkeit schenken und nicht bloß
ein- und zurückfordern, was er für unantastbar hält. Auch er,
der Dichter, sollte sich dem Dialog öffnen. Die vielen »offenen Formen«, in denen heute geschrieben wird, setzen ihn
im Grunde voraus. Gleichzeitig hat sich der Status des Übersetzers verändert; er ist nicht länger der arme Hund, der andächtig der Stimme seines Herrn lauscht. Er ist jemand geworden, dessen Werk an seinen eigenen Maßstäben gemessen
wird, nicht mehr nur an denen des übersetzten Werks. Der
Ort, an dem ein wechselseitiges Verstehen stattfinden könnte – ein Hinhören und Mithören, ein Aushören, wie die Musiker sagen, durchaus auch ein Sich-Verhören, das in andere
Richtungen lenkt als die gemeinten, dann wieder ein Zusprechen und Absprechen und Zusprechen, das Hin und Her, das
Einreißen einer Ordnung und das Errichten einer neuen, die
auch wieder zur Disposition steht, dieses Vor und Zurück in

einem Miteinander, wie es heute in der produktiven, nicht rezeptiven, Zusammenarbeit zwischen dem Autor und seinem Mitautor in einer anderen Sprache möglich zu werden beginnt – dieser Ort ist der Raum, mal größer und mal kleiner, der ungeschriebene Raum, der sich zwischen dem Gedicht und seiner Übersetzung auftut und der am prägnantesten das Gedächtnis markiert, an dem beide Kulturen teilhaben. Der Zwischenraum ist offen, nicht mehr nur, daß wir den anderen, sondern daß wir einander verstehen.

(1994/97)

1 Vgl. Jeffrey Knapp, *An Empire Nowhere*, Berkeley: University of California Press, 1992.
2 Zum Zusammenhang siehe die Dissertation von Christian Schmitt-Kilb, *Nationale Entwürfe in Poetik und Rhetorik der Frühen Neuzeit*, Frankfurt 2002.
3 *Moses Mendelssohns gesammelte Schriften*, hrsg. v. Prof. Dr. G. B. Mendelssohn, Leipzig: Brockhaus, 1845, Bd. 7, XXVIIf.
4 Ibid., LIV.
5 Ausführlich hierzu meine Schrift »Zeit ist's. Die Bibelübersetzung von Franz Rosenzweig und Martin Buber im Kontext« in diesem Band.
6 Siehe den Aufsatz »Stil und Übersetzung« in diesem Band.

Im Hinblick auf eine Geschichte des Übersetzens

Seit der Renaissance wird praktiziert, was in einem einigermaßen strengen Sinn literarisches Übersetzen heißen kann. Und seit dem 17. Jahrhundert gibt es, zunächst in Frankreich und England, was man Theorien des Übersetzens im strengen Sinn noch kaum nennen kann, was aber als Selbstreflexion der Praktiker über ihr Tun sich doch dahin auf den Weg macht. Es werden Typen des Übersetzens unterschieden als gleichmögliche, wenn auch verschieden zu wertende Formen der Reproduktion einer Vorlage. Damit wird zum einen das Übersetzen zu einem Gegenstand der Poetik, zum anderen werden erstmals die Menschenrechte des Originals wahrgenommen und anerkannt, das ja bisher für hemmungslos ausbeutbar, für kolonisierbar in jeglicher Hinsicht, gegolten hatte. Ein Beispiel: John Dryden unterscheidet in der Vorrede zu seiner Übersetzung der Episteln Ovids (1680) drei Typen, die er Metaphrase, Paraphrase und Imitation nennt. Unter Metaphrase versteht er ein wortwörtliches Übersetzen, das er einem Seiltanz mit gefesselten Füßen vergleicht. Dryden sieht klar, welches Bündel von Parametern von dem wörtlichen Übersetzer gleichzeitig bedacht werden will, und unterstellt, daß die Realisierung praktisch unmöglich sei: wörtlich *und* gut übersetzen schlössen sich aus. Obwohl eine solche Einschätzung der Wörtlichkeit auch heute noch, zumal in den vorreflektorischen Erfahrungsberichten der Übersetzer, gängig ist, läßt sich auf Grund der an klassischen Texten der Moderne gemachten Erfahrungen doch sagen, daß die Nicht-Reproduktion potentiell aller Parameter eines hochkomplexen Textes dessen Intention hoffnungslos verfehlt, steckt doch der sogenannte Gedanke eines Textes ebensowohl etwa in der Abfolge seiner Wörter, in den verwendeten Lauten, Rhythmen usw. wie in dem, was damit referentiell bezeichnet wird. Für Dryden freilich ist solche Praxis servil und gründet in der Blindheit und Eiferei eines abergläubisch genannten Textverständnisses. Entnehmen kann man dieser Abwehr nun allerdings auch, welcher Stellenwert dem Übersetzer Dryden zukam: er war nicht Diener an fremdem Werk, sondern selber Autor und Produzent. Solche Einschätzung des Übersetzers beginnt heute langsam wieder verständlich zu werden – das neue Urheberrecht hat das sozusagen einklagbar gemacht –, und zwar in dem Maße wie das Erbe der Originalschriftstellerei sich verbraucht hat. Damit aber andererseits der Übersetzer qua Autor nicht ins Kraut schösse, hat Dryden zum Typus Metaphrase das andere Extrem der Imitation gezeichnet: wer imitiere, übersetze weder die Wörter eines Textes, noch überlasse er sich dem vom Autor Gemeinten, sondern er nehme den Text bloß als *pattern*, von dem aus er ein den eigenen historischen und nationalen Bedingungen entsprechendes Gebilde modele. Es ist die Rede vom ›libertine way of rendering authors‹ mit dem unüberhörbaren Beiklang der Anstößigkeit. War für die Metaphrasisten kennzeichnend die Berührungsangst, so sind die Imitatoren solche, die sich frech vergreifen, an wehrlosen Opfern zumal. Dryden ist sehr deutlich: die Imitation ist die beste Selbstdarstellung des Übersetzers und zugleich das größte Unrecht, das einem toten Autor angetan werden kann. Erst mit dem Auftauchen des Textes *im* und *als* Original stellte sich die Frage nach der Adäquatheit seiner Übertragung. Drydens Imitation wäre also ein Relikt aus einer ›überwundenen Phase‹ des Umgangs mit Texten, müßte man nicht von heute her die Fortschrittsgeschichte des Übersetzens durch eine Zyklentheorie zumindest flankieren. Denn das Umdenken hinsichtlich der Wahrheitshaltigkeit von Texten ist natürlich auch für das Übersetzen nicht ohne Konsequenz geblieben. Was würde von jemandem erwartet, der heute den *Macbeth* übersetzte? Will er den Text uns wirklich ›nahebringen‹ – vor allem das wird ja vom heutigen Publikum erwartet –, muß er ihn dann nicht, unter der Verwendung unseres Vokabulars, unserer Syntax, unserer Laute, auch herüberholen in den Erfahrungsbereich unserer Zeit? Ist er unter dem Gesichtspunkt der Distanzaufhebung, der Mitreflexion der eigenen Situation, nicht näher am Text, wenn er sich von ihm entfernt, als wenn er ihn bis in philologische Finessen zu reproduzieren versuchte? Ist eine Zeile wie ›Mit dem Messer in das Messer ist die Laufbahn‹ Shakespeare oder Heiner Müller oder vielleicht doch sowohl als auch? Das sich das Nahebringen wünschende Publikum möchte allerdings von solchen Konsequenzen wenig wissen und hält sie wie Dryden für ein Sich-Vergreifen. Doch auch Dryden räumt ein, es gäbe Dichter, die ein imitierendes Übersetzen gestatteten – er nennt Pindar im Unterschied zu Virgil und Ovid –, Dichter nämlich, die dunkel und irregulär wären und denen der Zusammenhang fehle, dies letzte mit der wichtigen Einschränkung: »I mean as to our understanding«. Daran zeigt sich zumindest der Ansatz eines historischen Verstehens auch bei Dryden, wenn gesehen wird, so etwas wie Bedeutung könne über die Jahrhunderte hinweg verloren gehen, sei den Texten nicht automatisch und notwendig immanent. Auf unser *Macbeth*-Beispiel bezogen heißt das: es ist imitierend zu übersetzen, weil der Zusammenhang nicht mehr verständlich ist. Dies ist, nebenbei, eine der Hauptschwierigkeiten der Shakespeare-Exegese überhaupt: von Zeile zu Zeile hinter unser Immer-schon-Verstehen zurückzugehen und herauszufinden, daß und warum wir in Wahrheit mißverstehen. Was als nächste Nähe erscheint – Hamlets ›thought‹ als vermeintlicher bläßlicher Gedanke –, ist uns vielleicht am fernsten: ›thought‹ als der Trübsinn. Je näher wir den Stükken zu Leibe rücken, desto herrischer verbitten sie den Zugriff. Der Philologe als Tantalus. Und die Crux liegt in seiner, des Tantalus, Anrüchigkeit. Denn was antiken Texten selbstverständlich konzediert wird, gilt im Falle Shakespeares als bestenfalls antiquarische Belustigung. Wir sollen ihn unmittelbar verstehen können, da er Teil unserer eigenen Geschichte ist, und dabei verwechseln wir ihn mit bestimmten Zurichtungen des 19. Jahrhunderts. *Daß* wir nicht verstehen, ist also zu allererst herzustellen. Von daher holt der imitierende Übersetzer sich das Recht, das gewiß größer ist bei einem Dramentext als bei einem Lesetext, das Recht, verständlich zu machen, gewissermaßen durch Mittransposition auch des außertextlichen Umfelds. Die Grenze zur schieren Aktualisierung oder zur Bearbeitung ist fließend, aber sie besteht. Ich sehe sie darin, daß der Imitator den Text fortdenkt, aber nicht ausschlachtet.

Zwischen den beiden Extremen der Metaphrase und der Imitation stellt Dryden das, was er Paraphrase nennt und die das dem Übersetzer zu erreichen Mögliche meint: weder exaltiert noch pedantisch, sondern mit der Erinnerung an das Gebot der Alten ein mittleres Maß, das zum Mittelmaß wohl erst ein paar Jahre später über die Rezeption im mittleren Bürgertum wurde, vertreten etwa, in anderem Zusammenhang, durch den Vater Robinson Crusoes. Die übersetzerische Maxime des mittleren Maßes – so wörtlich wie möglich, so frei wie nötig – hat sich gehalten, als handelte es sich dabei um ein Gesetz und nicht um ein Stück Geschichte. Gehalten hat sich auch, was ich einmal Drydens Oben-Unten-Modell der Literatursprache nennen möchte: »The sense of an author, generally speaking, is to be sacred and inviolable.« Ihm gegenüber sind die Wörter bloß »the image and ornament of that thought«. Bei wahrheitsgemäßer Übertragung (»if it be translated truly«) kann der Sinn in einer anderen Sprache nicht verlorengehen. Sinn, was immer das heißt, ist also übertragbar, was verlorengehen kann, ist höchstens der ihm eigene Glanz, »its native lustre«, und um diesen zu restituieren, um den Verlust zu kompensieren, ist es geradezu geboten, die Wörter, gegebenenfalls sogar das Versmaß, zu ändern. Die Änderung steht allerdings nicht nur im Dienste einer Schönheitsoperation, das auch, sie ist zugleich pragmatisch gefordert in dem Maße wie die Ausdrucksweise des

Originals von den genuinen Möglichkeiten der eigenen Sprache bestimmt wird: »what is beautiful in one, is often barbarous, nay sometimes nonsense, in another.« Hier kündigt sich, wie man sieht, bereits die Grunddichotomie an, die dem späteren Nachdenken über das Übersetzen und seiner Praxis zumeist zugrunde liegt. Goethe hat sie, soweit ich sehe, als erster, anläßlich Wielands auf die bekannte Formel gebracht: »Es gibt zwei Übersetzungsmaximen: die eine verlangt, daß der Autor einer fremden Nation zu uns herüber gebracht werde, dergestalt, daß wir ihn als den Unsrigen ansehen können; die andere hingegen macht an uns die Forderung, daß wir uns zu dem Fremden hinüber begeben und uns in seine Zustände, seine Sprachweise, seine Eigenheiten finden sollen.« Von Wieland heißt es, einigermaßen überraschend, er habe den Mittelweg gesucht und nur in Zweifelsfällen – »als Mann von Glück und Geschmack« – sich der ersten Maxime bedient. Das wird noch zu bedenken sein. Mit den beiden Maximen jedenfalls sind überhistorische Positionen bezeichnet, deren Geltung allgemein sein soll und deren Anwendung zur freien Disposition steht. Soweit ist Dryden freilich noch nicht. Zwar will er auch systematisieren oder wenigstens als mögliche erkannte Positionen unterscheiden, aber seine Sätze tragen noch, im Unterschied zu denen Goethes, die Spuren ihrer Herkunft. Sein mittleres Maß schließt die Entscheidungsfreiheit zwischen zwei adäquaten Annäherungsweisen aus und unterstellt die Machbarkeit *einer*, typologisch *nur* einer, zureichenden Übersetzung. Das ist von heute gesehen naiv, im Kontext der Zeit ist es kühn als einer der frühen Versuche, die Rechte eines Textes zur Geltung zu bringen. Wenn dieses Recht als das Recht des Sinns erscheint, nicht der Sprachgestalt, die ja als Ornament, als Accidens gewertet wird, so wird man das, auch, als Erbe der rhetorischen Tradition verstehen dürfen. Wenn allerdings der Sinnprimat qua Referenzbezug heute noch als oberster Richtwert in übersetzerischer Praktik und Kritik fungiert, so kann man das getrost als eine Art Trägheitsprinzip verstehen, die Verwechslung von Geschichte und Natur. Man kann das nicht oft genug wiederholen, laufen doch Übersetzungsdiskussionen fast immer offen oder geheim auf die Annahme des Oben-Unten-Modells hinaus. Sinnbezug versus Ornament, Erhaltenswertes versus Ephemeres.

Das bisher Gesagte läßt sich zu folgender Beobachtung zusammenfassen: Übersetzungstheorien, oder was in diese Richtung zielt, haben die Eigentümlichkeit, auf Normen und Gebote hinauszulaufen, deren systematischer Geltungsanspruch behauptet oder unterstellt wird. Das gilt für Dryden und Goethe ebenso wie für Benjamin und Rosenzweig. Den Geltungsanspruch teilen Übersetzungstheorien mit Poetiken, deren Historizität den Kritikern allerdings in dem Maße geläufig war, wie sie die der Übersetzungstheorien nicht einmal ahnten. Und während Literaturgeschichte als ein Nacheinander potentiell gleichwertiger, nur in ihren Interessenzusammenhängen unterschiedlicher Gegenstände gesehen werden kann, ist die – ungeschriebene – Geschichte des Übersetzens Fortschrittsgeschichte, ein Höher-hinaus, samt der schon automatisierten zwergigen Geringschätzung für die allfälligen Riesen, auf deren Schultern man möglicherweise steht. Ausgenommen sind von der Fortschrittsgeschichte nur diejenigen Werke, die bezeichnenderweise nicht mehr als Übersetzungen, sondern als Werke der eigenen Sprache gewertet werden. Aber viel mehr als Luthers Bibel und Schlegels Shakespeare gibt es hier kaum; jedenfalls schwerlich Voß oder Hölderlin, die sich ausblendeten, indem sie der zweiten der Goetheschen Maximen sich verschrieben. Es ist bemerkenswert, daß das Fremdmachen der eigenen Sprache nicht als Chance der Erweiterung der Möglichkeiten ebendieser Sprache gesehen wird, sondern daß ihm immer das Odium des Nichtheimischen, des Übersetzten, anhaftet.

Für diese Geschichte des Übersetzens als Fortschrittsgeschichte lassen sich gute Gründe finden, die auch zu den

Systematisierungsversuchen nicht in Widerspruch zu treten brauchen. So lassen sich Goethes zwei als gleichzeitig gedachte Maximen diachronisch auseinanderziehen: die anverwandelnde Übersetzung, einem früheren, etwa dem mittelalterlichen Umgang mit Texten verbunden, ist historisch *noch* möglich, während die verfremdende, die den Eigenrechten des Textes sich anheimgebende, als die künftige *schon* möglich wird. Eine solche Fortschrittsgeschichte würde bei uns mit Luther beginnen, in England mit Goldings Ovid, Marlowes Lukan, Chapmans Homer. Das sind erste Versuche, fremde Texte als Bestandteile der eigenen Tradition verfügbar zu machen, ohne ihnen die eigene Verfasserschaft aufzuprägen. Rosenzweig hat anläßlich seiner Jehuda Halevi-Übersetzung geschrieben, es sei »in der Geschichte des Übersetzens beinahe typisch, daß die Erstkommenden sich vor der poetischen Form des Originals scheuen«. So wäre es also ein sehr greifbarer Fortschritt, wenn im 18. Jahrhundert allmählich die Originalmaße auftauchen – der deutsche Hexameter bei Voß, der deutsche Blankvers bei Schlegel nach einem halben Jahrhundert der Prosaversionen. Ein Fortschritt ist es gewiß auch, wenn der Übersetzer sich nicht länger Zensorrechte anmaßt: Dryden, dem die Erhaltung des Sinns heilig war, hatte gleichwohl seine Entstellung unter zwei Bedingungen nahegelegt, wenn er nämlich ›notoriously trivial‹ oder wenn er ›dishonest‹ wäre. Die Geschichte der deutschen Shakespeare-Übersetzung ist beispielhaft für Entwicklung und Transformation dieser Art Zensur. Bei Wieland und Eschenburg werden Anstößigkeiten noch als ›unübersetzbar‹, in einer heute verschwundenen Bedeutung dieses Wortes, ausgewiesen und fortgelassen. Bei Schlegel werden sie zuweilen stillschweigend fortgelassen, häufiger aber werden sie durch entsprechende Wortwahl derart entschärft, daß sie unauffällig bis unverständlich werden. Und heute sind die Übersetzer für diese Bedeutungsebene derart sensibilisiert, daß sie selbst dort Anstößigkeiten entdecken und ausgraben, wo vielleicht gar keine zu finden sind.

Als Fortschritt ist vor allem die fortschreitende Ausdifferenzierung der einzelnen Textschichten zu sehen: Wörter, Metrum, Rhythmus sind nicht mehr Ornament und Aufputz eines Sinnes, der auch anders ausdrückbar wäre, sondern sie sind so unauflöslich miteinander verbunden wie die beiden Seiten des Saussureschen Blattes Papier. Es müssen durchaus nicht alle Schichten unisono an einer Bedeutung arbeiten, sie können in einem Spannungsverhältnis zueinander stehen oder einander sogar widersprechen, aber es ist wichtig, *daß* sie alle Bedeutungsträger sind (nicht nur der referentielle Sinnbezug) und daß sie potentiell alle übersetzt gehörten. Denken wir hinzu, daß auch die Syntax ein wichtiger Bedeutungsträger ist – es kann entscheidend für den ›Sinn‹ sein, in welcher Abfolge die Wörter gesetzt sind, weil, zumal in Shakespeares Sprechtexten, die ›allmähliche Verfertigung der Gedanken beim Reden‹ mehr zur Charakterisierung einer Figur aussagt als ein gewissermaßen im voraus konstruierter Satz –, denken wir also die Syntax (oder auch die Idiomatik) hinzu, so wird klar, daß wir damit – wie etwa auch bei der strikten Reproduktion der Verwendungsart eines Metrums – an die Grenze der Übersetzbarkeit stoßen. Ist diese zu respektieren oder ist sie es nicht? Es ist bekannt, wie die Mehrzahl auch der heutigen Übersetzer darauf antwortet, die immer dann hinter den sogenannten Möglichkeiten der eigenen Sprache und schlimmer: hinter dem eigenen Sprachgefühl, sich verschanzt, wenn es gilt, die sprachimmanenten Schwierigkeiten eines Textes als Herausforderung zu verstehen. Aber im Sinne einer Fortschrittsgeschichte muß man sagen, daß hinter einmal gewonnene Positionen wenigstens theoretisch nicht mehr zurückgegangen werden kann. Genau die Eigenheiten einer Sprache, von denen Dryden noch sagen konnte, sie nähmen sich in der Zielsprache barbarisch oder unsinnig aus und denen darum gar nicht erst nachgesonnen zu werden brauche, gilt es zu erhalten und dadurch überhaupt erst dem Bewußtsein zugänglich zu machen. Die Grenze der sogenannten

Übersetzbarkeit wird verletzt, indem eben nicht sie, sondern die fremde Sprache respektiert wird. Ich bitte Sie, es nicht nur bildlich zu verstehen, wenn ich in dem Zusammenhang von einer Entkolonialisierung der übersetzerischen Intention spreche.

Es gilt, das Fremde als Fremdes wahrnehmen zu lernen, nicht es sich einzuverleiben. Wenn seit der Renaissance von der Anerkennung der Menschenrechte des Textes gesprochen werden kann, die von Fall zu Fall gewissermaßen einklagbar waren, ohne das Selbstverständnis der eigenen Sprache wesentlich zu stören, ja es ließ sich durch Übersetzungen sogar noch fördern, so ist jetzt, am Ende der durch die Renaissance eingeleiteten Epoche, davon zu sprechen, wie es möglich ist, und daß es möglich sein müßte, die Rechte der fremden Sprache in der eigenen zunächst einmal wenigstens formulierbar zu machen. In der Praxis läuft das etwa auf das hinaus, was Benjamin mit einem Pannwitzschen Ausdruck eine Vergriechischung des Deutschen genannt hat. Durch derlei Distanzierung wird es erst möglich, die Eigenart und Eigengesetzlichkeit, ja und damit des Wesen, die *quidditas*, des Fremden zu fassen. Rosenzweig schreibt: »Nur die respektierte Distanz macht das Ueberspringen des Grabens möglich; wer ihn zu Anfang ausfüllt, lähmt die Sprungkräfte der andern.« Dadurch wird nun allerdings das Selbstverständnis der eigenen Sprache gestört, und die Sprachpfleger, die unter Übersetzern häufiger sind als unter Schriftstellern, treten auf den Plan. Doch die objektiven Bedingungen der Sprachentwicklung scheinen sich bereits gegen sie gekehrt zu haben: die Hochsprache, gar das Hochdeutsche, ist längst nicht mehr das Maß der Literatur. Das steigende Ansehen, in dem die Dialekte stehen – eine Entwicklung, die etwa mit Thomas Hardy und Robert Walser einsetzt (nicht mit Fritz Reuter oder Gotthelf, weil diese ein exotisches Moment kultivieren, jene ein gegenläufiges, auch – präsentes rehabilitieren) –, liegt auf dieser Linie. Daraus läßt sich der nicht weiter überraschende Schluß ziehen, daß es eine direkte oder osmotische Beziehung der Übersetzungen zu dem sie umgebenden literarischen Umfeld gibt. Pointiert gesagt: die Qualität einer Übersetzung hängt mit der literarischen Entwickeltheit dessen zusammen, der sie macht; wer in seinen literarischen Anschauungen über Somerset Maugham nicht hinausgekommen ist, sollte nicht Faulkner übersetzen. Das heißt nicht, daß die Übersetzung abhängig vom Stand der literarischen Entwicklung gesehen wird. Sie kann ihr auch voraus sein, wie die Entwicklung des englischen Blankverses durch den Übersetzer Marlowe zeigt, oder sie kann parallel zu ihr verlaufen. Es ist eine merkwürdige Koinzidenz, daß im Erscheinungsjahr des *Ulysses*, der als erster Text unserer Literaturen die funktionale Bedeutungshaltigkeit jedes Parameters vorführt und damit das absolute Gebot *sämtlicher* Schichten einschließt, das zur Anstrengung viel fremderer Versionen hätte führen müssen als die beiden deutschen es sind, daß in eben diesem Jahr 1922 Franz Rosenzweig mit seiner Jehuda Halevi-Übersetzung beginnt, der Einübung in das große, von Buber fortgeführte, Bibelwerk. Auf den ersten Blick haben beide, Joyce und Rosenzweig, *Ulysses* und Jehuda Halevi, nichts miteinander gemein. Auf den zweiten Blick fällt die Exilthematik auf, die den mittelalterlichen Dichter mit dem jüdischen Annoncenaquisiteur der Jahrhundertwende zunächst inhaltlich verbindet. Von da aus ergeben sich biographische Fundierungen und formale Konsequenzen, die hier nicht zu verfolgen sind. Beide aber benutzen nicht Sprache, sondern führen sie vor, zeigen auf sie hin. Beide zeigen, wie Sprache funktioniert, indem sie sozusagen ihre Nähte nach außen kehren. Eine solche Sprache ist nicht die eigene, sie ist nicht und nie einfühlbar, sie ist nicht Muttersprache – sie ist und bleibt fremd, man kann sich höchstens in sie einlesen, wenn man sich auf ihre Gesetzmäßigkeiten einläßt. Die Fremdheit kann bis an die Grenze der Unverständlichkeit gehen oder sogar über sie hinaus, wenn der Gegenstand – der zu übersetzende Text, die Wirklichkeitsform – es erfordert.

Diesem Gegenstand gilt der Respekt und nicht, wie vordem, dem Leser. Wenn wir nun die Eckdaten unserer Übersetzungsgeschichte als Fortschrittsgeschichte nennen wollten, müßten wir sagen: von Luther bis Rosenzweig und Buber; vom Herüberholen zum In-die-Fremde-Schicken, von der Vertrautheit zur Distanz, von der Unterwerfung zur Anerkennung der Eigenart des Anderen.

Übersetzungen im Zusammenhang eines Fortschrittkonzepts zu sehen ist belegbar und mehr oder weniger schlüssig. Es ist aber nur die eine Seite der Medaille. Die andere Seite will ich vorläufig so umschreiben: Die Übersetzung ist zugleich Teil eines *Prozesses*, durch den sie in ein gesamtliterarisches *Ensemble* eingebunden ist. Sie ist ebensowohl von der Gleichzeitigkeit des Ensembles her zu beurteilen wie von der Aufeinanderfolge verschiedener Übersetzungen. Bei dem angedeuteten Vergleich zwischen Joyce und Rosenzweig kündigte sich ein Ensemblegedanke schon an im Hinblick sozusagen auf vorgeschobene Posten der Entwicklung. Jetzt dagegen ist korrigierend davon auszugehen, daß übersetzerische Entwicklung auch retirierend sich bewegen kann, was kaum anders als durch ein Ensemblekonzept zu erklären ist. Erinnern wir uns an das Beispiel der Behandlung des Obszönen von Wieland und Eschenburg über Schlegel bis zu den Heutigen, so wird die heutige Trophäenjägerei kaum mehr fortschrittlich im Sinne von aufklärend, erhellend zu nennen sein, sondern sie ist, unabhängig von den Texten, auf die sie sich bezieht, vor allem zu verstehen aus dem Zusammenhang eines bestimmten Literatur- und Theaterklimas. Von dem Beispiel aus verallgemeinernd, läßt sich folgende fortschrittskritische Behauptung aufstellen: wir wissen nicht *besser*, sondern wir wissen *anders* als unsere Vorgänger. Bei der unglaublichen Gelehrsamkeit früherer Übersetzer gemessen an den heutigen, ist es eigentlich erstaunlich, mit welch dreister Selbstverständlichkeit die Nachgeborenen die Früheren der Kenntnislosigkeit, des Noch-nicht-gewußt-Habens oder Haben-

Könnens usw. zeihen. Eine spätere Übersetzung, und rühre sie von einem noch so kompetenten Übersetzer, ist nicht notwendig besser als eine frühere – ich meine das nicht im ästhetischen Sinne, sondern im Blick auf die forschungsgläubige Mehrung des Wissens –, sondern sie ist zunächst einmal nichts als anders. Was zu einer bestimmten Epoche interessierte, interessiert zu einer anderen nicht mehr; latent Gewesenes wird dominant, Dominantes latent. Diese Beobachtung ist zwar trivial, ist aber innerhalb der Geschichte des Übersetzens dennoch nicht belanglos. Hier zeigt sich nämlich, daß die Übersetzungen es an sich haben, zählebiger zu sein als die Originalwerke, die in ständiger interpretatorischer Auseinandersetzung stehen. Das einmal von einem Übersetzer an einem Text Wahrgenommene, für interessant Befundene und Herausselegierte, wird für die Wahrheit des Textes genommen, nicht, weil die Übersetzung notwendigerweise besonders kunstvoll wäre, sondern weil sie einen bestimmten Nerv getroffen zu haben scheint. So wurde Friedrich Ludwig Schröders Hamburger Hamletprosafassung von 1776 noch in den Vierzigerjahren des 19. Jahrhunderts gespielt, obwohl seit vier Jahrzehnten Schlegels *Hamlet* vorlag, nicht, wie ich meine, bloß aus Trägheit oder weil diese Prosa leichter herüberkommt als Schlegels komplizierte Verse, sondern weil Schröders *Hamlet* noch ein Stück bürgerliches Selbstbewußtsein verkörpert, das historisch immer mehr abhanden kommt und das zumal Schlegels brüchige Figur überhaupt nicht mehr vermittelt. Und wenn inzwischen und bis heute Schlegels Übersetzungen als die maßgeblichen gelten, so, scheint mir, wiederum nicht oder nicht primär, aus Gründen ihrer sprachlichen Qualität, die sie zweifellos besitzen, denn sonst würde man zumindest Schlegelsche Glanzleistungen von Tieck/Baudissinschen Versionen zu unterscheiden wissen und nicht ebenso automatisch von der Schlegel/Tieck-Übersetzung sprechen. Die Maßgeblichkeit scheint vielmehr daher zu rühren, daß ›der‹ Schlegel/Tieck sich zu dem verfestigte, was man von den Weimarern erwartet hatte: deutsches Theater. Das Wort vom ›dritten deutschen Klassiker‹ bezeichnet diesen Sachverhalt. Wer heute also Schlegel/Tieck spielt, sollte sich darüber im klaren sein, daß er nicht die bestmögliche Übersetzung spielt – die *kann* es prinzipiell nicht geben –, sondern einen deutschen Klassiker. Unter bestimmten Bedingungen also wird, was ein Übersetzer an einem Text gesehen und für übertragenswert gehalten hat, verallgemeinert und zur verbindlichen Lesart erklärt. Demgegenüber wäre es die Aufgabe des Übersetzungskritikers, die jeweiligen übersetzerischen Prämissen in ihrer historischen Bedingtheit zu analysieren und das Übersetzte zurückzubringen ins Spannungsfeld des gesamtliterarischen Ensembles, dem es entstammt. Durch solche Relativierung würde nicht nur der Sinn übersetzerischer Entscheidungen einsichtig gemacht und damit gelöst aus den bisweilen hämischen Vermutungen über den Kenntnisstand des Übersetzers, sondern die Übersetzung erhielte dadurch zugleich etwas von ihrer Dynamik, von ihrem einstigen polemischen Schwung zurück, der ihre Prämissen mitbestimmte. Folgenreiche Übersetzungen sind nämlich in der Regel *gegen* herrschende literarische Tendenzen oder gegen konkurrierende Übersetzungen angetreten. Auf je eigene Weise versuchen sie sich in den Literaturprozeß einzuschalten, wie die sogenannten Primärwerke ja auch. Daß die Erstrezeption problematisch bis ablehnend verläuft, hängt damit zusammen, daß sie die Lesegewohnheiten brechen oder zumindest in Frage stellen. Hierfür ist es dann auch im Prinzip gleichgültig, ob sie distanzierend oder ob sie integrierend verfahren, da auf den polemischen Zug nur aus dem Verhältnis zum Ensemble geschlossen werden kann. Dies wäre zugleich als ein Einwand gegen das vorher skizzierte Konzept einer Fortschrittsgeschichte zu verstehen, bei der von sich ablösenden Haltungen zum Text gesprochen wurde.

Übersetzen als Antwort auf ein verfestigtes literarisches Selbstverständnis, als ein Sicheinschalten in den Prozeß der literarischen Öffentlichkeit, soll am Beispiel des deutschen Shakespeare kurz untersucht werden. Daß mit Wielands Shakespeare, der seit 1762 erscheint, die anti-gottschedsche Polemik einen Höhepunkt hat, ist bekannt. Es ist aber, soweit ich sehe, nicht bekannt, daß diese Polemik sogar die Übersetzungsgrundsätze bestimmte. Wer nach den Bänden der »Deutschen Schaubühne« sich mit Dramensprache beschäftigt hatte, war gewöhnt, von ihr vor allem Glätte und Eleganz zu erwarten, eine Biegsamkeit des Deutschen, nebenbei, die dieser Sprache nicht eben immer schon zu eigen war; die schöne Form, das schön Gesagte, erschien eigentlich wichtiger als das mit ihr Gesagte, wobei sich fast von selbst verstand, daß die Ausdrücke ›gewählt‹, ›erlesen‹ zu sein hatten. Liest man dagegen nun Wielands Shakespeare, so ist das Sprache mit dem Hammer. Wieland, einer der elegantesten Schriftsteller seiner Zeit, schreibt ein unelegantes, unflüssiges Deutsch. Kritiker haben ihm vorgeworfen, Shakespeare sei ihm im Grunde immer fremd geblieben – daher die holprige Übersetzung. Gerade angesichts eines Schriftstellers aber, der mit der Sprache praktisch machen konnte, was er wollte, erscheint mir eine solche Beurteilung dubios. Wieland selber gibt für seine Vorgehensweise eine Begründung, die die übersetzerische Praxis seiner Zeit implizit kritisierte, wenn er auf das Original verweist als die Instanz, die dem Übersetzer die Kriterien an die Hand gebe. Das an der Übersetzung Kritisierte erkläre sich aus der Originaltreue, da Shakespeare selber »an tausend Stellen in seiner eigenen Sprache hart, steif, schwülstig, schielend« sei. In punkto Originaltreue geht Wieland bisweilen bis zur wortwörtlichen Reproduktion idiomatischer Wendungen. Es bringt nichts, jemanden der Ahnungslosigkeit zu zeihen, der ›isn't it‹ mit ›ist es nicht‹ übersetzt. Die einzig interessierende Frage ist hier, warum einer das tut. Und da müßte man denn sagen, daß in derlei Wendungen sich mehr vom sogenannten Sprachgeist eingenistet hat als in den semantisch relevanten, transportierbaren Wörtern. Wer so übersetzt, versucht der eigenen Sprache fremden Geist einzuhauchen, und dies vielleicht um so rigoroser, je mehr die eigene Sprache von einem konkurrierenden Geist fremdbestimmt zu sein scheint. Damit ist ›ist es nicht‹ für ›isn't it‹ ebensowohl Reproduktionsversuch fremden Sprachgeistes wie Anti-Gottschedianismus, das Ausspielen des englischen Geistes gegen den französischen. Wielands Begründung seines Verfahrens im Original ist eben nur die eine Seite. Oft und oft übersetzt er alles andere als wortgetreu. Am auffälligsten war das immer beim Fortlassen der meisten Wortspiele und bei der Reduktion der Metaphern auf ihren gedanklichen Kern. Dies läßt sich begründen in Wandlungen des Geschmacks. Da Wieland selber alles andere als ein unwitziger Autor gewesen ist, läßt es sich auch wieder polemisch sehen. Wenn er von den Wortspielen als ›läppischen Jeux d'Esprit‹ spricht, wird ihnen damit vielleicht französischer Ungeist und Unernst unterstellt, wogegen Shakespeare sozusagen in Schutz zu nehmen ist, auch natürlich um den Gegensatz zu welscher Tragödiengalanterie schärfer zu akzentuieren. Die Reduktion der Metaphern andererseits hängt mit Wielands Tendenz zur Verstofflichung zusammen. Es interessieren ihn an Shakespeare die Inhalte, die durch die als Zierat empfundenen Figuren nur verstellt würden. Am bedeutsamsten ist unter diesem Aspekt natürlich die Entscheidung für die Prosa, eine Entscheidung zugleich paradoxerweise für den ›wahren‹ Shakespeare wie gegen gekünstelte Formenzuchtmeisterei. Die Prosaentscheidung hat gar nichts mit Unvermögen zu tun, weder was die Fähigkeiten Wielands, noch was die historischen Möglichkeiten betrifft. Es hatte bereits einen ›Caesar‹ in Alexandrinern, einen ›Romeo‹ sogar im ganz ungewohnten Blankvers gegeben, und Wieland selber experimentierte mit verschiedenen Versformen, die er in einzelnen Szenen, ja für ein ganzes Stück, den ›St. Johannis-Nachts-Traum‹, auch durchaus benutzte. Aber die wichtige Grundentscheidung, planvoll, bewußt und ohne Lückenbüßerei, fiel zugunsten der Prosa aus. Ich will überhaupt nicht bestreiten, daß Shakespeare für Wieland zu dieser Zeit ein wenig kunstverständiger Autor war: er war ›in Absicht des Ausdrucks roh und incorrect‹, dafür aber naturwüchsig, inspiriert und genial, was die Entscheidung für die Prosa zweifellos erleichtert hat. Ich halte diese Seite der Auseinandersetzung allerdings für überbetont, denn ihr steht immerhin gegenüber der Entwurf einer dramatischen Alternative. Verse hätten zwar vielleicht nicht wie Gottschedsche geklungen, aber unter ein gewisses Niveau eleganter Artistik wäre schwerlich hinabzugehen gewesen. So hätte die Versform den Autor zu diesem Zeitpunkt vielleicht gerade verfehlt, während durch scheinbare Entfernung die Prosa dem Unerhörten und Fremden, dem Widerspenstigen und Unruhigen eher nahekam. Die Prosa ist geradezu die einzige, wenn auch gewalttätige Möglichkeit, Shakespeare den feinsinnigen Kunstrichtern bis hin zu Voltaire zu entreißen und das Besondere dieses Autors überhaupt erst einmal sichtbar zu machen. Wieland geht dabei so weit, auch sprachliche Normierungen zu ignorieren und das sich formierende Niveau einer gewissen Stil- oder Tonhöhe wenn nötig zu unterschreiten durch umgangssprachliche Wendungen, schwäbelnde Dialektfetzen usw.: auch das ein Versuch, den vielfältigen, weiß Gott nicht immer erlesenen Tönen Shakespeares sich anzunähern, und zugleich ein Protest gegen das Einheitsdeutsch der Gottschedianer. Daß die Kritik sich über Wieland hermachte – es kam sogar der Vorwurf, er habe die Entwicklung des deutschen Theaters um Jahrzehnte zurückgeworfen –, verwundert niemanden, der den Stil der Übersetzungskritik über die Jahre und Jahrhunderte verfolgt, einen Stil, der offensichtlich historisch konstant geblieben ist. Viel wichtiger ist, daß das geschmähte Werk von der jüngeren Generation gleichsam unter der Bank gelesen wurde und das auslöste, was zum ersten genuin deutschen Theater wurde, die Prosadramen des Sturm und Drang.

Das zweite Beispiel einer Funktionsgeschichte, im Unterschied zur Fortschrittsgeschichte, des Übersetzens ist natürlich Schlegel. Während nur einer Generation hat das historische Blatt sich gewendet und Schlegel übersetzt – ich bin versucht zu sagen: vor allem – gegen die herrschende Prosamode an. Wogegen Schlegel anzuübersetzen hatte, ist ihm selber sehr klar gewesen. Im Zusatz von 1827 zu einem Aufsatz ›Über den dramatischen Dialog‹ von 1796, in dem er – bezeichnenderweise anonym – das Projekt einer neuen Shakespeare-Übersetzung entwickelt hatte, schreibt er von den nahezu unübersteigbaren Schwierigkeiten, den ›Zeitgeschmack‹ der Prosa, deren Geltungsanspruch einfach vorausgesetzt wurde, zu unterlaufen. Das Problem stellte sich den ›Originalschriftstellern‹ ebenso wie dem Übersetzer. Und an der Entwicklung Goethes und Schillers verweist Schlegel auf die allmähliche, mühevolle Herausbildung der dramatischen Versform als Auseinandersetzung mit der Prosa und ihre Überwindung gerade am Arbeitsprozeß der Werke selbst. Schließlich wird dem ›Großen Ansehen‹ Schillers es zugeschrieben, ›die Wiedereinführung der Verse‹ durchgesetzt zu haben. »Von jedem andern hätten damals die Direktionen versifizierte und vollends teilweise in Reimen abgefaßte Stücke als eben deswegen unbrauchbar zurückgeschoben.« Die Theaterpraxis ist also ähnlich unvorbereitet für die Verssprache: die Rollen würden, heißt es, »wie Prosa ausgeschrieben, damit nur der rohe Naturalismus des Vortrags ja nicht gestört würde.« Ein so großer Schauspieler wie Iffland habe »niemals die ersten Elemente des Versbaus begriffen«. Geht man von dieser praktischen Situation aus, dann wird auf einmal verständlich, warum Schlegels Verse so oft hochkomplizierte Satzgefüge vereinfachen, Metren und Rhythmen glätten, mithin die Texte viel sprechbarer machen, als sie es im Original sind. Dies ihm als Verfälschung vorzuwerfen, wäre gewiß töricht. Ebenso töricht aber wäre es, aus Schlegels konkreten Lösungsversuchen in einer konkreten historischen Situation die Allgemeinverbindlichkeit seiner Versionen abzuleiten. Schlegel war, wie die

Chronologie zeigt, ebensosehr an der Herausbildung einer deutschen Theatersprache beteiligt wie Goethe und Schiller. Man wird kaum sagen können, daß die Weimarer erst die Möglichkeiten bereitgestellt hätten, die zur Übersetzung führten. Beides entwickelte sich nebeneinander her. Nimmt man die retrospektiv im Zusatz von 1827 gemachte Kritik am *Tasso*-Vers und an Schillers ersten Versversuchen im *Carlos* (›nachlässig und locker hingeworfen oder vielmehr auseinander geschwemmt‹) ernst, kann man fast zu dem Schluß kommen, die Weimarer hätten bei Schlegel ihre Dramenverse – zumindest die jambischen, ungereimten – gelernt. Die Kritik am *Tasso* ist sehr aufschlußreich: die Verse seien »nicht dialogisch genug; es fehlt darin, was man in der Malerei *heurté* nennt, die Perioden schlingen sich in harmonischem Wellengang durch zu viele Zeilen fort.« Kennten wir nicht den Bezug dieser Sätze, es könnte sie ein heutiger Kritiker über Schlegel gesagt haben. Das aber kann heißen, daß uns die Differenzierungsfähigkeit für annähernd gleichzeitig geschriebene Texte verloren gegangen sein mag. Denn zumindest dem hier implizierten Programm nach soll Schlegels Verssprache anders sein: dialogisch, *heurté* und ohne überlangen Periodenbau. Dialogisch im Sinne der Möglichkeit, sich in Versen zu unterhalten, ohne dabei lächerlich zu wirken, was ja zwischen Lessing und Schlegel für unmöglich gehalten wurde, sind sie sicher; vielleicht hat Schlegel das Publikum zu dieser Art Dialogführung erst erzogen. Auf die Erwartung eines *heurtement* hingegen käme man bei Schlegels Versen so leicht nicht: weder sind sie, wo es nötig wäre, schroff – in der Wortwahl nicht, in den hiatlosen Versen nicht –, noch finden sich Kontraste im Ton zur Unterscheidung der Figuren – Shylocks Verse sind so elegant wie die Antonios oder Bassanios. Vielleicht ist das aber wieder eine Frage des historischen Abstands, vielleicht haben sich diese Verse durch lange Gewöhnung so in unsere Ohren gesungen, daß wir Schroffheiten und Kontraste nicht mehr zu empfinden fähig sind. Noch ein anderer implizierter Programmpunkt ist in diesem Zusammenhang bemerkenswert: gegen die Prosamanier gewendet, heißt es: »Alles wurde möglichst in die Nähe der gewöhnlichen Wirklichkeit, der einheimischen und der heutigen Sitte herangerückt. Sogar da, wo die geschichtliche Beschaffenheit des Gegenstandes dies nicht ganz gestattete, wurde dennoch die Prosa beibehalten.« Das heißt aber, daß Schlegel, der für uns am weitesten zu gehen scheint in der Eingemeindung des Fremden, den historischen Graben gerade nicht zugeschüttet wissen wollte. Doch auch diese Distanz zum damals Gegenwärtigen herauszuhören, haben unsere Ohren nicht mehr gelernt. Aus all dem ziehe ich zwei Schlüsse, für die Schlegels – aus heutiger Sicht: ›richtiges‹ oder ›falsches‹ – Shakespeare-Verständnis unerheblich ist. Erstens: Schlegels Intention zielt auf eine ganz bestimmte Situation, die seiner Übersetzung Prämissen und Richtlinien vorgibt. Wäre zum Beispiel das Sprechtheater weiter entwickelt gewesen, dann wären vermutlich auch seine Verse komplizierter im Sinne des Originals geworden. Schlegels Übersetzung ist also Teil des klassizistisch-romantischen Theaters; wer sie heute spielt, muß sich darüber im klaren sein, daß er *diese* Tradition damit vergegenwärtigt, nicht etwa die elisabethanische. Zweitens: Schlegels Version ist, nach anfänglichen Anfeindungen, zur idealen deutschen Übersetzung überhaupt gemacht worden: die Differenz zwischen Original und Übersetzung hat die Wirkungsgeschichte schließlich aufgehoben. Wieder lebendig und aktuell werden könnte sie nur, wenn wir sie zurückbrächten in den dynamischen Prozeß, dem sie entstammt, wenn wir also etwa die Verse hörbar machen könnten als Protest gegen das Selbstverständnis eingeschliffener Prosa und zugleich als den Versuch einer Herstellung des historischen Abstandes zum Original. Da das aber wohl nur theoretisch, nicht praktisch, möglich ist, ist der wahre Apologet Schlegels als eines *Shakespeare*-Übersetzers derjenige, der nicht auf seine Lösungen, sondern der auf seine Fragestellungen zurückgreift.

Ich komme zum Schluß: Wer heute Shakespeare übersetzt, für den genügt es nicht, sich damit zu rechtfertigen, wir wüßten heute mehr als Schlegel – wir wissen nur Anderes. Es genügt auch nicht zu sagen, Schlegel sei veraltet – veraltet ist höchstens die Schlegel-Traditionspflege, durch die die Texte glatt, harmonisch und edel geworden sind. Wer heute Shakespeare übersetzt, steht vielmehr zunächst vor dem Doppelproblem, vor dem die bedeutenden Vorbilder auch standen. Einmal hat er sich zu fragen, was am Text relevant ist, eine Frage, die, wie mir scheint, immer nur vom jeweiligen Heute aus zu beantworten ist. Überspitzt und an einem Beispiel gesagt: wer von Kapitalismusfragen etwas versteht, wird uns heute Interessierenderes zum *Hamlet* oder zum *Kaufmann von Venedig* zu sagen haben als jemand, der die philologische Textexegese aufgearbeitet hat. Ich meine das natürlich keinesfalls im Hinblick auf Aktualisierung. Wer im Umgang mit historischen Gegenständen Relevanzfragen stellt, wird sie nicht anders als historisch stellen. Zum zweiten ist der Übersetzer Teil einer konkreten Literatur- und Theaterszenerie. Sieht er sich wirklich in der Tradition Wielands und Schlegels, hat er die konkrete Situation zu prüfen und aus ihr seine Prämissen abzuleiten. Auch dies freilich wird kaum bezogen sein können auf das Hier und Jetzt einer Saison. Daraus kann kaum mehr als für den Tag Gemachtes entstehen, die Dramaturgenflickschusterei, um Tantiemen zu sparen. Zur konkreten Situation gehört vielmehr auch deren Analyse im Hinblick auf ihre Historizität im Kontext der Tradition der Moderne. So scheint mir in den 50er und 60er Jahren eine Shakespeare-Übersetzung undenkbar gewesen zu sein, die nicht zugleich Auseinandersetzung mit Brecht gewesen wäre. So hat die Joycesche Motivtechnik uns eine Aufmerksamkeit gelehrt, durch die wir auch an Shakespeare auf einmal Dinge wahrnehmen, die früheren Generationen vielleicht verborgen waren oder nicht wichtig genommen wurden. Beide Namen – Brecht, Joyce – gehören natürlich in unseren alten

Rahmen einer Übersetzungsgeschichte als Fortschrittsgeschichte. Ich erwähne das, weil in der gegenwärtigen Situation fortschrittliche Tendenzen ebenso wichtig sein können wie rückschrittliche oder beide sich sogar verschränken. Wenn man die metaphysische Höhe, die Hamlet bei Goethe und Schlegel erklommen hat, als Phänomen der Rezeptionsgeschichte erkannt hat, sie nicht mit der ›Sache selbst‹ verwechselt, ist es möglich, diese Höhe auch wieder zu unterschreiten, etwa im Gefolge Börnes. Analog dazu sehe ich die von der Schlegel-Rezeption normierte und sanktionierte Blankversform. Schon 1910 hatte Ernst Stadler, der Expressionist, in seiner Habilitation über Wielands Shakespeare die Perpetuierung Schlegels moniert, als habe es seitdem keinen Kleist gegeben. Dies lief zwar kaum auf eine Aufhebung des Blankverses hinaus, wohl aber auf seine rhythmisch freiere und zugleich syntaktisch komplexere Handhabung. Nach allem, was sich in diesem Jahrhundert im Vers ereignet hat, ist die Verwunderung über die Perpetuierung heute nur um so größer. Hier sehe ich also Positionen, die durchaus nicht unhintergehbar sind, nur weil sie einmal erreicht worden waren. Vielmehr ist die Vernünftigkeit auch dieser Position – nur dann ist sie sinnvoll – immer wieder zu überprüfen am Kontext der jeweiligen Situation. Es scheint mir, daß nur die Übersetzung heute eine Berechtigung hat, die in einer bestimmten Situation eine bestimmte Position bezieht – cum ira et studio –, um Verkrustungen aufzubrechen, Sehweisen zu verändern und Shakespeare die Anstößigkeit zurückzugeben, die unsere übersetzerischen Vorgänger an ihm auf ihre Weise als Chance für die Gegenwart sahen. Dazu können Rückschritte fortschrittlich sein, wie Wielands Beispiel lehrt.

(1981)

Lesbarkeit oder Erhaltung der Komplexität?
Thesen zur Praxis des Übersetzens

Es ist Sache der Troglodyten,
Troglodyten zu bleiben.

Roman Jakobson

Seit es ein Nachdenken über die Aufgabe des Übersetzers gibt, stehen sich zwei unterschiedliche Grundauffassungen vom Übersetzen unversöhnt gegenüber. Das Prinzip der einen Seite lautet: die Übersetzung muß vergessenmachen, daß sie eine ist, sie ist selber Original, Wiederholung des Werks in der eigenen Sprache, als sei es in dieser geschrieben und als könne es Teil ihrer genuinen nationalen Tradition sein. Das Prinzip der anderen Seite lautet: die Übersetzung muß bewußt halten, daß das Werk nicht in der eigenen Sprache geschrieben wurde, sie will ein Stück fremder Sprache in der eigenen oder an deren Grenzen ansiedeln, und sie kann traditionsbildend werden, indem die Ausdrucksmöglichkeiten der eigenen Sprache vermehrt, vielleicht verändert werden. Ein Beispiel für die erste Seite – in der also durch Eindeutschung ein Werk der eigenen Tradition einbeschrieben werden soll – wäre Schlegels Shakespeare; Beispiele für die andere Seite – die auf Distanz haltende, das Deutsche verfremdende – wären Voßens Homer und, sehr extrem, Hölderlins Sophokles, worin versucht wird, dem Original bis in die syntaktische Abfolge hinein zu folgen.

Man kann nun sagen, die unterschiedliche Annäherungsweise an die Werke gründe weniger in deren besonderer Struktur selbst als in einer anderen Auffassung von Sprache und dessen, was sie leisten kann oder sollte, sowie im Eingehen oder Nichteingehen auf mehr oder weniger bestimmte Leseerwartungen. Es gibt ja triftige Gegenbeispiele zu den genannten, die für das jeweils umgekehrte Übersetzungsprinzip stehen, also etwa der Elisabethaner Chapman und der Klassizist Pope für Homer, der Barockpoet Opitz und der Aufklärer Voltaire für Sophokles, andererseits etwa Heiner Müller und einige Jüngere für Shakespeare. Trotzdem glaube ich nicht, daß sich die Standpunktbezogenheit der Prinzipien gewissermaßen ahistorisch auf Dauer stellen läßt, so als sei die Entscheidung für das eine oder andere Prinzip willkürlich und jederzeit möglich. Dies aus zwei Gründen. Einmal läßt sich nämlich recht genau die Tendenz der Entwicklungsgeschichte des Übersetzens beschreiben: von der reinen Neuschöpfung in Antike und Mittelalter, denen das Originalwerk als frei benutzbare Vorlage diente, über den Versuch, von der Renaissance bis ins 18. Jahrhundert, das Werk den eigenen ästhetischen Normen anzunähern, notfalls es entsprechend zu verändern (als Beispiel stehe hier Wielands Shakespeare-Übersetzung), bis hin zum Ernstnehmen der Eigengesetzlichkeit des Werks. In dieser dritten Phase stehen wir noch heute, ja es sieht so aus, als begänne sie erst heute, als begännen wir erst heute zu sehen, was Hölderlin als Übersetzer gemacht hat. Das Erkennen der Eigengesetzlichkeit des Werks bedingt einen kategorialen Wandel der übersetzerischen Verfahrensweise, und damit komme ich zu dem zweiten Grund, aus dem mir die Originalitätsforderung nicht mehr haltbar zu sein scheint. Bis zu diesem Wandel schlug sich nämlich der geschichtliche Progreß der Übersetzungen beinah ausschließlich in der veränderten Rezeption der Sinnschicht der Werke, genauer: im detektivischen Erfassen der Vokabelbedeutungen nieder, denen gegenüber Prosodie und Metrik etwa bloß Gefäß, der Stil samt Metaphorik bloß Ornament war, um so leichter ersetzbar oder ausrottbar, je weniger sie den jeweils herrschenden normativen Poetiken entsprachen. Der Wandel der übersetzerischen Verfahrensweise, den ich meine, setzte und setzt natürlich einen Wandel der interpretatorischen voraus. Das Interesse verschob sich, verschiebt sich, hat sich zu verschieben vom referentiellen Sinn, einer Art hypertrophem Whodunnit, auf das Erfassen der Werkstruktur, in dem Maße wie referentieller Sinn als nur eine Schicht des Werkes, nicht einmal notwendig die wichtigste, in einem Ensemble von Schichten begriffen wurde, wird und werden wird. Was heißt Ensemble von Schichten, was heißt Erfassen der Werkstruktur? Es heißt, und ist weniger trivial als es klingt, wenn man sich darauf erst einmal rigoros einzulassen versucht als Interpret oder als Übersetzer, es heißt, daß das Werk aus einem Bündel von Bedeutungsträgern besteht, die potentiell alle als Bedeutungsträger erkannt werden wollen. Man kann hier zunächst die traditionelle Trias – Laut, Syntax, Semantik – nennen, muß aber sofort differenzieren: mit der Lautschicht ist keine unverbindliche Euphonie gemeint – dunkle Laute für Trauer, helle für Glück –, sondern die kalkulierte, vielleicht auch unbewußte, jedenfalls interpretierbare Phonemanordnung, wie sie Roman Jakobson unter dem Äquivalenzbegriff ein Leben lang von Shakespeare über Baudelaire bis Chlebnikov und Brecht untersucht hat; ähnlich ist, zweitens, unter syntaktischer Schicht die spezifische Anordnung der Wörter zum Satz begriffen, also die Reihenfolge, wann wo welche Informationen gegeben werden und warum so, also die Oberflächenstruktur im Unterschied zur Tiefenstruktur, wobei es der herkömmlichen übersetzerischen Praxis wohl entspricht, die Sätze erst einmal auf ihre Tiefenstruktur zurückzuführen und von daher neu zu generieren, eigenem Gusto – oder wie es üblicherweise heißt: eigenem Sprachgefühl, das jede Diskussion abschneiden soll – folgend. Aber wenn man z. B. die Schillerschen Zeilen – »Nimmer, das glaubt mir, erscheinen die Götter, / Nimmer allein« – auf ihren Sachgehalt reduzierte, käme etwa heraus: die Götter kommen heutzutage immer zu mehreren. Übersetzte man so, also ohne Berücksichtigung der Reihenfolge, dann zerstörte man die ganze widersprüchliche Spannung der Zeilen, die geweckte Erwartung, nimmer erschienen die Götter mehr, die aber doch ein bedeutender Bestandteil der Aussage dieser Zeilen ist. Zur semantischen Schicht, drittens, gehört unter anderem der referentielle Sinnbezug; zu ihr gehört die Selektion der Wörter, also das ganze heikle Kapitel der Synonymie, der parallelen Ausdrucksmöglichkeiten, das erst am Original durchzuspielen ist – warum ›horrible‹, warum nicht ›dreadful‹ –, bevor eine Antwort in der Interpretation, in der Übersetzung, gesucht werden kann, wobei hier etwa auch neben rhythmischen oder klanglichen Erwägungen etymologische eine Rolle spielen können: so mag, um am Beispiel zu bleiben, Horror für den Zusammenhang bedeutsamer sein als Furcht. Zur Semantik gehört das nicht minder heikle Kapitel der Idiomatik, heikel, weil häufig die Vokabeln eines Idioms in einer anderen semantischen Bedeutungsschicht Funktionsträger sind: übersetzte man also idiomatisch richtig, wäre das ebenso falsch, wie wenn man die für den anderen Zusammenhang benötigten Vokabeln übersetzte. In James Joyces *Ulysses* heißt es einmal von Stephen, er sei ›in a brown study‹. Georg Goyert, der erste Joyce-Übersetzer, schrieb dafür, wörtlich, Stephen befände sich in einem braunen Studierzimmer. Nun bedeutet ›in a brown study‹ aber ›trübsinnig‹, und nur so ist der Ausdruck im Zusammenhang zu verstehen. Nur leider tritt in einem späteren Kapitel das braune Studierzimmer höchstselbst in Erscheinung, so daß die wörtliche Bedeutung des Idioms eben doch hätte erhalten werden müssen, weil beide Bedeutungsebenen semantische Funktion haben.

Die erläuterte traditionelle Trias gilt natürlich auch für die Alltagssprache oder für Gebrauchstexte, obschon freilich die genannten Sinnverdichtungen in den Lauten, in der Wortabfolge usw. in ihnen gar nicht oder kaum ins Gewicht fallen. Der entscheidende Unterschied ist aber, daß in der Alltagssprache die Hierarchisierung stabil ist wie in der Grammatik – Laut und Syntax sind als Zubringer der Semantik definiert –, während in poetischer Sprache entweder die Schichten prinzipiell gleichwertig sind, oder in anderen Hierarchiebildungen als der normalen angeordnet sein können, also mit Laut- oder Syntaxdominanz. Für das letzte wären viele Texte Gertrude Steins ein Beispiel.

Zu den Bedeutungsträgern gehört eine Reihe von anderen Merkmalen, die sich in den Schichtungen der Trias nur schwer unterbringen lassen, obwohl sie alle von ihnen berührt werden. Unter diesen übergreifenden Merkmalen ist vielleicht an erster Stelle der Ton des Werks zu nennen oder das Ensemble kontrastiv aufeinander bezogener Töne, das z. B. eine wichtige Bedeutungsschicht des *Ulysses* bildet. Man kann in diesem Zusammenhang auch daran erinnern, daß durch Herders Entdeckung eines spezifischen Shakespeare-Tons der Weg aus den Sackgassen der Adaption heraus zu Schlegel gebahnt wurde. Zu den übergreifenden Merkmalen gehört der im Werk manifeste Sprachgebrauch, bezogen auf den Sprachgebrauch der Epoche und auf das Verhältnis zu anderen Werken, wobei die Funktion der Abweichungen und Verstöße mit besonderer Aufmerksamkeit zu verfolgen ist. Das Problem für den Übersetzer liegt hier, scheint mir, nicht so sehr darin, ob Abweichungen, Verstöße sich in der eigenen Sprache nachbilden lassen, sondern vielmehr darin, ob er sie, so er ihre Funktion erkannt hat, nachzubilden wagt, was ihn ja immerhin zu Kollisionen mit dem eigenen, kaum zu begründenden Sprachgefühl oder mit tatsächlich herrschenden ästhetischen Normen bringen mag. Ich meine, hier sollte die Nötigung durch das Werk Priorität vor privaten oder rezeptionsästhetisch bedingten Idiosynkrasien haben. Um ein Beispiel zu geben, das zugleich einen weiteren übergreifenden Bedeutungsträger nennt: Shakespeares Verstechnik. Sie ist von Schlegel recht genau studiert worden. Um so verwunderlicher, daß von den zahllosen metrisch-rhythmischen Härten oder blanken Verstößen nichts, gar nichts in den deutschen Versionen zu finden ist.

Ein Beispiel aus Hamlets berühmtestem Monolog: gäbe es

keine Angst vor einem Leben nach dem Tod, so könnte man sich selber allem irdischen Jammer entziehen – »with a bare bodkin«: zwei unbetonte, zwei betonte Silben nebeneinander, in den betonten Silben hart aufeinanderprallend, unterstrichen durch den gleichen Anlaut. Die ganze Fügung ist ein Verstoß gegen den üblichen regelmäßigen Wechsel unbetonter und betonter Silben, der Shakespeare an dieser prominenten Stelle kaum zufällig unterlaufen sein dürfte. Bei Schlegel wird die Stelle regelmäßig, geglättet; es heißt: ›mit einer Nadel bloß‹, und damit ist das hart-expressive Moment des Ausdrucks wegharmonisiert.

Hat Schlegel die semantische oder häufig sogar gestische Funktion der Verstöße gar nicht erst bemerkt, weil er immer noch in der Beckmesserei des 18. Jahrhunderts, Shakespeare gegenüber, befangen war, oder hat er sie nicht umzusetzen gewagt, weil das seinen auch in anderen Schichten nachweisbaren Harmonisierungstendenzen im besonderen und dem Weimarer Dunstkreis im allgemeinen zuwidergelaufen wäre? Wie immer die Frage zu beantworten ist, daß Schlegel die metrisch-rhythmischen Signale Shakespeares ignorierte, gehört zu den großen, angesichts keiner Einschüchterung durch Klassizität mehr hinnehmbaren Mängeln seiner Arbeit.

Unter den übergreifenden Bedeutungsträgern des Werkes will ich abschließend nur noch einen nennen: das Zitat. Ich meine damit weniger das belegbare, direkte Zitat, obwohl jeder Kundige weiß, daß allein sie im *Ulysses* z. B. zu identifizieren die Arbeit einiger Forschergenerationen voraussetzt, sondern ich meine das indirekte Zitat – Halbzitat, Verballhornung, Anspielung bis hin zum Pastiche. Die so bestimmten Zitate können gezielt etwa zur Bewußtseinsdarstellung einer Figur eingesetzt sein, und sie zu verfehlen, etwa indem plan wörtlich übersetzt wird, oder aus Unkenntnis des imitatorischen Charakters einer Passage, deren Stil gar dem Ton des übrigen angeglichen wird, bedeutet zumindest eine Verkürzung der Figur. Die Art Zitat, die ich meine, kann aber auch dem Autor unbewußt den Text bestimmen oder mitbestimmen. Ich spiele damit an auf die viel diskutierten Thesen des Literaturwissenschaftlers Harold Bloom, denen zufolge jedes Werk mehr oder weniger kontinuierlich, mehr oder weniger unbewußt sich mit positiv oder negativ besetzten Leitbildern auseinandersetzt, die es zu ersetzen, zu verschieben, zu verdrängen, auch zu sublimieren versucht. Es versteht sich, daß mit den sogenannten Einflüssen nur die sichtbare Spitze des Eisbergs bezeichnet ist. Wichtiger, so Bloom, ist die stete Auseinandersetzung mit einer stillschweigend, weil nicht bewußt, vorausgesetzten, subjektiv bestimmten, an den jeweiligen Autor gebundenen Prägung der Gegenwart durch Tradition *und* die Auseinandersetzung mit der eigenen Auseinandersetzung. Ihnen kann sich kein Werk entziehen, wie autonom es sich auch geben, wie bewußt es auch gemacht sein mag, gegen sie schreibt es an. Einen solchen Text im Text aufzuspüren und zu verstehen, dazu bedarf es einer geradezu psychoanalytischen Geduld und Empathie, genauester biographischer Kenntnis und eines detektivischen Blicks für das augenscheinlich Nebensächliche. Ist die Arbeit aber einmal getan, so glaube ich kaum, daß ein Übersetzer von, sagen wir, Keats, sich um die Auseinandersetzung mit Milton oder Spenser drücken kann, aus der er die Voraussetzung für die übersetzerische Auseinandersetzung lernen kann. Die Übersetzung eines bestimmten Werks kann also nie die *eines* Werks sein. Für Joyce ist diese Arbeit bislang kaum geleistet – in einigen Aufsätzen von Fritz Senn finden sich allerdings Hinweise –, weil die Bewältigung ganz elementarer Verständnisschwierigkeiten, zu denen etwa auch das Aufspüren bewußt gesetzter Anspielungen gehört, die Forschung immer noch in Anspruch nimmt. Die Entdeckung der Veranlassungsbedingungen eines Werks würde der Übersetzung aber Perspektiven eröffnen, vor denen die gängigen Forderungen nach Richtigkeit oder Angemessenheit einen gänzlich anderen Sinn bekämen.

Ich habe daran zu erinnern versucht, daß das Werk aus einem Bündel von Bedeutungsträgern besteht, die im Ensemble, einem Mit- und Über- und Gegeneinander, das Werk konstituieren. Vor jeder konkreten Arbeit hat der Übersetzer also seine Aufmerksamkeit auf die Bauformen zu richten, den funktionalen Wert der einzelnen Träger und deren Verknüpfung. Alles Gesagte gilt für die Texte der Vergangenheit ebenso wie für die der Moderne, wobei allerdings wohl erst die an modernen Texten gewonnene Erfahrung den Blick für die Funktionalisierung der Schichten in vergangenen Texten geschärft oder überhaupt erst ermöglicht hat. Ich möchte Ihnen dazu ein Beispiel geben, notgedrungen aus einem anderen Bereich, in dem diese Zusammenhänge besser reflektiert sind, dem der musikalischen Interpretation. Der Kritiker Heinz-Klaus Metzger setzt sich polemisch mit der üblichen konformistischen Praxis des Interpretierens auseinander, die durch ein Paradieren von technischer Bravour und das Erzeugen von Wohlklang auf nichts anderes als die Bestätigung versteinerter Erwartungen ziele. Ihr stellt Metzger eine andere Praxis gegenüber: »Führte einst das Kolisch-Quartett oder führt heute das LaSalle-Quartett Kompositionen beispielsweise von Mozart, Beethoven oder Schubert vor einem nicht an extremer Musik der letzten Dezennien ... spezifisch geschulten Auditorium auf, so greift bei diesem häufig ein Befremden Platz, als würde ihm eine radikale Komposition jüngsten Datums präsentiert: so sehr weicht die konsequente Darstellung weitgetriebener Partituranalyse von allen Vorstellungen und Erwartungen ab, welche Musikfreunde zu hegen pflegen ...«

Ich meine, ein solches Befremden aufgrund weitgetriebener Textanalyse dürfte durchaus auch vom Übersetzer in Kauf genommen werden. Mit der Beobachtung Metzgers kommt nämlich ein weiteres Argument zugunsten der Komplexitätserhaltung ins Spiel: Nicht nur aus Gründen der Werktreue ist die Reproduktion seiner Verfahrensweisen geboten, zugleich bedeutet sie die Chance, auf eine Veränderung der Lese- und Verständnisgewohnheiten hinzuarbeiten. Sie richtet sich gegen die Benebelungen durch ein nur genießendes Lesen oder Hören (von den vielen Klischeeurteilen über Übersetzungen erscheint mir keines trostloser als jenes, die Übersetzung lese sich flüssig, bezogen auf ein komplexes Werk) und versucht die Werke dem Verschleiß zu entreißen, dem sie durch jede Traditionsablagerung anheimgefallen sind, indem sie die Aufmerksamkeit des Lesers oder Hörers ständig wachhält und provoziert, um so vielleicht den Werken ihre ursprüngliche Härte, Anstößigkeit und Neuheit zurückzugeben, vor dem Hintergrund der Gegenwart.

Ein Einwand zu dieser These von der Erhaltung der Komplexität könnte lauten, daß ich allzu mühelos Interpretation und Übersetzung in eins setzte, daß zwar die Interpretation die Bedeutungsvielfalt auffächern könne, daß aber jede Übersetzung zu Entscheidungen gezwungen sei. Der Einwand ist gewiß triftig, aber ich möchte doch daran erinnern, daß ein nicht-dezisionistisches Interpretieren so alt auch wiederum nicht ist und erst im Umgang mit modernen Texten gewonnen wurde, und daß es andererseits ja bereits Beispiele für ein nicht mehr ausschließlich sinnreferentiell beschränktes Übersetzen gibt: aus dem Bereich, den ich überschaue, nenne ich die Poe-Übersetzungen Arno Schmidts und Hans Wollschlägers und die Shakespeare-Übersetzungen Heiner Müllers und einiger Jüngerer. In den durch die Beispiele bezeichneten Richtungen muß und kann weitergearbeitet werden, in dem Maße wie durch den Umgang mit modernen Texten und eine kompromißlose übersetzerische Praxis die Grenzen der Zumutbarkeit erweitert und damit die Leseerwartungen verändert werden.[1]

Die Probleme, vor die uns Joyce stellt, sind im Grunde die gleichen wie die, mit denen wir es in der Tradition zu tun haben. Der Unterschied ist der, daß die Probleme sich bei Joyce nicht länger vernachlässigen lassen, obwohl die gängige Leserpraxis deren Vernachlässigung stillschweigend erwartet. Die Übersetzung eines Shakespeare-Textes auf der Basis des referentiellen Sinnbezugs kann immerhin noch ein relativ scharfes Schwarzweißbild ergeben; die Übersetzung eines späteren Joyce-Textes auf der gleichen Basis ergäbe eine schwarze Fläche mit ein paar schemenhaften Konturen. In dem Maße wie die Sprache selber Thema und Gegenstand der Prosa wird, fällt der referentielle Sinnbezug, sagen wir ruhig auch: die Handlung, zwar nicht heraus, aber er verliert seine traditionell prominente Stellung und wird zu einem Bedeutungsträger unter anderen. Die Hierarchiebildungen, von denen vorhin die Rede war, sind andere als die der normalen Sprache, sie sind auch keine typisch joycischen, in die sich einzulesen möglich wäre, sondern sie erschließen sich erst in der Anstrengung des Vollzugs der Passage oder des Kapitels, d. h. sie können wechseln. In der Sprache von *Finnegans Wake* schließlich findet sich ein totaler Hierarchieabbau, wodurch es unmöglich wird, überhaupt Dominanzen zu setzen, was ja noch in den dunkelsten Passagen des *Ulysses* gelingt. Selbst dessen schwierigstes Kapitel, die Oxen of the Sun-Episode, ist nach den Prinzipien eines Literatur-Pastiche hierarchisiert, wie mühsam oder unmöglich es im einzelnen auch sein mag, genau zu identifizieren oder die Übergänge zu bestimmen. Ich glaube übrigens, daß dieses Kapitel, an das wir alle drei[2], jeder auf seine Weise, die größte Mühe und Geduld und Äquivalenzsucherei gewendet haben, nicht zuletzt darum, meiner Auffassung nach, das gelungenste der neuen Übersetzung ist, weil Hans Wollschläger hier mit äußerster, im wörtlichen Sinne: radikaler, Konsequenz den intendierten Verfahrensweisen des Autors gefolgt ist. Die unbestreitbare Komplizierung mancher Passagen gegenüber dem Original ist die logische Folge einer konsequent betriebenen Explikation der Verfahrensweise.

Die These aufgreifend, daß auch Texte von einem geringeren Komplexitätsgrad als der *Ulysses* den Übersetzer vor analoge Probleme stellen, möchte ich noch kurz auf die Joyce-Übersetzung eingehen, für die ich selbst geradezustehen habe, die des *Portrait of the Artist as a Young Man*. Fritz Senn und ich haben sie als Versuch angesehen, bis an die Grenzen des Möglichen oder über sie hinaus die Verfahrensweisen des Textes einsichtig zu machen. Das führte in der Kritik zu erheblichem Befremden, weil auf einmal ein »flüssig« lesbarer Text voller Dornen und Widerhaken steckte. Aber eben die Flüssigkeit des Textes zu reproduzieren, hätte bedeutet, seine Komplexität zu opfern. Dabei interessierte weniger das Mitgeteilte selber als die Art und Weise der Mitteilung. Denn je tiefer die Analyse diesen »leichten« Text sondierte, desto klarer wurde die kompositorische Verflechtung der Teile und die sehr weitreichende Durchfunktionalisierung der Bedeutungsträger. Zum letzten Punkt könnte man etwa anführen die Bedeutung der syntaktischen Abfolge oder die der synonymischen Selektion. So stört es gewiß die Lesbarkeit, wenn im vierten Kapitel »cerements« nicht mit »Leichentücher«, sondern mit »Bahrtücher« übersetzt ist, einem heute ungebräuchlichen Wort, das im Grimmschen Wörterbuch aus Jean Paul belegt, aber schon im Adelung nachgewiesen ist. Nur reicht eben »cerements« auch nur von Shakespeare bis ins 19. Jahrhundert (und muß in heutigen Shakespeare-Ausgaben kommentiert werden) – soviel zur unterstellten Flüssigkeit des Originals –, und was die englische Etymologie, von frz. »cire«, »Wachs«, an Ikarusanspielungen transportieren mag, das bringt die deutsche, von »beran« = tragen und gebären, im Geburtskontext ein, in dessen Zusammenhang die Stelle ja gleichfalls steht.

Oder, um wenigstens anzudeuten, wo ein Beispiel für kompositorische Verflechtung zu finden wäre: die Villanelle im 2. Teil des fünften Kapitels. Hier wäre es denkbar – und sicher wäre das auch genießerisch goutiert worden –, sozusagen ein gutes schlechtes fin de siècle-Gedicht nachzuempfinden, eine Art René Rilke oder Richard Dehmel. Ein solches Gedicht ist die Villanelle in einer Schicht freilich auch. Nur liegt das Hauptproblem eben darin, daß in dem Gedicht einige wichtige Themen und Motive des gesamten Buches, bis in wörtliche Entsprechungen hinein, aufgegriffen werden. Die 19 Zeilen der Villanelle hier zu besprechen, würde also praktisch bedeuten, den ganzen Roman heranziehen zu müssen.

Ich möchte statt dessen kurz zwei ausgrenzbare Stellen diskutieren, von denen die eine durch ihre Vokabelverflechtungen, die andere durch ihren syntaktischen Aufbau besonders charakterisiert ist. Und wenn ich zwei Stellen aus dem alten *Jugendbildnis* zwei Stellen aus dem *Porträt* gegenüberstelle, so nicht, um Georg Goyert am Zeug zu flicken, sondern um ein bestimmtes Übersetzungsverfahren einem anderen, vielleicht bestimmteren gegenüberzustellen. Dabei werden die Nachteile, und zwar beider, Verfahren nicht unberücksichtigt bleiben können.

Die erste Stelle findet sich gegen Ende des vierten Kapitels, kurz vor Stephens Begegnung mit dem Mädchen im Meer. Badende Kameraden haben ihn gerade mit seinem griechischen Namen – ›Stephanos Dedalos‹ – geneckt, doch für Stephen wird der Name auf einmal zur Prophezeiung. Er fühlt sich jäh zum Künstler berufen und empfindet diese Berufung zugleich als Befreiung aus seinem bisherigen Leben und als Neugeburt, beides vorgestellt in Bildern eines himmelstürmenden Flugs, den des Dädalus und Ikarus wiederholend. Die Stelle ist komponiert als ein Netz sich wiederholender Wörter und Wendungen: *flying* und *flight*, *soaring*, *sunward*, *radiant*, *tremble* und *tremulous*. Weiter ist wichtig die Zerlegung des Schöpferbegriffs in zwei Aspekte, einen mehr technischen (*artificer*, der am Schluß des Buches wieder auftaucht) und einen emphatischen (*artist*); zu bedenken ist die Doppeldeutigkeit des *deliver* (im Sinne von *befreien* und *entbinden*, wobei das letzte im Kontext der Seelengeburt unerläßlich ist). Nicht unerwähnt bleiben dürfen der Rhythmus und die dem dargestellten Vorgang folgende Syntax. Ich möchte aber hier nur ein einziges wiederholtes Wort herausgreifen: soaring (›sich erheben, steigen, sich aufschwingen‹). Die erste Stelle, an der es auftaucht – der Künstler schaffe »a new soaring impalpable imperishable thing« – übersetzt Goyert so: »ein neues, unbegreifliches, unvergängliches Wesen, das des höheren Flugs fähig war«, d. h. aus der Kette der vier Beiwörter löst er eines, soaring, heraus und macht aus ihm einen ganzen, nachgestellten Nebensatz. Eine Seite später tauchen die gleichen Attribute, erweitert, noch einmal auf. Der Künstler Stephen will etwas schaffen, »a living thing, new and soaring and beautiful, impalpable, imperishable«. Das heißt bei Goyert: »ein Lebendiges sollte es sein, ein Neues, ein Himmelstürmendes, ein Schönes, Unfaßbares, Unvergängliches«. Hier ist das *soaring* zwar syntaktisch eingegliedert, aber es gibt für den Leser keine Korrespondenz zu der früheren Stelle: was erst ein Relativsatz war – »das des hohen Fluges fähig war« –, ist jetzt ein substantivischer Ausdruck unter Verwendung eines gänzlich anderen Wortes: »ein Himmelstürmendes«. Sonderbarerweise heißt außerdem das impalpable zunächst »unbegreiflich«, dann »unfaßbar«. In der neuen Übersetzung heißt die erste Stelle: »ein neues hoch sich aufschwingendes ungreifbares unvergängliches Wesen«, und die zweite Stelle heißt: »ein Lebendiges, das hoch sich aufschwang und neu war und schön, ungreifbar, unvergänglich«. Die Unterschiede im Verfahren sind wohl deutlich: Goyert versucht, die Lektüre nicht zu stören; seine Formulierungen sind im jeweiligen Kontext treffend – zwischen den zitierten Stellen findet sich noch zweimal soaring und wird jedesmal wieder anders übersetzt –, aber das Verfahren der Stelle wird dem Leser unterschlagen und er bekommt keine Möglichkeit, das insistierende Wiederholen, das Hämmern, das Kreisen der Passage zu erfahren. In der neuen Übersetzung ist das alles da; es ist allerdings erkauft um den Preis glatter Lesbarkeit, der gerne bezahlt wird, und um den Preis, zuweilen, des ›treffenden‹ Ausdrucks, der weniger gerne bezahlt wird, aber aus Konsequenzgründen wohl unvermeidlich ist.

Zum Schluß noch ein Beispiel für die Notwendigkeit, dem syntaktischen Ablauf des Originals zu folgen. Stephen stellt sich in derselben Passage vor, Angst, Ungewißheit und Schamgefühle hätten sein bisheriges Leben wie Bahrtücher – vorhin war von ihnen schon einmal die Rede – umgeben, hätten es gleichsam eingesargt. Diese Vorstellung ist in einen kreisförmig gebauten Satz übertragen, d. h. die syntaktische Ebene spiegelt die semantische. Goyert folgt diesem Verfahren nicht, sondern löst den Kreis in eine Linie auf, zwingt aus Gründen der Verständlichkeit den Satz in eine Logik des Ablaufs, die er im Original nicht hat: »Was waren denn die Furcht, durch die er Tag und Nacht gewandert war, die Ungewißheit, die ihn umschlossen, die Scham, die ihn innerlich und äußerlich gedemütigt hatte, anderes als Tücher, die er abschüttelte von dem sterblichen Leib, Tücher, Leichentücher?« In der neuen Übersetzung wurde versucht, die Kreisform zu reproduzieren: »Was waren sie jetzt anderes als Bahrtücher, abgeschüttelt vom Leib des Todes – die Angst, in der er Tag und Nacht sich bewegt, die Ungewißheit, die ihn eingekreist, die Scham, die ihn innerlich und äußerlich erniedrigt hatte – Bahrtücher, die Linnen des Grabs?«[3]

Diese Beispiele müssen genügen. Vielleicht haben sie gezeigt, daß dort, wo Lesbarkeit oberstes Prinzip ist, ein Verständnis der Struktur ausgeschlossen ist. Freilich sind die Beispiele aus dem *Porträt* noch vergleichsweise harmlos. Sie können aber – wie die *Porträt*-Übersetzung insgesamt – als Einübung genommen werden in die ungleich größeren Schwierigkeiten des *Ulysses*. Das neue *Porträt* sollte Voraussetzungen für dessen Lektüre schaffen – durch genaue Reproduktion der poetischen Verfahrensweisen und damit zugleich durch einen permanenten Appell an die Aufmerksamkeit des Lesers, in der Hoffnung, seine Gewohnheiten zu verändern. Gewohnheitsänderungen des Lesers könnten dazu führen, daß eines fernen Tages die Werke auch anderer Dichter, etwa Shakespeares, im hier beschriebenen Sinne ernstgenommen würden.

(1976/1978)

1 Gegenüber der herrschenden, entscheidungsgebundenen Praxis des Übersetzens wäre ein neuer Typ von Übersetzung denkbar, der die Komplexität der Vorlage ausdrücklich thematisierte. Hier wäre die Fiktion der Lesbarkeit vollends aufgegeben. Was so entstünde, hätte die vielfältigsten Lesevorgänge zu reproduzieren, nicht sie dezisionistisch abzublocken. Das gliche äußerlich eher den Sattlerschen Hölderlintexten als den Beißnerschen.

2 Hans Wollschläger als Übersetzer, Fritz Senn und ich als seine ›Korrektoren‹ oder Lektoren.

3 »What where they now but cerements shaken from the body of death – the fear he had walked in night and day, the incertitude that had ringed him round, the shame that had abased him within and without – cerements, the linens of the grave?«

Der Silberblick für das Detail in der Geschichte des Übersetzens

> *So it cometh often to pass, that mean and small things discover great, better than great can discover the small: and therefore Aristotle noteth well, ›That the nature of everything is best seen in the smallest portions.‹*
>
> Francis Bacon

Daß die falsche Aussprache eines einzigen Lautes tödliche Folgen haben kann, erfuhren die Ephraimiten zur Zeit des Richters Jephthah, als sie den Jordan überqueren wollten: um zu erkennen, ob sie, wie sie behaupteten, Gileaditer waren, sollten sie das Wort »Shibboleth« aussprechen. Sie sagten »Sibboleth«. Das kostete 42 000 von ihnen das Leben. Am zweiten Ostertag des Jahres 1282 begann in Palermo die sizilianische Vesper gegen die verhaßten Franzosen, die daran zu erkennen waren, daß sie die Wörter »cece« (Kichererbse) und »chicchi« (Bohne, Ährenkorn) nicht aussprechen konnten. 2000 mußten daran glauben. Am 2. Oktober 1937 ließ Trujillo in der Dominikanischen Republik 20 000 haitianische Zuckerarbeiter ermorden, angeblich, um die eigenen Schwarzen zu schützen. Das Erkennungswort war »perejil« (Petersilie), das die Haitianer »pelejil« aussprachen.

Viel größer kann der Gegensatz zwischen einem kleinen Unterschied und seiner Wirkung kaum sein. Merkwürdig, daß keine großen Worte ins Spiel kommen, die Entstellung eines Gottes- oder Herrschernamens etwa, sondern beliebige Wörter, die auch andere sein könnten, weil aus ihnen sich keine tiefere Bedeutung ableiten läßt. Heißt das aber vielleicht, daß in der Sprache auch das Kleinste, Alltäglichste und daher Übersehene unter bestimmten Bedingungen bedeutsam werden kann, bis hin zu den genannten Folgen? Merkwürdig ist weiter, daß die gewählten Wörter alle aus dem Nahrungsbereich kommen, als seien sie gewissermaßen leibgebunden und als verweise der artikulatorische Defekt auf eine Störung noch anderer Art, wie etwa die zwischen Wort und Sache, die im Hebräischen identisch sind. Damit stünde für die Feinde der Ephraimiten nichts weniger als die eigene Sprache in Frage. Auch »Shibboleth« heißt etwas, es heißt »Ähre«, das Grundnahrungsmittel in der bäuerlichen Kultur. Im Hebräischen ist das klar, und es kommt in der Schrift eben nur an auf den Unterschied der Laute beziehungsweise Buchstaben sh (shin) und s (samek). Käme es nur darauf an, hätte die Wendung im Original in der Übersetzung stehenbleiben können. Aber im Lateinischen ist hinzugefügt: »quod interpretatur spica«, die Übersetzung will also auch die Wortbedeutung verstanden wissen. Warum? Es scheint, daß der Cicero-Kenner Hieronymus hier zugleich noch an etwas anderes gedacht hat: »spica« heißt nämlich auch der hellste Stern im Sternbild Jungfrau, und damit wäre die falsche Aussprache geradezu die Verleugnung der Gottesmutter im Zusammenhang der entstehenden Figurenlehre, die über den Alten Bund gestülpt wurde. Der vermeintlich didaktische Zusatz – »quod interpretatur spica« – unterstellt dem Wort also eine Bedeutung, die es vorher nicht hatte, nicht haben konnte. Aus dem Detail einer phonetischen Abweichung ist ein Theologoumenon geworden.[1]

Buchstaben, sollte man meinen, lassen sich klar identifizieren. Im Hebräischen ist die Unterscheidung nicht immer leicht. Im Talmud wird von einem Toraschreiber erzählt, dem geboten wird, den Text bis ins winzigste Detail zu kopieren. Fehle auch nur ein einziges Häkchen oder werde eines hinzugefügt, werde die Schöpfung zerstört (was darin gründet, daß Gott in seine Tora schaute, um zu sehen, wie die Welt zu erschaffen wäre). Was gemeint ist, wird an der möglichen Verwechselbarkeit der Buchstaben »daleth« und »resh« klargemacht: fehlt, zum Beispiel durch flüchtiges Schreiben, am »daleth« das kaum wahrnehmbare Strichlein rechts oben, wird daraus ein »resh«. Das Beispiel, das der Talmud für die Folgen bringt, ist schlagend: aus »achad«, dem Einen und Einzigen, also Gott, würde dann nämlich »achar«, der Andere, der Umgekehrte, der Widersacher, also das, was Satan heißt. Nirgendwo wird deutlicher in der Schrift, wie an einem einzigen winzigen Strich Alles oder Nichts hängt. Sowohl Gott wie der Teufel stecken in diesem *einen* Detail.

Das Hebräische ist eine Sprache, bei der die Aufmerksamkeit für das Kleine und Kleinste entscheidend ist. Die endlosen Debatten der Rabbinen in den Talmuden handeln von Details, an denen der »Unterschied ums Ganze« hängt. Ist die Wortgrenze so richtig gesetzt? Wenn wir die Buchstaben anders abteilen, bekommt die Stelle einen ganz neuen Sinn, wenn wir sie noch anders abteilen, bekommt sie wieder einen neuen Sinn. Wir haben es hier also zu tun mit einer Fixierung auf die Buchstäblichkeit einerseits und ihrer immer wieder flottierenden Bedeutung andererseits, abhängig von der Verbindung, in der man sie liest. Wo fängt ein Satz an, wo hört er auf, in einem Nacheinander von Syntagmen, die meist mit »und« anfangen? Hier ist das Detail alles und zugleich bestreitbar, das heißt nicht durch Entscheidung lösbar. Noch komplizierter wird die Lektüre durch das Problem der Vokalisierung. Auch darüber streiten sich die Rabbinen: wenn man das Wort *so* vokalisiert, heißt es dies, wenn *so,* jenes. Nun arbeiteten die Übersetzer der Septuaginta und noch Hieronymus mit unpunktierten Texten, wobei sie sich allerdings, zumindest die Siebzig, auf die mündliche Tradition der Vokalisierung verlassen konnten. Natürlich sprudelten die Mißverständnisse – oder soll man vorsichtiger sagen: die Alternativen? Als Mose zum erstenmal vom Berg Sinai herabsteigt und die beiden Gesetzestafeln in der Hand trägt, die er kurz darauf zerschmettern wird, heißt es: »Die Tafeln waren ein Werk Gottes und die Schrift war eine Schrift Gottes, eingegraben in die

Tafeln.« (Ex. 32, 16) Das Wort für »eingegraben« *(charut)* läßt sich auch *cherut* vokalisieren: dann heißt es »Freiheit«. Das bedeutet: »Keine Nation und kein Sprachstamm würde über sie (die Israeliten) Gewalt gehabt haben«, wenn sie nicht durch ihren Abfall vom Bund Mose veranlaßt hätten, die ersten Tafeln zu zerbrechen.[2] Welche Verbindung vom in Stein gehauenen Gesetz mit der dadurch gewährten Freiheit, die in einer Vokalisierungsoption gegeben ist!

Wie also soll man, wie kann man einen Text übersetzen, dessen Konsonantenfixiertheit im Widerspruch steht zur verhandelbaren Sinnkonstitution? Vom Hellenismus geprägt, haben die Siebzig in Alexandria den Text ins Griechische übersetzt, manchmal so wortwörtlich, daß ihnen darüber eine im Wortspiel gegründete Wendung entging und die Stelle dadurch unverständlich wurde, manchmal in philosophische Gnomik ausweichend, so wenn sie den Gottesnamen »Ich bin der ich bin« durch »Ich bin der Seiende« wiedergaben.[3] An Protesten seitens der Orthodoxie hat es nicht gefehlt, verständlicherweise, wenn man sich an die Bedeutsamkeit des Minimalsten, auch der Buchstäblichkeit selber[4], auch der Anzahl der Buchstaben im Wort, denen ja jeweils ein Zahlwert entsprach, erinnert. Andere griechische Übersetzungen folgten, sowohl rabbinisch-buchstabengenaue wie solche, die eher den vermeinten Sinn übertrugen. Es folgten lateinische Übersetzungen, die den inzwischen als archaisch empfundenen Text bis in seine hart-gefügten Syntagmen nachzubilden versuchten. Dann kam, seit etwa 390 übersetzend, das Genie Hieronymus, den man den ersten vergleichenden Philologen nennen könnte. Er setzte sich mit sämtlichen vorhandenen Übersetzungen auseinander, zugleich war für ihn die Sprachkultur eines Cicero, eines Lukrez, Vergil und Horaz maßstabsetzend. Er wollte eine zeitgemäße, verständliche, an der stilistischen Eleganz der Römer geschulte Übersetzung schaffen. Die Hüter der kanonisierten Texte, zu denen inzwischen auch die Septuaginta und die Vetus Latina avanciert waren, wollten ihm das nicht durchgehen lassen, und ein Teil seiner schier unerschöpflichen Energie floß in oft bissige Rechtfertigungen dessen, was er tat. In den berühmten Briefen an Pammachius steht zu lesen, er habe nicht Wort für Wort (non verbum e verbo), sondern Sinn für Sinn (sensus e sensu)[5] übersetzt, nicht Wörter, sondern Sätze (non verba, sed sententias).[6] Daraus wäre zu schließen, daß es ihm auf nichts Geringeres ankam als die Verpflanzung des Alten in das Neue, die Appropriation, ein paraphrasierendes Zurechtstutzen, bei dem die Spreu der Buchstäblichkeit vom Weizen der Bedeutung gesondert wurde. Das ist aber ganz und gar nicht der Fall. Sieht man sich nämlich seine zahllosen Kommentare, Wort- und Ortsnamenerklärungen, seine Beispiele in den Briefen an, dann merkt man, wie er, der glänzende Hebraist, sehr wohl die Einzelwörter in den Blick nimmt und ihren Sinn gegen die Lösungen von Septuaginta und Vetus Latina behauptet. Allerdings findet sich dieser Blick für das Detail nicht immer in der Vulgata wieder: sie ist zwar sein Werk, hat aber erst in einem jahrhundertelangen Prozeß der Revision und theologischen Akzentsetzung die kanonische Gestalt angenommen, die wir kennen. Ein Beispiel aus dem *Hohenlied*. In der Vulgata sagt das junge Mädchen von sich: »nigra sum sed formosa«, d.h. also etwa: »zwar bin ich schwarz, aber trotzdem wohlgestalt«, sie entschuldigt sich geradezu für ihre Schwärze, hält sie aber für kompensiert durch ihre Ebenmäßigkeit. Im Hebräischen heißt die Zeile: »schwarz bin ich *und* schön.« An diesem Und hängt alles: das Mädchen bekennt sich stolz zu seiner Schwärze, die gleichsam der äußere Ausdruck seiner Schönheit ist. Im Doppelvergleich mit der Schwärze der Zelte Kedars, der Beduinenstämme, und den Teppichen Salomos, der Königskultur, wird das unterstrichen: Schwärze und Schönheit stehen auf einer Ebene; da gibt es keinen apologetischen Gedanken. Und genau so hatte das Hieronymus ursprünglich übersetzt: »nigra sum *et* speciosa«.[7] Sein »et« fiel dann entweder der fortschreitenden Degradierung der hammitischen Völker zum Opfer, oder es sollte mit »sed« der übliche Gegensatz zwischen irdischem Unwert bei gleichzeitiger Erlösungsbegabtheit aufgebaut werden. Solche Klüfte können sich auftun unter dem einen Buchstaben »vaw«. Was »speciosa« und »formosa« betrifft, so sind das im Prinzip Alternativen, nur daß eine »puella speciosa« noch blendender, irdischer schön ist als eine »formosa«. Das ist eine nicht unerhebliche Verschiebung innerhalb der Synonymik.

Hieronymus schreibt im Brief an Pammachius, er habe manchmal Wörter hinzugefügt. Das soll man zwar in der Übersetzung, zumal eines heiligen Textes, nicht tun, beschränkt sich aber bei ihm, soweit ich sehe, auf die Erklärung von Namen, die der Leser des Originals nicht braucht. So nennt Rahel ihren zweiten Sohn, nach dessen Geburt sie stirbt, Ben-oni, und Hieronymus fügt hinzu: »id est, filius doloris mei.« Jakob nennt ihn bekanntlich Ben-jamin. In seinen *Quaestiones in Genesim* diskutiert Hieronymus die Korrektheit dieses Namens. Es gibt nämlich Leute, die meinen, es müßte Ben-jami*m* heißen, also der Sohn der Tage im Sinne von Sohn des Alters; immerhin ist er ja der letzte, der zwölfte Sohn Jakobs. Merkwürdigerweise hat sich diese Bedeutung des Namens als des Jüngsten bis heute erhalten, denn sie spielt natürlich auch im weiteren Verlauf der Jakobsgeschichte eine Rolle. Hieronymus aber beharrt auf dem »n«, und dann heißt er der Sohn der Rechten, der rechtmäßigen, der wahren, der auserwählten Frau, nicht der untergeschobenen Leah. Folglich setzt er hier hinzu: »id est, filius dextrae«.[8] – Auf einer anderen Ebene steht die Aufmerksamkeit für das Wortspiel. Dabei geht es nicht um Stil, sondern um einen Begründungszusammenhang. So nennt in bisherigen Übersetzungen Adam, nachdem er Evas Fleisch und Knochen wahrgenommen hat, sie Frau (gyne, mulier), *weil* sie vom Mann (aner, vir) genommen sei. Wer kann dieses »weil« verstehen? fragt Hieronymus. Verständlich ist es aber, wenn man ins Hebräische schaut: »ish« und »isha«.[9] Das will er verständlicherweise retten, weil damit auch sprachlich die Abhängigkeit der Frau vom Mann markiert ist, und übersetzt: »Haec vocabitur virago, quia ex viro sumpta est.« Auch hier also wird der Text erst klar, wenn auf den Buchstaben der Vorlage zurückgegangen wird.

Lassen Sie mich noch ein Sonderproblem des wörtlichen Übersetzens erwähnen: ist eine Stelle nicht umgekehrt zu verstehen, als sie dasteht? Das berühmteste Beispiel steht im Buch Hiob. Als Satan Hiob von Kopf bis Fuß mit Schwären geschlagen hat und er sie sich auf dem Misthaufen sitzend mit einer Scherbe abzukratzen versucht, kommt seine Frau und sagt, sinngemäß, Bleibst du immer noch bei deiner Frömmigkeit? Und dann, so wörtlich im Hebräischen: »Segne Gott und stirb«. (2,9) Man hat immer gewußt, daß das ein Euphemismus ist, daß es umgekehrt zu verstehen ist, nur daß eben Gott in einem heiligen Text nicht buchstäblich verflucht werden darf. So – wörtlich richtig, sinngemäß falsch – heißt die Stelle denn auch in der Vulgata: »benedic in Domino (im Hebräischen steht übrigens »elohim«), et morere«. Ich weiß nicht, ob die Wendung so von Hieronymus stammt, denn in seiner Übersetzung des Hiob-Kommentars von Origines findet sich erstaunlicherweise: »sed dic aliquod verbum in Dominum (was auch heißen kann: *gegen* Gott), et morere«.[10] Das Problem war ihm also bekannt, und er hat es durch die umschreibende Weise zu umgehen versucht. Das »benedic in Domino« wurde jedenfalls verbindlich und wurde noch einmal ausdrücklich vom Tridentinischen Konzil bestätigt. Da gab es allerdings schon die protestantischen Übersetzungen. Luther übersetzte, etwas vorsichtig, »Ja, sage Gott ab und stirb!« Erst die Engländer, etwas später, sagten klar und deutlich: »curse God, and die.«

Auch Luther hat, ähnlich wie Hieronymus, die Wörter dem Sinn, nicht den Sinn den Wörtern folgen lassen wollen. Er wollte erklärtermaßen dem Volk aufs Maul schauen und reden wie der Mann auf dem Markt, die Hausmutter, die Kinder. Gewiß hat er im Laufe der zahlreichen Revisionen immer mehr eingängige deutsche Formulierungen gefunden. Aber darüber wird leicht vergessen, daß er es mit dem Wort, jedem einzelnen Wort, trotzdem sehr genau nahm, daß er also wußte, was er jeweils tat. Im »Sendbrief vom Dolmetschen« steht eben auch, »daß, wo es etwa drauf ankam, da hab ich's nach den Buchstaben behalten und bin nicht so frei davon abgewichen« und »ich habe eher wollen der deutschen Sprache Abbruch tun, denn von dem Wort weichen«. Meist aber gelingt es ihm, sowohl dem Buchstaben treu zu bleiben, als auch eine alltagsnahe Wendung zu finden, manchmal im Widerspruch gegen eine lange geheiligte Tradition. Berühmt ist seine Auseinandersetzung mit dem Englischen Gruß. In der Vulgata steht: »Ave gratia plena«, eine Wendung, die man als »Du Gnadenreiche« versteht, weil man dem Wort »gratia« nicht mehr die Anmut, den Liebreiz anhört. Darf man die Gnade, ein Kernstück auch der Lutherschen Theologie, hier opfern? Luther tut es, indem er das griechische »kecharitoméne« genauer zu erfassen versucht, und übersetzt: »Gegrüßet seist du, Holdselige!« Er könnte eigentlich noch weiter gehen, schreibt er, denn im heutigen Sprachgebrauch heiße das nichts anderes als »Gott grüße dich, du liebe Maria«. Dies wäre allerdings schon Paraphrase, nicht mehr Übersetzung.

Der Hinblick auf das Detail zeigt sich nicht nur im Beobachten der möglichen Wortwörtlichkeit, er zeigt sich auch bei den Hinzufügungen. Der ganze »Sendbrief« scheint veranlaßt durch die Rechtfertigung der Zutat des einen Wortes »sola«. Im Römerbrief (3, 28) steht der Satz: »Arbitramur hominem iustificari ex fide absque operibus«, den Luther übersetzt, als stünde da »sola fide«: »Wir halten / das der mensch gerecht werde on des gesetzs werck / allein durch den glauben«. Das konnten verständlicherweise die Papisten oder die Meister Klüglinge, wie er sie nennt, nicht durchgehen lassen. Nach Luther ging es ihnen bei ihrer Kritik um nichts als Buchstabenfuchserei; in Wirklichkeit ging es, das wußte er sehr gut, um ganz anderes. Doch seine Rechtfertigung des

»sola« ist für uns aufschlußreich deshalb, weil er nicht theologisch, weil er listig vom Sprachgebrauch her, von der Umgangssprache aus argumentiert:

> Dise vier buchstaben ›s-o-l-a‹ stehen nicht drinnen / welche buchstaben die Eselsköpff ansehen / wie die kue ein new thor / Sehen aber nicht das gleichwol die meinung des text ynn sich hat / vnd wo mans wil klar vnd gewaltiglich verteutschen / so gehoret es hinein / denn ich habe deutsch / nicht lateinisch noch kriegisch reden wöllen / da ich teutsch zu reden ym dolmetzschen furgenomen hatte. Das ist aber die art vnser deutschen sprache / wenn sie ein rede begibt / von zweyen dingen / der man eins bekennet / vnd das ander verneinet / so braucht man des worts solum (allein) neben dem wort (nicht oder kein). Als wenn man sagt / der Baür bringt allein korn vnd kein geldt / Nein / ich hab warlich ytzt nicht geldt / sondern allein korn. Jch hab allein gessen vnd noch nicht getruncken. Hastu allein geschrieben vnd nicht vberlesen? Vnd dergleichen vnzeliche weise yn teglichen brauch.[11]

Luther redet sich also heraus auf den Sprachgebrauch, wiewohl er weiß, daß er einen theologischen Sprengsatz fabriziert hat. An dem einen »sola« hängt die Abwertung der Werkgerechtigkeit und der Gesetzestreue und die Begründung der Heilsgewißheit »allein durch den Glauben«, »sola fide«.

Die Übersetzung heiliger Texte stellt vor das kaum lösbare Problem, beim Wortlaut des Originals bleiben zu müssen, ihm gleichwohl eine eigene Gestalt in einem anderen Kulturraum, zu anderer Zeit, geben zu wollen und nur durch minimale Akzentuierungen die eigene Theologie in ihr unterbringen zu können. Ganz anders ist der Spielraum natürlich bei profanen Texten, oder ist es doch lange gewesen. Das hatte in der Geschichte des Übersetzens eine relative Gleichgültigkeit nicht nur dem Detail, sondern dem Wortlaut insgesamt gegenüber zur Folge. Es ging um den »Sinn« auf Kosten der »Form«. Insbesondere im westlichen Mittelalter läßt sich oft eine Übersetzung von einer Bearbeitung oder gänzlichen Neufassung einer Vorlage nicht unterscheiden. Die mittelalterliche Literatur basiert auf dieser Verwischung. Das ändert sich erst allmählich mit der Entstehung von Nationalliteraturen in der Frühen Neuzeit. Aber noch Wielands epochemachende Übersetzung Shakespeares seit 1762 zeigt allein schon durch die Wahl der Prosa an Stelle der poetischen Gestalt des Textes, daß es um so etwas wie die »Rettung des Gedankens« ging. Als Wieland übersetzte, hatte man längst Shakespeares Verse mit der klassizistischen Elle gemessen und sie korrekturbedürftig gefunden: hier fehlte ein Versfuß, da stand einer zuviel, hier stießen zwei Betonungen aufeinander, da waren zwei Senkungen nebeneinander usw. Um Shakespeares Genialität, die ihm kaum abzusprechen war, gewissermaßen zu sich selber kommen zu lassen, sah man sich berechtigt, seine handwerklichen Mängel auszugleichen. Das führte zu unendlichen Textemendationen auf allen Ebenen, in der Lexik, der Metrik, der Interpunktion. Auf der Basis der unsicheren Textgrundlage waren gewiß viele Emendationen vertretbar, andere immer wieder strittig, noch andere schlicht falsch, weil sie eher einen regelgerechten Buchtext als einen Text der Theaterpraxis im Auge hatten. Man kann nun aber zeigen, wie die Abweichung von der Norm die Aufmerksamkeit für das Detail schärft und gerade von daher eine Stelle eine gestische, affektive, dramatische Spannung erhält, die sie im regelmäßigen Zeilenfluß kaum hätte. Eben diese Aufmerksamkeit ist es aber zugleich, an der es den Shakespeare-Übersetzungen bis heute mangelt.

Als Schlegel Shakespeare zu übersetzen begann, war sein poetischer Rang längst unbestritten und war die Weimarer Bühnensprache soweit, Blankverse vertragen zu können. Schlegel war ein überaus sorgfältiger, bisweilen inspirierter Übersetzer, versuchte die Bilder und Metaphern, die Wortspiele herüberzuholen, schmolz sie allerdings ein in einen gleichmäßigen Ton, der zum Beispiel die Stilbrüche unkenntlich zu machen versuchte. Auch die metrischen Unregelmäßigkeiten, die ihm wohl bewußt waren, sind weitgehend getilgt, weil er meinte, die deutschen Schauspieler seien durch die jahrelange Praxis des Prosatheaters so verroht, daß sie kompliziertere Verse noch nicht sprechen könnten. Nach den Prinzipien Schlegels haben dann Ludwig Tieck, seine Tochter Dorothea und deren Mann Wolf Graf Baudissin das Unternehmen fortgeführt und zu Ende gebracht. Die Ängstlichkeit vor Verstößen ist bei den Jüngeren noch markanter, darum möchte ich aus Baudissins »Othello« einige Stellen anführen, die bei Shakespeare gerade aus der metrischen Abweichung ihr Gewicht erhalten. Zur Entschuldigung kann man kaum anführen, daß aus der Folio-Ausgabe übersetzt wurde – die Varianten waren ja bekannt –, vielmehr zeigt sich bei den gewählten Wendungen eine bestimmte Auffassung vom Vers auf dem Theater. Das kommt sogar bei solchen Versen zum Ausdruck, die im Prinzip regelmäßig gebaut sind. Als erste Verdächtigungen gegen Desdemona auftauchen, sagt Othello: »and when I love thee not, / Chaos is come again.« Zwei Betonungen – am Zeilenende, am Zeilenanfang – stoßen aufeinander. Das ist beim Zeilensprung an sich nichts Ungewöhnliches, wirkt aber hier so grell, weil es gerade diese Wörter sind, die aufeinanderknallen, noch verstärkt durch das wiederholte »o«. Bei Baudissin gleiten die Zeilen gefällig dahin: »und wenn ich dich nicht liebe, / Dann kehrt das Chaos wieder.«, wobei der Fast-Reim das gänzlich Ungereimte der Situation noch zusätzlich zum Ausgleich bringt. Noch anderthalb Jahrhunderte später übersetzt Erich Fried die Stelle so: »Und wenn ich dich nicht liebe, / So ist das Chaos wieder da!« Die Verse sind gleichmäßig, nur im wiederholten »a« ist ein ferner Klang der alten Schläge zu hören. – Als die Eifersucht längst in Othello rumort, das Wort aber noch nicht gefallen ist, spricht Iago es aus, in einem unvollständigen, unmetrischen Vers, wodurch das Bezeichnete um so brutaler auf Othello einschlägt: »O beware jealousy«. Das »beware« läßt sich unbetont sprechen, dann wirkt es wie ein Anlauf, oder die zweite Silbe wird betont, dann knallen zwei Hebungen aufeinander. Die Folio-Ausgabe hat die schneidende Rede entschärft und emendiert: »O, beware, my lord, of iealousie«. Und so übersetzt Baudissin: »O, bewahrt Euch, Herr, vor Eifersucht«. – Das Netz, das Iago immer enger zieht, ist auch aus Lautverflechtungen geknüpft. So wenn er Othellos Verfassung resümiert: »Who dotes, yet doubts, suspects, yet strongly loves!« Wenn man das wie Baudissin übersetzt – »Der liebt, doch zweifelt – argwöhnt und vergöttert!« –, ist der Gedanke erhalten, das Netz zerrissen.

»Was sich am schlechtesten aus einer Sprache in die andre übersetzen läßt«, schreibt Nietzsche, »ist das Tempo ihres Stils ... Der Deutsche ist beinahe des *presto* in seiner Sprache unfähig: also, wie man billig schließen darf, auch vieler der ergötzlichen und verwegensten *nuances* des freien, freigeisterischen Gedankens.«[12] Die Sprache Othellos ist durch ständige Tempowechsel gekennzeichnet, durch Beschleunigungen und Retardierungen, die sich den metrischen Freiheiten entnehmen lassen. So sagt er, als er den Augenschein für die Untreue einfordert: »I'll see before I doubt, when I doubt, prove«, hat also wieder zwei Senkungen vor zwei Akzenten am Ende des Verses. Hier hat Baudissin etwas gemerkt und gibt seiner Zeile einen gegenrhythmischen Stoß: »Eh ich zweifle, will ich sehn; zweifl ich, Beweis!« Dafür haben seine Nachfolger die Zeile ins Ruhebett des Pentameters gepackt. Flatter übersetzt: »Erst sehn, dann zweifeln; zweifeln, dann beweisen«. Und Fried: »Ich sehe, eh ich zweifle. Wenn ich zweifle, / Beweis ich erst.«

Als es ans Sterben geht, verliert auch Desdemona die Balance ihrer Sprache, die Othello, entschlossen, fast schon wiedergefunden hat. Will er sie töten, obwohl er gerade ein frommes Wort gesprochen hat? »And yet I fear you, for *you are* fatal then, / When *your eyes roll so: why I* should fear, I know not, / Since guiltiness I know not, *but* yet I feel I fear.« Das Augenrollen scheint dreifach betont und noch unterstrichen durch das wiederholte »o«; ist in der Frage das »why« betont oder das »I« oder beides? Sind es in der zweiten und dritten Zeile gerade die unbetonten Worte »not« und das überzählige »but«, die den stillen Protest der Ahnungslosen anzeigen? Jedenfalls machen die Zeilen eine dramatische Spannung hörbar, wie sie der Situation, nicht dem Versmaß, angemessen ist. Und was macht Baudissin daraus? »Und dennoch fürcht ich dich, denn du bist schrecklich, / Wenn so dein Auge rollt! / Warum ich fürchten sollte, weiß ich nicht, / Da ich von Schuld nichts weiß; doch fühl ich, daß ich fürchte ...« Sie merken, wie die Nicht-Aufmerksamkeit für die Abweichung, die womöglich als Unvermögen des Autors verstanden wurde, dem Text die Spannung nimmt, aus der er lebt.

Ich möchte, Shakespeare abschließend, noch auf ein Problem hinweisen, das prinzipiell nicht zu lösen ist: die Entscheidung zwischen Varianten, die in manchen Fällen das Verständnis in ganz verschiedene Richtungen lenken. Dabei kann durch ein winziges Detail der Text auf einmal eine unvorhergesehene Wendung nehmen, ja die bisherige Lektüre insgesamt in Frage stehen. Nachdem sich für Othello, nach dem Mord, das Truggespinst langsam auflöst, stöhnt er auf, metrisch übrigens korrekt: »O Desdemona, Desdemona dead, / Oh, oh, oh.« So steht es in den Quarto-Ausgaben. Die Folio gibt die Stelle so: »Oh Desdemon! dead Desdemon: dead. / Oh, oh!« Durch die Kappung des einen Buchstabens im Namen, die auch einen Akzentumschwung zur Folge hat (Desdémon statt Desdemóna) und die im ganzen Stück sonst nicht vorkommt, reißt am Ende ein Schleier auf, der die sanfte, ahnungslos Duldende bisher umgab. Nicht mehr nur Iago war es, der Othello ins Verbrechen trieb, auch das Besessensein vom Dämon Desdemona – in dieser von Anfang an

Unmögliches zusammenzwingenden Liebe – war es, was ihn umtrieb. Die Ambivalenz von Liebe und Tod blitzt auf durch die zweimalige Tilgung des einen »a«. Othello formuliert sie dann aus in seinen letzten Zeilen: »I kiss'd thee ere I kill'd thee, no way but this, / Killing myself, to die upon a kiss.« Ein allerletztes Mal eine metrische Unregelmäßigkeit: »no way«.

Geistige Formen, sagt Hegel, seien »das zu gestaltende Material« der Poesie; »die sinnliche Seite der Mitteilung« bleibe »das nur Beiherspielende«: »Deshalb bleibt es auch für das eigentlich Poetische gleichgültig, ob ein Dichtwerk gelesen oder angehört wird, und es kann auch ohne wesentliche Verkümmerung seines Wertes in andere Sprachen übersetzt, aus gebundener in ungebundene Rede übertragen und somit in ganz andere Verhältnisse des Tönens gebracht werden.«[13] Man sieht, der Idealist ist geradezu der Antipode derer, für die der Kern der poetischen Aussage oft vom Detail abhängt. Hegel kann auch seinen Jugendfreund Hölderlin nicht richtig gelesen haben. Auf die übersetzerische Praxis hin gesehen hat er freilich kaum Unrecht, denn sonst würde sich niemand der Täuschung ergeben, übersetzen zu können. Man übersetzt gewöhnlich eine Schicht – die, die man für den Sinn- oder Sachgehalt hält – und verziert das, wo es sich anbietet, mit dem »Beiherspielenden«, also etwa Lautwiederholungen. Ein besonders elendes Kapitel ist das des Reims, wo der Triumph, einen gefunden zu haben, oft vergessen läßt, welche ganz anderen Gesellen da einmal ins gemeinsame Bett gezwungen wurden. Die Moderne hat den Blick dafür geschärft, daß in gedichteten Gebilden jeder Parameter Sinnträger ist, also Laute und Rhythmen, syntaktische Abläufe und Zeilenbrüche nicht weniger als der semantische Sinn, der außerdem zumeist disputierbar ist. Sieht man es so, dann ist alles Detail, wie die Talmudisten wußten, dann steckt Gott – oder für den Übersetzer der Teufel – überall.

Es wäre hier der Ort, doch nicht die Zeit, des längeren über Joyce zu reden, über Virginia Woolf, Beckett, die moderne

Lyrik seit Baudelaire, Mallarmé, Hopkins, Dickinson insgesamt. Ein paar Beispiele müssen genügen. Leopold Bloom ist ein Genauigkeitsfetischist, wobei seine ständigen Selbstkorrekturen dadurch ausgezeichnet sind, daß sie meistens danebentreffen. Nichts ist schwerer, als das haargenau Falsche in der Übersetzung wiederzugeben, weil dabei der Blick gleichzeitig auf zwei oder mehrere unterschiedliche Vorstellungen zu richten ist. Als Bloom für Molly das Frühstück vorbereitet, heißt es: »righting her breakfast things on the humpy tray«. »Richtig« und unauffällig wäre es gewesen zu sagen, »putting her things …«, denn »to right« heißt »aufrichten«, »geradestellen«, also genau das tun, was auf einem bucklig verzogenen Tablett nicht geht. Hier haben wir, nebenbei, eine erste Charakteristik Blooms, der immer alles richtig machen will und dabei danebengreift. Das läßt sich nicht übersetzen. Es mit »richten« zu übersetzen, anders geht es kaum, ist so richtig wie falsch. – Bloom, der zweimal protestantisch getaufte Jude, sieht in einer Kirche bei der Messe einen Priester am Altar hantieren und sinniert über das Gewand: »Letters on his back. I.N.R.I.? No: I.H.S. Molly told me one time I asked her. I have sinned: or no: I have suffered, it is. And the other one? Iron nails run in.« Hier sind dem Übersetzer die Hände gebunden, weil er die Initialen wiedergeben muß. Goyert übersetzt: »Ich habe Sünde; oder nein: ich habe Sühne«, und: »Ihn nagelten rohe Juden.« Wollschläger sagt: »Ich habe Sünde: oder nein: Ich habe Schmerzen«, und: »Ich nahe zur Rettung Israels.« Beiden Lösungen muß natürlich die unbewußte Implikation Blooms entgehen: »ich habe gesündigt« ist von der Ehebrecherin Molly her gedacht; »ich habe gelitten« von Bloom. Und was die »eingerammten Nägel« betrifft, so läßt sich wohl sagen, daß für den von Eifersucht Geplagten jedes willkürliche Detail zu ihrer Bestätigung dient: alles treibt den Dorn, den Pfahl, den Nagel tiefer ins Fleisch. Wie immer man also die Stelle übersetzt, wird sie wahr und falsch zugleich. – Doch es gibt auch lösbare Detailfragen. Ein Beispiel zum syntaktischen Ablauf: Bloom steht am Fluß: »Looking down he saw flapping strongly, wheeling between the gaunt quay walls, gulls.« Das ist ein kleiner Wahrnehmungsvorgang: erst sieht er etwas kräftig Flatterndes, dann etwas Kreisendes zwischen den Kaimauern, und erst am Ende identifiziert er es als das, was es ist: Möwen. Es ist die allmähliche Verfertigung des Sehens beim Schauen, wobei die Nachstellung der »gulls« keineswegs reguläres Englisch ist. Goyert hat das Prozeßhafte nicht bemerkt, hat das Objekt, auf das der Satz zusteuert, an den Anfang gestellt und aus dem ganzen einen normalen Satz mit Nebensatz gemacht: »Er blickte hinunter und sah Möwen, die heftig mit den Flügeln schlugen, zwischen den dünnen Quaimauern hin und her fliegen.« Es geht also nicht um den Nachbau englischer Syntax, wenn Wollschläger übersetzt: »Niederblickend sah er heftig mit den Flügeln flappende, zwischen den öden Kaimauern kreisende Möwen.« Allerdings gibt hier die Zutat »mit den Flügeln« schon zuviel von dem noch nicht erkannten Objekt preis, das heißt: Details können auch stören, wenn sie als Verständnishilfe hinzugefügt sind, anstatt der prozessualen Aufhellung zu vertrauen. – Doch zur Erheiterung noch ein letztes Detail aus dem detailbesessenen *Ulysses*, das man beim ersten Lesen für einen Druckfehler hält. Im Schweißband von Blooms Hut steht die Inschrift: »Plasto's high grade ha.« Das »t« fehlt, weil es durchgeschwitzt ist. Das wird aber nicht gesagt; der Leser wird es erschließen, wenn er gelernt hat, auf die winzigen Details, also auch auf die einzelnen Buchstaben oder eben auch auf ihr Fehlen, zu achten.

Diese Hinsicht auf die Buchstäblichkeit hat Joyce in *Finnegans Wake* noch einmal radikalisiert. Hier indiziert jeder Buchstabe zugleich diejenigen, die er ersetzt. Von dieser Sprache heißt es: »this is nat language at any sinse of the world.« Das ist also keine Sprache (not language) in irgendeiner Bedeutung des Wortes (in any sense of the word); es ist zugleich die Nachtsprache (dän. »nat« = Nacht) seit Anbeginn der

Welt (at any since of the world), die alle Sünden (any sins) der Menschheitsgeschichte mittransportiert; und mitzu*hören* ist schließlich die Insektensprache (gnat language), ein Sirren und Surren und Krabbeln und Stechen, tückisch und unabstellbar, das uns wie das Unbewußte bis in die Träume hinein belästigt. Hier sind Schichten über Schichten gelegt, die sich trennen lassen, aber gleichzeitig, wie mit dem Facettenauge, erfaßt werden wollen. Das ist vergleichsweise einfach. Komplizierter sind die Stellen, deren Wörter in ganz unterschiedliche Bestandteile zerlegt werden müssen, wie im Hebräischen. Gleich auf der ersten Seite ist von einem »penisolate war« die Rede, einem Krieg um eine Halbinsel, der von zwei feindlichen Brüdern ausgefochten werden wird. Der eine ist ein Schriftsteller, der allein mit der Feder in der Hand (pen isolate) den Kampf aufnimmt, der andere vertraut auf seine männliche Potenz (penis o' late). Hier sind die Schichten so ineinander geschoben, daß die Fokussierung auf ein Einzelnes das jeweils andere, gleich bedeutungsvolle Einzelne, verliert und doch beides, in einer Art schwebenden Aufmerksamkeit, im Blick behalten muß.

Joyce hat die Nötigung zum Aufmerken auf das Detail übersteuert. Wo alles Detail ist, fragt es sich, ob es noch sinnvoll ist, von Detail zu reden. Lassen Sie mich abschließend trotzdem noch einen Meister des Details nennen, der gewissermaßen die Feder da aufnahm, wo Joyce sie liegen ließ: Beckett. Nach der unüberbietbaren Joyceschen Polyphonie und Polysemie hat Beckett, seit er französisch schrieb, eine Art Monodie entwickelt: immerzu Wiederholungen eines Grundwortschatzes, die durch minimalistische Rückungen das Gleiche und nicht das Gleiche sagen. Aber immer wieder wird der gleichförmige Vorgang kaum merklich gestört, zum Beispiel durch einen Wechsel der Bezugsebene. Ich möchte nur ein einziges Beispiel für einen solchen Wechsel geben: die Störung durch das Zitat. In dem Fernsehspiel »Eh Joe« sitzt ein stummer Mann auf dem Bett in einem abgeschotteten Zimmer. Die monotone Stimme einer Frau redet auf ihn ein und resümiert in Satzbruchstücken seine abgelegten, aus Hochmut, Egoismus oder Gleichgültigkeit verspielten Lieben. In die immer beklemmenderen Aufzählungen bricht auf einmal ein Satz ein: »Thou fool thy soul.« Nur das. Aber es genügt, um hellhörig zu werden für eine andere Ebene. Wenn wir dann noch wissen, daß damit auf eine Stelle aus dem Lukas-Evangelium angespielt ist – »Thou fool, this night thy soul shall be required of thee« –, reißt jäh ein Vorhang auf und die Stimme der Erinnerung erweist sich als die Stimme des Gerichts. Von dieser alles entscheidenden Wendung ist in der deutschen Übersetzung nichts zu spüren. Tophoven übersetzt wörtlich korrekt, und es geht nicht anders. Die Wendung hängt einzig an zwei Details, den alten Pronominalformen »thou« und »thy«, die es bei uns nicht gibt.

Wollte man eine Geschichte von Detail und Übersetzung schreiben, so käme eine Kreisfigur heraus. Was einmal sakralen Texten gegenüber Gebot war, ist es heute, nach Jahrhunderten einer für vertretbar gehaltenen Laxheit, im Hinblick auf die poetischen Verfahren großer Texte, wobei gerade die Erfahrung der Moderne den Blick auch für die Vergangenheit geschärft hat. Wenn der Übersetzer den Text einer fremden Sprache auseinandernimmt wie ein Kind die Uhr, dann gnade ihm Gott, wenn er beim Zusammenbau in seiner Sprache ein Schräubchen oder eine Feder vergißt: denn dann tickt sie nicht.

(2000)

1 Natürlich gibt es auch den Kampf um den *geschriebenen* Buchstaben. Ist Gottes Sohn dem Vater *ähnlich* oder ist er ihm *gleich?* Die Entscheidung hing an einem einzigen Buchstaben, dem Jota: »homoiousios« oder »homoousios«. Wieviel Blut um dieses einen Jotas willen vergossen wurde, hat niemand gezählt.

2 So Rabbi Acha ben Yaakov in *Erubin* 54 a, in *Der babylonische Talmud*, neu übertragen durch Lazarus Goldschmidt, Berlin: Jüdischer Verlag, 1930, Bd. II, S. 163. Die gleiche Doppellesung wird erörtert in *Exodus Rabba* 41, 7, und in *Sprüche der Väter*, 6, 3.

3 Zur Übersetzung des Gottesnamens vgl. meine Abhandlung, *Zeit ist's. Die Bibelübersetzung von Franz Rosenzweig und Martin Buber im Kontext* in diesem Band.

4 Das »Ich bin« (oder »Ich werde sein«) des Gottesnamens besteht im Hebräischen aus vier Buchstaben. Drei davon (HJH) sind Teil des Tetragrammatons (JHVH); der erste Buchstabe ist das Aleph (Ex. 3, 14). Mit dem Aleph hat es eine eigene Bewandtnis. Einer kabbalistischen Geschichte zufolge soll Gott nur das Aleph gesprochen haben und die ganze Schöpfung folgte daraus (weil das Aleph ›alles‹ enthielt): die Tora beginnt mit dem zweiten Buchstaben, dem Beth (*bereshit*, »Im Anfang«), einem Buchstaben, der wie eine linksgerichtete Klammer geformt ist; rechts davon kann nur das Aleph, der erste Buchstabe, stehen. Nach einer anderen Geschichte soll sich das Aleph bei Gott beschwert haben, daß die Tora nicht mit ihm beginne. Gott versprach, das wieder gutzumachen und ließ den wichtigsten Text der Tora, die »Zehnworte« (die zehn Gebote) mit dem Aleph beginnen (*anochi JHVH elohim*, »Ich JHVH Gott«; gewöhnlich übersetzt mit »Ich bin der Herr dein Gott«). Man sieht also, welches Aggregat *diese* Vierbuchstabigkeit vorstellt und daß jede Übersetzung (»Ich bin«, »Ich werde sein«) diese Offenbarung verspielt.

5 Migne, *Patrologia Latina*, XXII, S. 568.

6 Ibid., S. 572.

7 St. Jerome, *Select Letters*, Harvard UP, 1991, Loeb Classics (transl. F. A. Wright), Brief XXII, S. 54. So auch in Hieronymus' Übersetzung des Hohelied-Kommentars von Origines (PL XXIII, S. 1181).

8 PL XXIII, S. 1042 f.

9 »›Hoc nunc os ex ossibus meis, et caro de carne mea: haec vocabitur mulier, quoniam ex viro sumpta est.‹ Non videtur in Graeco et in Latino, sonare, cur mulier appelletur, quia ex viro sumpta sit: sed ety-

mologia in Hebraeo sermone servatur. Vir quippe vocatur IS (›ish‹), et mulier ISSA (›isha‹). Recte igitur ab IS, appellata est mulier ISSA.« PL XXIII, S. 990.

10 PL XXIX, S. 69.
11 Zitiert nach D. Martin Luther, *Die gantze Heilige Schrift Deudsch*, Anhang, München: Rogner & Bernhard, 1972, S. 245*f.
12 Zitiert nach Hans Joachim Störig (Hrsg.), *Das Problem des Übersetzens*, Stuttgart: Henry Goverts, 1963, S. 137.
13 Hegel, *Ästhetik*, hrsg. F. Bassenge, Berlin: Aufbau, 1965, Bd. 2, S. 331.

Stil und Übersetzung

Als in Shakespeares Komödie *As You Like It* der verbannte Herzog die Natur gerade auch in ihren Widrigkeiten preist, weil sie im Gegensatz zum Hof unfähig der Verstellung und der Heuchelei sei, quittiert das der Höfling Amiens mit den Worten:

> Happy is your Grace,
> That can translate the stubbornness of fortune
> Into so quiet and so sweet a style. (II. i. 18-20)

Amiens nennt also, das scheint unstrittig zu sein, die Rede des Herzogs die Übersetzung einer Sprache in eine andere, in einen ›süß‹ genannten Stil, dem vielleicht die Erinnerung an den *dolce stil nuovo* nicht zufällig ist, wobei ihm der Herzog selbst die Stichworte gegeben hatte, da er »tongues in trees, books in running brooks, / Sermons in stones« gefunden haben wollte. Aber ist diese Lesart wirklich unstrittig, oder gründet sie in einem Lektüremodell, das für die Selbstreflexion der Sprachproduktion sensibilisiert ist, also einem heutigen? Wieland jedenfalls übersetzt in den 60er Jahren des 18. Jahrhunderts und Eschenburg in den 70er Jahren, ihm folgend, die Stelle so:

> Euer Gnaden ist glüklich, der Härte des Glüks einen so gelassenen und angenehmen Schwung geben zu können.

Wieland scheint bei *style* vor allem an Adelungs Defintion von *Styl* gedacht zu haben: »die Art und Weise, wie man seine Gedanken ordnet und vorträgt; zunächst von dem Vortrage derselben Worte, die Schreibart.«[1] Die Aufmerksamkeit aber nur auf die – hier prosaische – Anordnung der Wörter oder gar nur auf deren *pronuntiatio* zu lenken, erschien unangemessen

– durchaus im Sinne des *inaptum* – angesichts einer Stelle, in der eine seelische Umdisposition – eine Abkehr vom Hof, ein Sich-Finden in der Natur – in Rede stand. Auch für »Schwung« findet sich bei Adelung eine passende Definition: »Von der Seele und ihren Fähigkeiten ist der Schwung die schnelle Erhebung von einem Gegenstande zu einem entfernten [...].« Adelung spricht vom »Schwung der Einbildungskraft«, vom »erhabenen Schwung«. Seine Eintragung schließt: »Die Vernunft bringt alle Kräfte der Seele in den Schwung.«[2] Woran wir vielleicht bei »Schwung« zuerst gedacht haben, die schwungvolle Rede, dafür gibt es bei Adelung keinen Anhaltspunkt. Eine Generation nach Wieland und Eschenburg heißt die Stelle bei Schlegel dann so:

Glücklich ist Eur Hoheit,
Die auszulegen weiß des Schicksals Härte
In solchem ruhigen und milden Sinn.

Sinn statt *Stil*? Oberflächlich betrachtet könnte die Entfernung vom Original weiter kaum sein, hätte Schlegel nicht seine Übersetzungsregel gleich mitgeliefert, indem er *übersetzen* durch *auslegen* wiedergibt. Und ebendies tut er mit dem Wort *style*, denn er interpretiert es durch die Doppelbedeutung des deutschen *Sinn* als ›Art und Weise‹ und als ›Sinnhaftigkeit‹. Hätte er Stil hergesetzt, was metrisch möglich gewesen wäre, wäre vielleicht nur die Art und Weise, die Machart transportiert worden. So aber mag sich an Schlegels Wendung eine gewandelte Auffassung von *Stil* zeigen – so etwas wie eine innere Form, ein Eigensinn –, was in der älteren Bedeutung von *Stil* nicht mehr faßbar scheint. Heute, das heißt nach dem Durchgang durch unterschiedlich geführte Stildebatten, vermag das Wort Stil sozusagen von selbst eine Bedeutungsvielfalt auszulösen, so daß Heiner Müller genau zweihundert Jahre nach Eschenburg sagen kann:

Glücklich Euer Gnaden: Daß Ihr des Schicksals Grobheit
übersetzt – in so gelassenen und süßen Stil.

Das war ein langer Weg zu dem so oft beschworenen Ideal der
Wörtlichkeit.

Wie auch immer unsere Übersetzer mit dem Wort *Stil* verfahren sind, es zeigt sich darin ein – später näher zu bestimmender – Stil. Denn vom Stil einer Übersetzung kann mit gleichem Recht gesprochen werden, wie vom Stil eines Originalwerks, einer Inszenierung, eines mündlichen Vortrags die Rede ist: Stil als die Handschrift, das Figurenarrangement, die Stimme, Mimik und Gestik dessen, der ihn produziert. Es könnte jeweils auch anders sein – daß es ist, wie es ist, nämlich typisch und identifizierbar, etwa mit »expressivem Überhang« über die »rein instrumentelle Komponente des Handelns«[3], dafür bietet sich die Chiffre *Stil* an. Das Synonymfeld ist fast beliebig erweiterbar – Spitzers »Auffälligkeiten« gehören ebenso hierher wie die Eigenart, das Besondere, das Charakteristische, das Unverwechselbare. In diesem Sinne können Übersetzungen ebenso ihren eigenen, unverwechselbaren Stil haben wie die Werke, die sie veranlaßt haben, und bisweilen sogar über deren Stil hinaus, in Fortführung und Extremierung seiner Möglichkeiten.[4] Man kann den Spieß aber auch umkehren und sagen, daß es Epochen gab, in denen gerade das Verwechselbare, das Nicht-Auffällige, die Anpassung etwa an das ciceronianische Ideal, das Postulat eines Stils war, der in dem Maße, wie er typisch und identifizierbar war, seine individuelle Besonderheit gerade verleugnete. Auch diesen Bestimmungen korrespondiert ein übersetzerischer Stil – es ist der gängigste: der Stil, der nicht auffallen will, der selbst dann, wenn der Individualstil des Originals durch Eigenheiten bestimmt ist, diese unkenntlich macht und sich eher nach eingespielten Gefälligkeitsregeln der Zielsprache richtet. Beide Fassungen des Typischen – als das Besondere und als Normorientierung – entstehen gleichzeitig im 16. Jahrhundert (Pontormo, Raphael) und finden seit Dryden in die Übersetzungstheorien Eingang. Daß sich dieses Nebeneinander bis heute gehalten hat, besagt nicht viel, wenn wir es nicht jeweils historisch lokalisieren. Dann zeigt sich nämlich zum einen, daß ein und derselbe Stil paradigmatisch mal für das Besondere, mal für das Normsetzende herhalten kann; zum anderen, und dies gilt für die Übersetzung, daß in der Regel keineswegs eine Kongruenz mit dem Original angestrebt ist, oder genauer, daß die Übersetzung eher den ausgesprochenen oder unausgesprochenen Annahmen über Stil der *eigenen* Zeit folgt als denen der Vorlage, und dies gerade auch dann, wenn der Rückgang auf den ›wahren‹ Stil des Autors, seine Eigentümlichkeiten, ausdrücklich gefordert ist. Das heißt, daß von *Stil* zu sprechen vermutlich nur sinnvoll ist, wenn der jeweilige historische Kontext – seine Voraussetzungen und Vor-Urteile im Sinne Gadamers, auch seine Brüche – einbezogen wird. Oder noch einmal anders, in den Worten von Blanchard, Stil ist »eine Kategorie, die es erlaubt, unterschiedliche Publikumsreaktionen zu analysieren und zu klassifizieren.«[5]

Vielleicht von einer anderen Seite aus ein Beispiel dafür, daß Stil keine fixe, quasi transhistorisch objektivierbare Größe ist, sondern das, was einer dafür hält und im Kontext seiner Zeit plausibel machen kann. In den 70er Jahren des neunzehnten Jahrhunderts entwickelte der italienische Kunsthistoriker Giovanni Morelli eine nach ihm benannte Methode zur Identifizierung von Gemälden, um Originale von Fälschungen oder Zuschreibungen unterscheiden zu können. Sein Blick richtete sich dabei nicht auf offensichtliche, von der Rezeptionsgeschichte abgesegnete und mithin fälschbare Stilzüge, wie die verdrehten Augen Renis oder das Lächeln Leonardos, wie *disegno* oder Farbgebung, sondern er richtete sich auf das Unauffällige, das Nebensächliche, das Übersehene, auf Hände und Füße, Nasenflügel, Ohrläppchen und Fingernägel, also auf solches, worin sich der Individualstil eines Künstlers um so deutlicher aussprach, je weniger er Grund hatte, ihn vorzuführen – statt Stilwille also so etwas wie Habitus oder sogar unbewußter Selbstausdruck, greifbar in Pinselstrich und Duktus im Kleinsten. Carlo Ginzburg hat die Methode Morellis in den zeitgenössischen Kontext gesetzt und Verbindungen hergestellt zu Sherlock Holmes, zu Freud, zur Modewissenschaft der Archäologie, denen allen die Aufmerksamkeit auf das Unbeachtete, das Marginale gemeinsam ist.[6] Das heißt, daß die Frage nach der Bestimmung eines Stils hier gestellt wird im Denkhorizont der Restituierung verlorengegangener Sinnzusammenhänge: Stil als das Geheime, Verborgene, das sich gleichwohl nicht vertuschen läßt, weil es verräterische Spuren hinterlassen hat. Morelli gelangen manche Zuschreibungen, von denen Giorgiones Dresdner Venus die spektakulärste war. Aber wer nur auf Kleinstes myopisch starrt, verliert eben doch leicht das Große-Ganze, den nicht geheimen, sondern den signifikant sichtbaren Zusammenhang aus dem Blick. In unseren Jahren wird nun umgekehrt vieles, was Ende des 19. Jahrhunderts zugeschrieben wurde, freilich nicht allein auf Grund der Methode Morellis, wieder abgeschrieben. Hier ist am spektakulärsten Rembrandts *Mann mit dem Goldhelm,* der bis in die 30er Jahre die bürgerlichen Wohnzimmer zierte und hinter dem, wie es zur Zeit aussieht, der Eiserne Kanzler zum Vorschein kommt.[7] Das Jahrhundert seit Morelli hat im übrigen zahlreiche, seine Methode beherzigende Fälschungen gesehen, die auf Grund der Expertisen berühmter Kenner in den 20er und 30er Jahren in die Museen gelangten. Hier ist der Vermeers zu gedenken, die damals unbedenklich als solche durchgingen und bei denen heute auch dem Nicht-Fachmann unverständlich ist, wieso sie einmal für echt gehalten werden konnten. Stilbestimmungen – Stil als das Typische entweder im Sinne des Besonderen oder im Sinne der Normorientierung – werden also gelenkt von den Erwartungen derjenigen, die sie unternehmen, wobei sie sich nach einer Forderung Benjamins zur

Übersetzung, vielleicht nur tangential mit dem Werk berühren, auf das sie sich beziehen. Fälschungen und Restaurationen sind dafür die denkbar ergiebigsten Jagdgründe, weil sie im ersten Fall das für charakteristisch Gehaltene übertreiben – nirgends gibt es echtere Krokodile als in Disneyland –, und weil sie im zweiten, durchaus unbeabsichtigt, einen Zeitgeschmack bedienen, der erst im nachhinein als solcher erkennbar ist. Warum sonst müßten fast alle einmal restaurierten Bilder umrestauriert werden – man denke, ein besonders krasses Beispiel, an die Übermalung in Claude Lorrains Frankfurter *Auferstehung*?[8] Oder umgekehrt: ist die neue Decke der *Sistina* vorstellbar ohne die Erfahrung mit psychedelischen Farben? Oder wäre sie ohne diese gewagt worden?

Der Restauration, die einen Originalzustand wiederherstellen will, läßt sich ein philologischer Bereich an die Seite stellen, der, soweit ich sehe, auch nicht unter den Gesichtspunkten von *stylistic fallacies* untersucht worden ist, nämlich die Textkritik. Als Pope und Johnson, Theobald und Warburton, Malone und Steevens (der »Puck of Commentators«) Shakespeare emendierten, handelte jeder auf seine Weise in der besten Absicht, hinter die als korrupt angesehenen Texte zurückzugehen und den einen wahren Text zu konjizieren. Die Frage nach dem ›wahren Text‹ ließ sich freilich nur auf der Basis unausgesprochener Annahmen stellen, die in einer klassizistischen Normpoetik gründeten, die ihrerseits der Shakespeareschen entgegengesetzt war. So war es schwer vorstellbar, daß der Grund für metrische Verstöße anderswo als in einer korrupten Vorlage oder beim Setzer zu suchen sei; schwer vorstellbar auf Grund eines bestimmten Werkbegriffs, daß den verschiedenen Fassungen nicht ein einziges, gleichsam perfektes Werk zugrunde liegen sollte; schwer vorstellbar, daß die Verletzungen der Schicklichkeit in der Autorenintention gelegen haben könnten. Wer sich heute durch den Anmerkungsapparat einer Shakespeare-Edition wühlt, wird sehen, daß eine um die andere Emendation zurückgenommen ist und daß noch die schwierigsten Lesarten mit interpretatorischem Aufwand verteidigt werden. Das hängt damit zusammen, daß der Umgang mit moderner Literatur den Blick für sogenannte Stilbrüche, für die semantische oder gestische Fundierung metrischer Verstöße, für das zunächst unverständlich Erscheinende und sich nur geduldiger Analyse Erschließende, mithin für die heteroklite Komplexität auch vergangener Texte geschärft hat. Das vorläufig letzte Wort ist die Oxforder Edition von Stanley Wells und Gary Taylor, in der Abschied genommen wird von *dem* Text – bis dahin waren die Ausgaben ja Herausgeber-Collagen – und die Berechtigung unterschiedlicher Fassungen als Zeugen für die Entwicklungsphasen des Autors unterstrichen wird. Ein anderes Beispiel, das ebenfalls auf der Auflösung des traditionellen Werkbegriffs basiert, wäre Sattlers Hölderlin. Als Gegenbeispiel ließe sich die vergleichsweise unproblematisch erscheinende *Ulysses*-Edition Hans Walter Gablers anführen. Der Haupteinwand gegen die Edition gründet in Stilfragen und hängt mit Gablers Vorentscheidung zusammen, nur solche Lesarten gelten zu lassen, die handschriftlich autorisiert sind. Gabler ignoriert damit einen Aspekt von Joyces produktivem Fahnenlesen (das sich durch Setzfehler zu textlichen Erweiterungen anregen ließ), indem er die Erweiterung übernimmt, aber den – wie er meint: übersehenen – Setzfehler tilgt, etwa in dem auf Stilwucherungen aufgebauten »Eumaeus«-Kapitel.[9] Dahinter steckt eine merkwürdig rückwärts gewandte Auffassung von Autorisierung, die durch die Betonung der Prozessualität der Textproduktion bei Sattler und den neuesten Shakespeare-Editoren bereits überwunden war.

Fälschung, Restauration, Textkritik – an ihnen lassen sich Stilstudien betreiben, weil durch ihre Überzeichnung im Laufe der Überlieferungsgeschichte stilistische Positionen deutlicher hervortreten als in den Originalwerken, die ja immer wieder für Umbesetzungen und neue Akzentuierungen zur Verfügung stehen. Dasselbe gilt für Übersetzungen, denen vielleicht, wie das Sprichwort es will, die Fälschung wesentlich ist, mit dem Unterschied zur echten Fälschung, daß sie in der Regel eher unterläuft, als beabsichtigt ist. Zugleich sind Übersetzungen Restaurationen in dem Sinne, daß sie ein Original zu reproduzieren beabsichtigen. Zugleich treffen sie von Fall zu Fall Entscheidungen, den textkritischen vergleichbar. Das alles hat mit Stil zu tun als der Möglichkeit, mit der die Historizität von Übersetzungen beschreibbar und klassifizierbar wird.

Kommen wir zurück zu den Shakespeare-Übersetzungen. Was Wieland und in seinem Gefolge Eschenburg machen, hat offensichtlich nichts zu tun mit dem Stil ihrer Vorlage: dessen wichtigstes Merkmal, die Versform, ist geopfert. Geopfert werden viele Metaphern und *concetti*, die meisten Wortspiele, die indezenten oder auch nur zweideutigen schon gar, und, bei Wieland, das, was er für albern oder seicht hält, mithin ganze Szenen, etwa in *Twelfth Night*, die heute zu den Paradestücken einer Inszenierung gehören. Vieles von dem Geopferten fiel unter das Verdikt des Schwulstes, der von Adelung definiert wird als ein »Fehler der Schreibart, da die Worte in einem hohen Grade mehr sagen als der Gedanke, oder mehr als der Sache angemessen ist.«[10] Ist das also Verfälschung, oder wurde dadurch der Autor überhaupt erst verfügbar gemacht, und lesbar, in einem Umfeld, in das er nicht paßte? Wieland hat in der Tat einen Stil gefunden – darin ist auch er ein Originalgenie – für einen Autor, der, hätte man ihn in die auf dem Theater herrschende rigide Versform übersetzt, eben dadurch verfälscht worden wäre. Wieland hat hingehört auf die Sprechbarkeit des Shakespeareschen Versstils, auf die Mündlichkeit seiner Rede, und hat diese übersetzt in gesprochene Sprache, die nur in Prosa, einem im übrigen auf dem Theater noch ungenutzten Medium, denkbar war. Wieland hat das für seinen Kontext Unerhörte und Neue dieses Stils hörbar gemacht, indem er ein funktionales Äquivalent dafür erfand. Indem er also den Stil in einer Schicht fälschte, blieb er ihm in einer anderen, der wirkungsästhetischen, treu. Wielands Shakespeare ist gleichzeitig im Rahmen der Entdeckung der Natur zu sehen: Shakespeare als Naturkind. Was Pope und Johnson bemängelt und zu korrigieren versucht hatten, gilt nun als der zu betonende Stilzug: seine ›Kunstlosigkeit‹. In diesem Zusammenhang ist es nur konsequent, wenn die als Schmuckformen verstandenen Metaphern, die künstlichen *concetti*, die Wortspiele als Ausdruck der Geistreichelei oder die Obszönitäten als Zeichen des Widernatürlichen getilgt werden. Läßt sich im Fall des Rededuktus der Prosa noch von einem Stiläquivalent sprechen, so kommt mit der aufklärerischen Verschlankung und dem Abbau der Rhetorik ein anderes Element ins Spiel, nämlich die Übersetzungsmaxime: schriebe der Autor heute, unter gewandelten historischen Bedingungen, und schriebe er im ästhetischen Umfeld und mit den sprachlichen Möglichkeiten des Übersetzers, dann schriebe er so, wie der Übersetzer ihn übersetzt hat. Dahinter steht die Absicht, das fremde Werk innerhalb der Grenzen und Möglichkeiten der eigenen Sprache zu einem Werk dieser eigenen Sprache zu machen, nicht zuletzt um dadurch die historische Differenz zu tilgen und das Werk zu vergegenwärtigen. Eine Kongruenz der Stile würde diesen Übertragungsprozeß verhindern. Darum etabliert Wieland einen eigenen Stil, der sich mit dem der Vorlage nur noch in solchen Punkten berührt, die mit Stilkriterien nicht mehr erfaßbar sind, wie dem der Lexik. Wieland ist mit seiner Sprache stilbildend geworden, nicht nur für das Theater der ›zornigen jungen Männer‹ des Sturm und Drang, sondern auch für künftiges Übersetzen. Der philologisch in vieler Hinsicht genauere Eschenburg steht ganz in der Nachfolge Wielands: er imitiert Wielands Stil, nicht den Shakespeares. Eschenburg begründet das auch theoretisch, wenn er Shakespeare zwar Genie attestiert, nicht aber Geschmack.[11]

Als Schlegel um 1800 das neue Übersetzungsunternehmen in Angriff nimmt, übersetzt er vor allem auch gegen den inzwischen konventionalisierten Wieland-Eschenburg-Stil an. Seine Entscheidung für den Vers ist eine Entscheidung gegen das prosaisch-natürliche Alltagsparlando der Vorgänger und eine Entscheidung für einen bestimmten, in Weimar vorbereiteten poetischen Stil. Auch dieser Stil bezieht seine Kriterien freilich eher aus den gewandelten Geschmacksurteilen der eigenen Zeit als aus dem Shakespeareschen Versduktus. Seine Tendenz zur Harmonisierung und Glättung ist bekannt – sie reicht von der regelmäßig gemachten Metrik bis zur Einschmelzung der Stilebenen und dem Überspringen der Brüche. Zwar ist jetzt alles gewissermaßen ›da‹ – Metaphern, Wortspiele, Anstößigkeiten werden nicht mehr als geschmacklos ausgeschieden –, doch es wird so weit entschärft, ja entsinnlicht und sublimiert, daß es selbst delikaten Ohren unanstößig klingt und daß häufig nur der Rückgang auf das Original eine streuungsbreite Wendung wieder konkretisieren kann. Shakespeares Satzbau, der so oft wie eine allmähliche Verfertigung der Gedanken beim Reden wirkt, wird zumeist in eine Syntax übertragen, die einem im voraus gefaßten Gedanken nur noch folgt. So wird etwa aus den Hamlet-Zeilen

For in that sleepe of death, what dreames may come,
When we have shuffel'd off this mortall coile,
Must giue vs pawse.

Was in dem Schlaf für Träume kommen mögen,
Wenn wir den Drang des Ird'schen abgeschüttelt,
Das zwingt uns stillzustehen.

Gegenüber der syntaktischen Offenheit und, wenn man will, Fehlerhaftigkeit des Originals ist hier syntaktische Geschlossenheit und Richtigkeit hergestellt. Daß auch vor Kleist im deutschen Vers eine größere syntaktische Nähe zum Original möglich war, beweist Herder, bei dem 1774 die Stelle so heißt:

Denn in dem Schlaf des Todes was für Träume
Da kommen, wenn nun aus ist Lebenslärm,
Das macht uns Halt![12]

Schlegels Umbau zielt also auch in syntaktischer Hinsicht auf die Etablierung eines klassisch proportionierten Stils. Kleinste syntaktische Umstellungen – aus Eschenburgs »Härte des Schicksals« wird »des Schicksals Härte« – sorgen dafür, daß ein hoher Ton entsteht, der trotz der Flüssigkeit der Verse nicht mehr mit Alltagssprache verwechselt werden kann. Daß Shakespeare zum dritten deutschen Klassiker promoviert werden konnte, verdankt sich der stilistischen Umarbeitung Schlegels und nicht einem gelungenen Versuch der Reproduktion der Vorgaben des Originals.

Man mag sich hier natürlich fragen, ob nicht Schlegel im Rahmen des zu seiner Zeit übersetzerisch überhaupt Möglichen übersetzt hat, und ob es also nicht unbillig ist, von ihm etwas anderes zu erwarten als das, was er gemacht hat. Nun hat es aber in der Tat übersetzerische Alternativen gegeben: Voß ist hier zu nennen, wenig später Hölderlin. Die Absicht beider lag zunächst weniger darin, die Stileigentümlichkeiten ihrer Autoren zu reproduzieren, als vielmehr darin, die Fremdheit einer anderen Sprache nachzubilden, dem Deutschen also das Griechische aufzuokulieren. Genau das bedeutet aber nichts weniger als die Schaffung eines neuen Stils – fast ohne Netz, sieht man einmal ab von gewissen metrischen Arrondierungen im Falle Voßens durch Klopstock, unelegant bis klobig im Sinne archaischer Zyklopenmauern, ›hart gefügt‹, streng, abweisend, fremd, undeutsch. Beider übersetzerischer Stil bildet das gerade Gegenteil zu Schlegels Konzilianz, die Hofschauspielern in den Mund gelegt war. Es *gab* also eine Alternative, bei der man sich fragen muß, warum sie nicht genutzt wurde. Hängt das damit zusammen, daß der *battle of the styles* für Weimar entschieden wurde, aus Gründen, die weniger mit Schlegel als mit dem beginnenden Bildungsbürgertum zu tun hatten? Damit, daß Voß einem überwunden geglaubten Klopstockschen Paradigma oder den Unebenheiten, der Uneleganz der Sturm-und-Drang-Prosa zugerechnet wurde und man darum die innovativen Möglichkeiten seines übersetzerischen Stils nicht sah? Oder einfach damit, daß die Trägheit des Publikumsgeschmacks durch glatte Verse zu befriedigen war, durch ein stetes Mitdenken von Zeile zu Zeile, dieses Sich-nicht-einlesen-können, aber immer gestört wurde? Die Fragen, die durch Voßens Homer aufgeworfen werden, betreffen im Grunde bis heute jeden innovativen Übersetzungsversuch, sofern er nicht durch das stilistische Umfeld aufgefangen und gestützt wird. Daß Voßens Homer wie ein Monolith der deutschen Bildungstradition integriert wurde, scheint mir mit dreierlei zusammenzuhängen: der deutsche Hexameter wurde vertraut durch des deutschen Bildungsbürgers Lieblingsepos *Hermann und Dorothea*; die stilistischen Härten schliffen sich ab bzw. wurden auf Grund langer Gewöhnung nicht mehr wahrgenommen; Voßens Inhalte wurden ohnehin in einer anderen Sprache rezipiert, in der Gustav Schwabs. Paradox an der Wirkungsgeschichte dieses sperrigen Textes ist, daß er einerseits folgenlos blieb, ihm aber andererseits eine Klassizität zuwuchs, die einschüchternd wirkte: im Unterschied zu England hat es folglich in Deutschland im 19. Jahrhundert nie einen sozusagen lesbaren, einen Prosa-Homer gegeben; den setzte erst Schadewaldt durch.[13] Noch rigoroser als Voß, bis zur Unverständlichkeit schroff und fremd, übersetzt Hölderlin, der darum erst gar nicht rezipiert wurde, zumal es Alternativen gab wie die Solgers. Daß Brecht ihn entdecken, Regisseure der 60er und 70er Jahre ihn auf dem Theater durchsetzen konnten, liegt kaum daran, daß die Auffassungen vom Übersetzen sich geändert hätten, als daran, daß ein Stilwandel sich vollzogen hat: nicht ein veränderter Blick auf Sophokles hat Hölderlin auf die Bühne gebracht, sondern die auf Härten und Brüche eingespielte Poetik der Moderne. Es dürfte nicht leicht sein, den Übersetzungston

Hölderlins vom Originalton etwa Heiner Müllers zu unterscheiden, und dies keineswegs deshalb, weil Hölderlin imitiert worden wäre, sondern weil ein stilistisches Umfeld bereitet war, in das Hölderlin sich, eine Art Vorläufer wider Willen, einfügte. Anders gesagt: jede Epoche legt für sich neu fest, welche Stilzüge die typischen an einem vergangenen Text sind. Die Erfahrungen mit Joyce haben die Homer-, haben die Bibellektüre verändert.

Aber noch einmal zurück zu Shakespeare. Hätte ihn jemand im 19. Jahrhundert nach Voßens Prämissen übersetzt, wäre er aus heutiger Sicht den Härten und Brüchen der Vorlage zwar näher gekommen, aber er wäre vermutlich als Imitator der Stileigentümlichkeiten des Homer-Übersetzers erschienen, eben weil seine Vorgehensweise nicht stilbildend geworden war. Umgekehrt liegen die Dinge im Falle Schlegels. Auch er hatte zwar einen eigenen Übersetzungsstil entwickelt, aber er galt, nachdem er sich auf Grund seiner Fundierung im Weimarer Stil einmal durchgesetzt hatte, als verbindlich, geradezu authentisch: hätte Shakespeare deutsch geschrieben, so hätte er geschrieben wie Schlegel – was im Grunde nichts weiter als die neuerliche Durchsetzung der Wieland-Eschenburgischen Prämisse war. Das bedeutete, nach dem Gesetz des Beharrungsvermögens dessen, was sich einmal durchgesetzt hat, daß künftige Shakespeare-Übersetzungen sich an Schlegel und seinen Fortsetzern orientierten und nicht an dem Elisabethaner. Das gilt von den Bemühungen der Deutschen Shakespeare-Gesellschaft ab 1864, über Bodenstedt, Gildemeister, Heyse, später Flatter, bis hin zu Erich Fried. Das heißt, was diese Übersetzer anbrachten, waren im wesentlichen Retuschen am Schlegelschen Bild. Neue philologische Erkenntnisse führten zu notwendigen Korrekturen im einzelnen, sprachartistisches Vermögen, etwa das Frieds, vermochte die meisten Wortspiele zündender zu lösen, die Lockerungen der Tabuzonen brachten ein Ende der Zimperlichkeit, der Wortbestand wurde vielfach modernisiert, aber am stilistischen Duktus änderte sich nichts: geringfügige metrische Verstöße blieben im Rahmen des Schlegelschen Spielraums, die Syntax blieb elegant und vorausbedacht, nicht mit den Figuren denkend, Stilbrüche blieben unkenntlich, der hohe Ton wurde gewahrt. Der Stil also, den diese Übersetzungen pflegen, ist einer der Unauffälligkeit, der Merkmallosigkeit, der Timidität, wie um die Gebote des heiliggesprochenen Urhebers nicht zu verletzen, und zugleich, um einen Publikumsgeschmack zu bedienen, der sich an der Identifizierung von Shakespeare mit Schlegel herausgebildet hat; anders ist der Erfolg Frieds auf der Bühne kaum erklärlich.[14]

Auf der anderen Seite gibt es seit bald zwanzig Jahren Versuche, dieses Stilmonopol zu brechen, unternommen von Leuten, die lesend, schreibend, inszenierend oder übersetzend von der Poetik der Moderne, insbesondere von den Innovationen im Versbau, geprägt sind. Sie sind angetreten mit dem Vorsatz, endlich den authentischen, den entharmonisierten Shakespeare zu liefern, wobei sie zum Beispiel die gestische Funktion metrischer Verstöße ins Spiel bringen, auf Stilbrüche hinhören, die extremen Sprünge innerhalb einer Bildentwicklung in ihrer konkreten Unvermitteltheit belassen, der syntaktischen Lockerheit folgen oder auch in der Wortgeschichte zurückgehen und eine frühere Bedeutungsschicht wieder freilegen. Näher an Shakespeare, so wie wir ihn heute verstehen, ist das tatsächlich. Aber damit ist zunächst nicht mehr gesagt, als daß solche Übersetzungen, wie in einer Schulübung, ihrer Vorlage wortwörtlich zu folgen bemüht sind. Damit von einem neuen Shakespeare-Stil die Rede sein kann, muß etwas anderes hinzukommen. Hier ist der Punkt, wo die Verankerung in poetischen Verfahrensweisen der Moderne stilbildend für die Übersetzungen geworden ist. Wenn etwa Tragelehn einen Stil verwendet, der altfränkisch-holzschnitthaft wirkt und an Hans Sachs und den Goethe des *Ur-Faust* erinnert, so ist damit nicht nur eine andere Traditionskette anvisiert als die von Schlegel etablierte, sondern wichtiger ist, daß hier ein von Brecht eingeführtes Verfahren zum Tragen kommt: Stil als Zitat. Durch die Maske eines zitierten Stils, der im übrigen, wortgetreu übersetzt, keine Bearbeitung ist, wird die Illusion von Shakespeare als unserem Zeitgenossen gebrochen: es wird gezeigt auf Shakespeares Stil als einen uns fremden, fremd gewordenen, der gleichwohl auf die Möglichkeiten einer verlorenen eigenen Tradition verweist. Heiner Müller andererseits, der wie Tragelehn die metrischen Grenzen nicht überschreitet, sich nur ihrer Lizenzen weidlich bedient, entwickelt einen Übersetzungsstil, der von dem seiner eigenen Verse ununterscheidbar ist: disharmonisch, den Synonymenspielraum so weit ausnutzend, daß im Zweifelsfall das schrillere, das entfernter liegende Wort dabei herauskommt, im Satzbau den Eindruck gesprochener Sprache durch eigentümliche Umstellungen einerseits bestätigend – das nachklappernde Wort als Weiterdenken der redenden Figur –, andererseits unterlaufend, wenn durch wiederholte Verwendung von Umstellungsfiguren diese als Merkmal des Müllerschen Versstils erkennbar werden. So erstaunlich genau auch Müller dem Wortsinn, oder was wir heute dafür halten, folgt, die metrischen und syntaktischen Brüche, Härten und Zäsuren gründen zumeist nicht in der Vorlage, sondern in seinem Versstil: hätte er Racine übersetzt – würde er wirklich anders klingen als sein Shakespeare? In meinen eigenen Versuchen – ich kann sie nicht verschweigen, weil in ihnen eine extreme Position heutigen Shakespeare-Übersetzens zum Ausdruck kommt – wird die Blankvers-Einheit aufgegeben und an ihre Stelle eine freie Rhythmisierung gesetzt. Durch diese gravierende Abweichung von der Vorlage scheint mir am ehesten eine Annäherung an sie möglich, indem ein poetischer Sprechstil durch ein heutiges Äquivalent wiedergegeben wird, ohne ein obsoletes und leicht imitierbares Muster nachzumachen, das vermutlich unvermeidlich Schlegelsche Assoziationen wecken würde. Die Vorteile liegen auf der Hand: es brauchen keine Wörter mehr aus metrischen Gründen weggekürzt zu werden, sogar Doppelt- und Dreifachübersetzungen eines einzelnen Wortes, das nicht eindeutig zu fixieren ist, sind möglich, wechselnde Zeilenlängen versuchen Sprechsituationen und -tempi wiederzugeben. Um der Gefahr der Strukturlosigkeit zu begegnen, wird die Zeile als Einheit gedacht mit einer mitzulesenden Zäsur am Ende, die in der Regel keinen syntaktischen Einschnitt markiert, sondern gestisch gesetzt ist. Das heißt, daß zwei Systeme einander überlagern und konterkarieren: ein relativ offenes, parataktisches, der Gedankenverfertigung der Figuren folgendes syntaktisches System und ein gleichmächtiges, querstehendes, rhythmisches, das die Emotionskurven zu fassen sucht. Für Rhythmus und Atmung stützt sich die Übersetzung auf Olson und Creeley, für die Betonung der Zäsuren auf Brechts gestisches Sprechen, für die Syntax auf einen Alltagssprechstil mit Anleihen bei Müller und Kleist. Der so entwickelte Versstil trifft also seine Selektionen aus dem Arsenal der Möglichkeiten der Moderne, will aber den Blick durch absichtliche Überzeichnung gleichzeitig richten auf ungenutzte oder übersehene Eigentümlichkeiten des Originals wie die metrischen Brüche und Sprünge, den unbeachteten Zeigegestus der Zeilenenden und die Gedankenverfertigung.[15]

Gilt die behauptete Inkongruenz von Originalstil und Übersetzerstil nur für Texte der Vergangenheit, aus denen das je andere Erkenntnisinteresse und Verstehenspotential seine Optionen auswählt? Ich denke, sie gilt für das Übersetzen zeitgenössischer Texte nicht minder. Symptomatisch mag dafür die Aufnahme des *Ulysses* in Deutschland sein. Die meisten Rezensionen, die Goyerts Übersetzung pauschal »meisterlich« nennen, haben keinen kritischen Wert; sie bestätigen nur die Ankündigung des Verlages, es handele sich um ein »deutsches Original«. Aufschlußreich ist das Urteil Erich Franzens, dem »der eigentümlich klagende, lyrische Unterton«[16] fehlt, weil damit die Übersetzung an etwas gemessen wird, was dem Original erst einmal unterstellt worden ist. Tucholsky, der erklärtermaßen das Original nicht lesen kann, kommt zu dem berühmten Schluß: »Hier ist entweder ein Mord geschehen oder eine Leiche fotografiert.« Er begründet das mit einem Zitat des, wie er sagt, »glatt laufenden Textes« – gibt es den überhaupt im *Ulysses?* – und fährt fort: »Das ist nichts. Das ist tot. Das hat keine Musik, tönt nicht [...] es schwingt nichts unterhalb der Prosa, die Sprachmelodie fehlt. So geht das durch das ganze Buch. Seine Sprache ist stumpf.« Und an anderer Stelle: »In welchem Stil dieses Buch abgefaßt ist, steht dahin. Dichterisches Deutsch ist es bestimmt nicht.«[17] Tucholsky lastet also die von dem Roman ausgehende Irritation der Übersetzung an; seine Auffassung von Sprache und Übersetzung ist ganz und gar konventionell, diesem Buch also unangemessen, sonst könnte er nicht angesichts ständig wechselnder Töne nach Sprechmelodie, angesichts einer Ausstellung und Vorführung von Stilen nach einem Stil, oder nach etwas so Ungreifbarem, die Intention des Buches ins Gegenteil Verkehrenden wie »dichterisches Deutsch« verlangen. Was immer sich gegen Goyert einwenden läßt – und es ist eine ganze Menge, etwa die mangelhaften Motivverknüpfungen –, Tucholskys Einwände betreffen eher das nicht gelesene Original als die Übersetzung. Sie wurden in ähnlicher Form gegen das Original ja auch erhoben. Trotzdem ist Tucholskys Urteil wichtig zur Bestimmung des Übersetzungsstils, weil es seine Kriterien aus dem eigenen literarischen Umfeld, aus eingespielten Erwartungen, die bestätigt, nicht irritiert werden wollen, bezieht. Daran hat sich im Prinzip bis heute nichts geändert. Noch immer ist ein Übersetzungsstil, der innovativ den Erwartungsstörungen eines Originals zu folgen sich bemüht, so lange chancenlos, bis er durch entsprechende Entwicklungen in der Zielsprache abgefangen wird. So lange das so ist, werden die größten Leistungen eines innovativen Übersetzerstils – ich denke an Borchardts Dante – als Hünengräber bestaunt werden, anstatt Wegweiser zu einem neuen Übersetzungsbegriff zu sein, der dem unter ihm verstandenen so viel Recht einräumt wie dem geringsten Gedicht eines Originalautors.

Autorenstil und Übersetzungstil sind also zweierlei – inkongruent, inkommensurabel, tangential sich berührend, jeweils woanders situiert, möglicherweise aber dennoch gleichrangig. Möglicherweise. Den Rang-Unterschied mag Shakespeares Sonett-Zeile bezeichnen:

> And such a counterpart shall fame his wit
> Making his style admired everywhere.[18]

Das heißt bei Gildemeister (und denunziert sich selbst bereits durch die Wortwahl):

> Und stets bewundert wird sein Machwerk bleiben,
> Und die Kopie ein köstliches Gedicht.

Bei George steht dafür:

> Und solch ein ebenbild rühmt ihn beredt':
> Bringt seinen stil an jedem ort in ruf.

Im ersten Fall *Machwerk*, im anderen *Stil*.

(1992)

1 Johann Christoph Adelung, *Grammatisch-kritisches Wörterbuch der hochdeutschen Mundart*, IV Bde., Wien 1811; hier: Bd. IV, Sp. 429.
2 Ibid., Bd. III, Sp. 1759.
3 Alois Hahn, »Soziologische Relevanzen des Stilbegriffs«, in: Gumbrecht/Pfeiffer (Hrsg.), *Stil: Geschichten und Funktionen eines kulturwissenschaftlichen Diskurselements*, Frankfurt 1986, S. 603-611, hier: S. 603.
4 Vgl. die konsequente Ausarbeitung der bei Joyce nur angedeuteten Entwicklung des englischen Prosastils in Hans Wollschlägers Übersetzung des »Oxen of the Sun«-Kapitels des *Ulysses*.
5 Marc Eli Blanchard, »Stil und Kunstgeschichte«, in: Gumbrecht/Pfeiffer (wie Anm. 3), S. 559-573, hier: S. 563.
6 Carlo Ginzburg, *Spurensicherungen*, Berlin 1983, S. 61 ff.
7 Martin Warnke, »Ein Bild findet seinen Schöpfer«, *Frankfurter Allgemeine Zeitung*, 9.10.1985.
8 Man hatte dem Auferstandenen die Beine gekürzt, damit er ›normales‹ Menschenmaß bekäme. Siehe zur Restaurierung den Ausstellungskatalog von Maeck-Gérard/Waldeis, *Nicolas Poussin, Claude Lorrain: Zu den Bildern im Städel*, Frankfurt 1988.
9 Vgl. John Kidd, »The Scandal of *Ulysses*«, in: *The New York Review of Books* 35 (1988), S. 32-39. Es ist dies der einzige Einwand Kidds gegen Gabler, der mir stichhaltig erscheint.
10 Adelung (wie Anm. 1), Bd. III, Sp. 1759.
11 Johann Joachim Eschenburg, *Ueber W. Shakspeare*, Zürich 1787; S. 173 in dem Kapitel »Über Shakspeare's [!] Fehler«.
12 *Der deutsche Shakespeare*, Basel: Basilius Presse, 1965; dort sind deutsche Versionen des »To be or not to be«-Monologs zusammengestellt (S. 54-57).
13 Wolfgang Schadewaldt, »Nachwort« zu Homer, *Die Odyssee*, übers. v. Wolfgang Schadewaldt, Hamburg 1958, S. 322, schreibt von »älteren, teilweise recht bedeutungsvollen Prosa-Versuchen« im 16. und 18. Jahrhundert, die freilich keine Chance hatten, wahrgenommen zu werden.
14 Vgl. meine Kritik an Frieds Shakespeare in diesem Band.
15 Hierzu ausführlicher meine Bemerkungen in Shakespeare, *Der Kaufmann von Venedig*, hrsg. u. übers. v. Klaus Reichert, Frankfurt 1981 und *Maß für Maß*, hrsg. u. übers. v. Klaus Reichert, Frankfurt 1982.

16 Zitiert in Rosemarie Franke, *James Joyce und der deutsche Sprachbereich*, Diss. Berlin 1970, S. 62.
17 Kurt Tucholsky, »Ulysses«, in: *Literaturkritik*, Reinbek 1972, S. 18f.
18 »Who is it that says most«, Sonett 84 (11-12).

Im Namen der Prose

Dem ›gewöhnlichen Leser‹ dürfte heute geläufig sein, daß Form und Inhalt einer Dichtung so untrennbar verbunden sind wie die beiden Seiten eines Blattes Papier, wobei unter ›Form‹ allerdings kaum anderes als die äußere Gestalt – also Reim, Metrik, Strophik – verstanden wird: erwirbt er sich also die zweisprachige Ausgabe eines Dichtwerks und findet Prosa auf den rechten Seiten, so wird er diese für eine Krücke halten und sich um die ›adäquate‹ Übersetzung betrogen fühlen. Denn ein Sonett ist ein Sonett ist ein Sonett ..., wobei der Leser vielleicht nicht merkt, ob das, was er als ›richtiges‹ Sonett lesen gelernt hat, etwas anderes war als das Erfüllen bestimmter Eckdaten, mithin die Parodie einer Form, ihre Hülse. Es gibt wenig Trostloseres als die kaum zu zählenden Übersetzungen Shakespearescher Sonette. Gewiß, sie reimen sich, daß es kracht, die Form ist erfüllt, aber sie lesen sich wie Imitationen minderer Petrarkisten, unanstößig, glatt, wie die blasse Erinnerung an bessere Gedichte, weil das von Walter Benjamin sogenannte »Gedichtete«[1], eine Art ›innere Form‹, unter der Diktatur des Reimzwangs erschlagen wurde. Deutsche Shakespeare-Sonette, sofern sie nicht von Gottlob Regis, dem Rabelais-Übersetzer, von Stefan George oder Paul Celan stammen, wecken eher Erinnerungen an Emanuel Geibel, was vielleicht auch mit der Reimarmut des Deutschen zu tun hat. Wäre ihnen durch Verzicht auf die äußere Form, also durch Prosa, näherzukommen? Eine Annäherung durch Entfernung?

Es hat Zeiten gegeben, da galt es keineswegs als selbstverständlich, daß die Übersetzung die Form des Originals nachzubilden hätte. Ein prominentes Beispiel ist Johann Jacob Bodmers Prosa-Übersetzung von Miltons *Paradise Lost*, die unter dem Titel *Johann Miltons Verlust des Paradieses* 1732 erstmals erschien und bis 1780 in fünf weiteren verbesserten Auflagen der verbindliche Text der Milton-Rezeption der deutschen Aufklärung blieb.² Worin war die Prosa-Fassung begründet? Die Aufklärung hatte bekanntlich ihre Probleme mit Milton. Der mächtige Johann Christoph Gottsched mochte ihn nicht; Voltaire hatte ihm vorgeworfen, »ni goût, ni vraisamblance, ni raison«³ zu besitzen. Die Abneigung hatte gewiß in erster Linie mit Miltons Stoff zu tun, mit der ›Vorstellung der Engel in sichtbarer Gestalt‹ etwa, zu dessen Verteidigung Bodmer 1740 eine eigene *Critische Abhandlung von dem Wunderbaren in der Poesie und dessen Verbindung mit dem Wahrscheinlichen*⁴ vorlegte: eine Rehabilitierung solcher Schichten der Einbildungskraft, die vom aufklärerischen Räsonnement ausgeschieden oder unterdrückt zu werden drohten. Die Abneigung gegen Milton hatte aber auch zu tun mit der Sprachgestalt: seine Wortkaskaden und Bilderfluchten, antithetischen Reihungen und Hyperbeln, gigantischen Perioden, Exaltationen und Kontaminationen von Mythischem, Antikem und Christlichem gehörten einer ›überwundenen‹ Epoche an. Milton schrieb ›barock‹, ›schwülstig‹, mithin ›geschmacklos‹. Ein früherer Übersetzungsversuch – der von Ernst Gottlieb von Berg 1682, der sogar den jambischen Pentameter ins Deutsche einzuführen versuchte⁵ – war genau deshalb wirkungslos geblieben, weil er Miltons Stil konsequent – und das hieß auch: ihn mit den Möglichkeiten des Barockdeutsch weiterdenkend – nachzubilden versucht hatte. Bodmers Entscheidung für die Prosa gründet also in der Absicht, das Schöne und Erhabene der Miltonschen Poesie freizulegen angesichts einer durchaus nachmachbaren Sprach- und Versgestalt, die dieses Schöne und Erhabene aber nur überwuchern würde. Miltons Poesie ist also mit der Form, in der sie sich äußert, nicht ineins gesetzt, und darum kann sie von ihr auch wieder getrennt werden. Bodmer behauptet in der Vorrede zur *Abhandlung* zwar, er verkenne die sprachlichen Schönheiten nicht, äußert sogar den im Rahmen der Tropenbewertung der Aufklärung erstaunlichen Gedanken, »der Wehrt der Sachen [hänge] an dem Wehrt der Figuren«[6], aber merkwürdigerweise kommt ihm während der sechzig Jahre, in denen er sich mit Milton beschäftigt, nie der Gedanke, es mit der sprachlichen Form des Gedichts aufzunehmen, weil es ihm offenbar doch nur, ganz im Sinne der Zeit, um das Gedachte und Geschaute als Formen der Einbildungskraft ging und nicht um deren sprachliche Verwirklichung: »Aber die Erfindungen des Plans, der Materie, ihres Zusammenhangs, des historischen Charakters, der Entschlüsse, müssen selbst in der ungeschicktesten Uebersetzung einigermassen hervorleuchten ...«[7] Was die Übersetzung bietet, ist deshalb auch keineswegs der Versuch, auch nur in einer Schicht, etwa der syntaktischen, was durchaus möglich wäre, die Sprachform des Originals nachzubilden: es kommt einzig auf den klaren Ausdruck des Gedankens in übersichtlichem Satzgefüge an. Die sozusagen ausdrückliche Wendung *gegen* die sprachliche Gestalt der Vorlage ist gerade an den exponierten Stellen des Werks unübersehbar. Milton folgt in der ersten Zeile seines Gedichts der klassischen Forderung, der Epeneingang habe im obliquen Casus zu erfolgen mit dem doppelten Genitiv:

Of man's first disobedience, and the fruit
Of that forbidden tree ...[8]

Nach zwei erweiterten Nebensätzen erscheinen schließlich in Vers 6 Prädikat und Invokation von denen das bisher Gesagte abhing: »Sing, Heav'nly Muse«. Bei Bodmer wird daraus eine vernünftige Ordnung: »Singe, himmlische Muse, von dem ersten Ungehorsam des Menschen, und der verbothenen Frucht ...«[9] Damit scheint klar, daß Bodmer auch nicht den Geboten der Gattung zu folgen bestrebt ist: Erneuerung der Dichtkunst aus dem Geist der Kritik scheint sein Ziel. Nichts an der sprachlichen Gestalt des Originals ist nachahmenswert, weil sich gleichsam hinter ihrem Rücken die immer neu zu schaffende Gestalt des von Milton Eingebildeten abzeichnet. Bei aller nüchternen Pragmatik des Schweizers und bei aller impliziten Polemik gegen den französisch poetisierenden Leipziger mag aber noch ein anderes Motiv an seiner Wendung zu Prosa beteiligt gewesen sein. Milton, wie vor ihm Dante, hat immer wieder die Unübersetzbarkeit des noch nie Geschauten thematisiert, das Versagen der Möglichkeiten bisheriger Sprache, bisherigen Dichtens. Für den Übersetzer ist dieses Problem, nimmt er es denn ernst, keineswegs gelöst, denn auch er hat, um der Intention seiner Vorlage zu folgen, *neue* Wege zu finden, und das bedeutet, daß er ihr darum gerade nicht blind gehorchen darf. Vielleicht ist also Bodmers Prosa auch von daher zu beurteilen: die Erschließung der Prosa für solches, das nach dem klassischen Kanon dem Vers vorbehalten war, also für Pathos, für Rührung und für die »Lustbarkeiten der Einbildungskraft«[10]. Mag sein, daß Miltons Werk damit auch in die Nähe der bis dato einzigen erhabenen Prosa gerückt werden soll, der biblischen, (deren Poesie, der parallelismus membrorum, ja erst ein gutes Jahrzehnt später von Bischof Lowth entdeckt werden sollte).

Auch Christoph Martin Wieland hat bekanntlich, eine Generation nach Bodmers ersten Versuchen mit Milton, Shakespeares Verse in Prosa übersetzt. Die Gründe sind zum Teil die gleichen: Wendung gegen französierende Normen, Entrümpelung der kruden, überladenen, schwülstigen Sprachgestalt, also die Rettung des ›wahren‹, des ›eigentlichen‹ Shakespeare vor sich selbst. Es gibt aber noch andere Gründe: die Ungeeignetheit der deutschen Bühnenverssprache zur Wiedergabe mündlicher Rede, und vielleicht wichtiger noch: die Aufgabe, für den als ›natürlich‹ und ›kunstlos‹ empfundenen Stil Shakespeares ein Äquivalent finden zu müssen, für das der gepflegte und kunstvolle Vers, zu dem die Deutschen eben erst erzogen worden waren, gerade nicht beispielhaft sein konnte. Auch Wieland kam Shakespeare – dem Shakespeare der 60er Jahre des 18. Jahrhunderts – am nächsten, indem er sich am weitesten von ihm entfernte. Freilich kam es auch ihm nicht darauf an, anstelle der metrischen irgendwelche anderen formalen Parameter – die syntaktischen etwa, die klanglichen, die tropischen oder topischen – zu reproduzieren: er reduzierte die Verse auf den Sachgehalt ihrer Sätze, auf ihre ›Tiefenstruktur‹, und generierte sie von da aus neu nach den Regeln der Schicklichkeit und des Geschmacks, des ›guten Tons‹. Auch für Wieland ist der ›wahre‹ Shakespeare *hinter* seiner sprachlichen Konkretion anwesend und kann jeweils andere, neue Gestalt annehmen.

Wiederum eine Generation später, mit August Wilhelm Schlegel, ändert sich diese Auffassung vom Übersetzen: die Form wird als unablösbar von dem in ihr und mit ihr Ausgedrückten begriffen, wie auch immer die Prämissen der übersetzerischen Realisation ihrerseits von zeittypischen Übereinkünften bedingt sind, ohne daß der Übersetzer davon weiß. Seit Schlegel jedenfalls scheint Konsens darüber zu bestehen, daß Verssprache in Verssprache zu übersetzen ist. Dem gegenüber ist es reizvoll, an einen bemerkenswerten Einspruch Hegels zu erinnern. Nach seiner Bestimmung des Poetischen als einer inneren Realität, die »ein Dasein nur im Bewußtsein selbst, als etwas bloß geistig Vorgestelltes und Angeschautes« erhält, folgt der erstaunliche Satz:

> Deshalb bleibt es auch für das eigentlich Poetische gleichgültig, ob ein Dichtwerk gelesen oder angehört wird, und es kann auch ohne wesentliche Verkümmerung seines Wertes in andere Sprachen übersetzt, aus gebundener in ungebundene Rede übertragen und somit in ganz andere Verhältnisse des Tönens gebracht werden.[11]

Das liest sich zunächst wie eine Rechtfertigung post festum der Verfahrensweisen Bodmers und Wielands, die durch Schlegel obsolet geworden waren. Aber die Folgerung seines Satzes gibt der alten Auffassung eine neue Wendung: die »ganz andere[n] Verhältnisse des Tönens« lenken die Aufmerksamkeit auf das, was durch die Übersetzung hinzukommt. Hegel scheint damit die Übersetzung aus ihrer dienenden Rolle zu befreien und ihr einen Eigensinn, eine Eigenmächtigkeit zuzuschreiben, durch die sie das Originalwerk zumindest um eine Schicht, die des Anderstönens, ergänzt und erweitert. Überdies fällt ein neuer Blick auf die Möglichkeiten der Prosa, wenn an ihr Lautbeziehungen des Aufmerkens für wert befunden werden, die ja üblicherweise gerade zu den Besonderheiten gebundener Rede gehören. Hegels Wink folgend, läßt sich der Blick auf andere der Verssprache eigentümliche Verfahrensweisen lenken – etwa auf die verseigenen Abfolgen und Lizenzen im Satzbau, auf rhythmische Beschleunigungen und Retardierungen, auf Vernetzungen der Wörter durch Konnotationsgeflechte, auf die verschiedenen Typen der Bildlichkeit in ihrer Konkretion, zu denen auch die Wortwörtlichkeit der Idiomatik zählen mag –, die alle auf Prosa übertragbar, in Prosa übersetzbar sind, sobald in der dichterischen Praxis ›das Poetische‹ nicht mehr allein auf Verssprache bezogen wird, sondern in den Verfahrensweisen insgesamt verankert ist. Diese Einschränkung erscheint nötig, weil nur in der Einbettung in einen entsprechenden literarischen Kontext eine nach solchen Prämissen verfahrende Übersetzung eine Chance hätte, als poetische verstanden zu werden und nicht vielmehr als Paraphrase oder Krücke.

Daß trotz Hegels Wink eine Übertragung poetischer Parameter auf Prosa in Deutschland nicht in Gang kam, hängt mit der literarischen Entwicklung zusammen. Trotz vereinzelter Versuche in der Romantik (Novalis, Jean Paul) konnte sich das Prosagedicht als Gattung nie etablieren. Es gab keinen Baudelaire, keinen Rimbaud, nicht einmal einen Turgenjew, und die ›lyrische Prosa‹ des fin de siècle blieb Episode. Vielleicht ist eben deshalb niemand auf die Idee gekommen, Shakespeares Sonette etwa in deutsche Prosa zu übersetzen – wobei im Falle eines kurzen, in der Bezogenheit seiner Teile sich konstituierenden Gedichts die Frage der Poetizität sich ganz unabweisbar stellt (im Unterschied zum Epos, zum Drama) und vermutlich einer Propädeutik in Form des Prosagedichts bedurft hätte, um überhaupt in den Denkhorizont eines Übersetzers zu rücken.[12] Darum ist es umgekehrt aus der literarischen Tradition begreiflich, daß es im Französischen eine solche Übersetzung gibt, bezeichnenderweise die eines Dichters und keines berufsmäßigen Übersetzers: Pierre-Jean Jouve.

Ich will daraus nur eine einzige, keineswegs besonders komplexe Stelle anführen. Bei Shakespeare heißt das zweite Quartett von Sonett 105:

> Kind is my love today, tomorrow kind,
> Still constant in a wondrous excellence;
> Thererfore my verse to constancy confined,
> One thing expressing, leaves out difference.[13]

Jouve übersetzt:

> L'amour est bon ce jour, demain est bon l'amour, toujours constant en une admirable excellence; voilà comment mon vers, obligé à constance, dit une seule chose et sans variation.[14]

Jouve überläßt sich der syntaktischen Fügung des Originals: er bildet die chiastische Stellung des ersten Verses nicht nur nach, sondern überdeterminiert sie durch doppelte Wiederholung, wodurch er im Binnenreim eine stärkere Vernetzung der Wörter als im Original erreicht und zugleich auf das kontigue gesetzte, lautgleiche »toujours« vorbereitet: damit kommt das Thema des Gedichts, die Beständigkeit, die erst im nächsten Wort beim Namen genannt wird, bereits ins Spiel, ja sie erwächst gleichsam, durch den Gleichklang, aus dieser Liebe, ist mit ihr und allen Tagen (die anderes sind als das englische »still«) ineins gesetzt. Auch die Variationslosigkeit in der Behandlung des Themas, die der letzte Vers konstatiert, ist an den Lauten bereits ablesbar. Die Gleichförmigkeit des Strophenbeginns wird vor dem Ende der Strophenmitte rhythmisch variiert und tritt dadurch in dieser Schicht in Kontrast zu der – am Strophenschluß noch einmal prononcierten – Variationslosigkeit: es ist »une admirable excellence«, die heraustritt und damit rhythmisch ihre Semantik, ja ihre Etymologie (das Heraus- und Übertretende, mit der Grundbedeutung des Bewegens und Treibens) wiederholt; zugleich sind es diese – freigeschlagenen – Wörter, die der Konstanz des Immergleichen das Moment des Überschreitens hinzufügen, das wiederum, zirkulär, durch den Gleichklang der »constance« im nächsten Segment in dieser aufgehoben ist – »constance«, die die »excellence« der Liebe und deren Ausdruck (»mon vers«) ineins setzt. Man mag sich fragen, warum der Anklang nicht bis zum Schluß der Strophe durchgehalten ist: warum »variation« statt »difference«? Würde die Häufung der Anklänge deren Wirkung automatisieren und dadurch vermindern? Es scheint aber, daß durch die Wortwahl ein neues Spannungsmoment hineinkommt: in der rhythmisch-lautlichen Schicht weicht »sans variation« ab vom Kontext der Strophe und tritt dadurch in Gegensatz zu dem, was es sagt. Das heißt: einzig in der Variationslosigkeit selber ist Variation greifbar als die Differenz dieser Liebe zu anderen. Ich fasse zusammen: Jouves Übersetzung folgt einerseits wortwörtlich dem Original, andererseits entfaltet sie eine eigene Poetizität und stellt einen formalen Zusammenhalt her als funktionales Äquivalent der Quartett-Struktur des Originals. Jouve macht den Gedanken des Gedichts zum Ereignis seiner Sprache selber. Das ist die ›Nachreife der Werke‹ durch aneignende Rezeption.[15]

Zum Vergleich mögen zwei deutsche Beispiele genügen. Sie stammen keineswegs von Goldschnittpoeten oder Karikaturisten (die Spanne reicht von Gildemeister bis Karl Kraus), sondern von solchen, deren Rang als Übersetzer der Shakespeare-Sonette unbestritten ist. Gottlob Regis übersetzt 1836:

Gut ist mein Liebling heut, ist morgen gut;
Ein seltnes Wunder treuer Freundespflicht;
Und so, erfüllt von immer gleichem Mut,
Bedarf nicht der Verändrung mein Gedicht.[16]

Stefan George übersetzt 1909:

Gut ist heut meine liebe · morgen gut ·
Beständig stets in wunderbarem grad –
Weshalb mein vers auf ständigkeit beruht ·
EIN ding nur sagt · nicht sucht nach andrem pfad.[17]

Erst vor dem Hintergrund dessen, was die Zeilen Jouves verwirklichten, läßt sich ermessen, wie wenig in den deutschen Beispielen zur Sprache kommt. Der Erhaltung von Metrik und Endreim ist (fast) alles andere zum Opfer gefallen: der Satzbau (außer in den jeweils ersten Zeilen), die Wortwörtlichkeit, bei Regis sogar die Thematik der Beständigkeit. Auf der anderen Seite entstehen keine eigenen Gebilde mit immanentem Verweisungsgeflecht; die Form wird nicht zum Ausdruck des Gedankens; die syntaktischen Umstellungen signalisieren: Achtung, Verssprache. Hinzu kommen klischierte Wendungen; hinzu kommt, bei George, eine der Strophe fremde Bildvorstellung (zu der George allerdings im Rest des Sonetts Korrespondenzen aufbaut).

Es soll mit diesen Beispielen keineswegs insinuiert werden, daß die Sonettform sich zur Reproduktion nicht eignet – von George, auch von Regis, gibt es sehr genau nachgebaute und gleichwohl eigenständige Umdichtungen, und sogar von unserem Sonett 105 gibt es eine der Form verpflichtete Weiterdichtung von Paul Celan, die die Thematik von Beständigkeit zu einer Poetik der Beständigkeit fortführt[18], womit freilich zugleich der Begriff der Übersetzung eine neue Wendung bekommt. Das Beispiel Jouve sollte aber den Blick dafür öffnen, daß es keineswegs ausgemacht ist, wie die Gewinn- und Verlustrechnung Vers/Prosa aussieht. Wer heute ein Sonett in ein Sonett übersetzt, muß sich darüber im klaren sein, was er dabei alles verliert – er kann sich nicht mehr darauf herausreden, nicht zu wissen, daß Poetizität aus einem Ensemble von Parametern besteht, von denen Reim und Metrum nur zwei unter mehreren sind. Dagegen böte das Prosasonett – wenn es denn analog streng gebaut ist, so daß es Gedicht genannt werden kann – die Chance, mehr von der Komplexität des Originals zu erhalten, ohne zugleich aus Reimnot »nach andrem pfad« suchen zu müssen. Die formale Komplexität wäre im übrigen zu erweitern durch die kulturell-kontextuelle: die kaum mehr zu fassende Konkretion der Wörter, die Polyphonie der Stimmen, die aus unterschiedlichen Sprachzugehörigkeiten gewirkt sind, die offenen oder verborgenen Fragen an andere Texte, die Anspielungen – alles das setzt eine Erklärungsbedürftigkeit in Gang, die durch die Bündigkeit der Sonettform ausgesetzt, nicht aber befriedigt werden kann. Das Prosasonett hingegen hätte den je eigenen Kontexten entsprechende Spielräume zu entwerfen, in denen Intertextualität sich entfalten könnte. Freilich käme es dabei nicht darauf an, antiquarische Gegenstände zu restaurieren, sondern darauf, mit den Tropismen heutigen Schreibens die Reizempfindlichkeit vergangener Texte, ihren je wechselnden Atem, zu vergegenwärtigen.

(1990)

1 »Zwei Gedichte von Friedrich Hölderlin. ›Dichtermut‹ – ›Blödigkeit‹«, in: Walter Benjamin, *Gesammelte Schriften*, unter Mitwirkung von Theodor W. Adorno und Gershom Scholem, hrsg. v. Rolf Tiedemann und Hermann Schweppenhäuser, Frankfurt 1972-1989, Bd. 2, S. 105-126, hier S. 105.

2 Siehe das »Nachwort« von Wolfgang Bender in: Johann Jacob Bodmer, *Johann Miltons Episches Gedicht von dem Verlohrnen Paradiese*, Faksimiledruck der Bodmerschen Übersetzung von 1742, Stuttgart 1965, S. 1-20, hier S. 3-6.

3 »Essai sur la poésie épique«, in: Voltaire, *Œuvres complètes*, 52 Bde., Paris 1877-1885, Bd. 8, S. 305-363, hier S. 359.

4 Faksimiledruck der Ausgabe von 1740, mit einem Nachwort von Wolfgang Bender, Stuttgart 1966.

5 Vgl. Bender (wie Anm. 2), S. 4.

6 *Critische Abhandlung* (wie Anm. 4), »Vorrede des Verfassers an die deutsche Welt«.

7 Ebd.

8 *Paradise Lost*, hrsg. v. Scott Elledge, New York 1975, S. 5.

9 *Johann Miltons Episches Gedicht* (wie Anm. 2), S. 1.

10 *Critische Abhandlung* (wie Anm. 4), S. 4.

11 Hegel, *Ästhetik*, hrsg. v. Friedrich Bassenge, 2 Bde., Berlin/Weimar 1965, Bd. 2, S. 331.

12 Einzig Eschenburg hat einige Sonette in Prosa übersetzt, aber nur als Verständnishilfe, nicht als ›Prosagedicht‹, und er fügt ihnen die Originale hinzu. Er weiß, daß bei »Gedichten von dieser Art ... Wendung und Versbau oft gerade das größte Verdienst ist«, die »in einer prosaischen Uebersetzung zu viel verlieren.« Joh. Joach. Eschenburg, *Ueber W. Shakspeare*, Zürich 1787, S. 577 ff. In der Geschichte der Sonett-Übersetzungen haben Eschenburgs Krücken keine Rolle gespielt, sind wohl auch unbekannt geblieben.

13 Shakespeare, *Sonnets*, hrsg. v. Stephen Booth, New Haven/London 1977, S. 91.

14 Shakespeare, *Sonnets*, übers. v. P.-J. Jouve, Paris 1969 (1955), S. 131.

15 Vgl. Benjamin, »Die Aufgabe des Übersetzers«, in: ders., *Gesammelte Schriften* (wie Anm. 1), Bd. 4, S. 9-21, hier S. 12 f.

16 *Shakespeares Sonette*. In der Übertragung von Gottlob Regis (1836), Hamburg 1945.

17 Shakespeare, *Sonnette*. Umdichtung von Stefan George, Berlin 1909, S. 111.
18 Peter Szondi, »Poetry of Constancy – Poetik der Beständigkeit«, in: *Sprache im technischen Zeitalter* Heft 37/1971, S. 9-25.

Zum Übersetzen aus dem Hebräischen

»Übersetzen als Brücke zum ganz anderen« – was heißt das »ganz andere« im Falle der Bibel?

Zunächst: jeder von uns ist in irgendeiner Form mit der Bibel aufgewachsen, sie ist so sehr ein Teil unserer eigenen deutschen Kultur geworden oder der englischen, der französischen, der russischen Kultur, daß man darüber vergißt oder vergaß – mit in der Geschichte wechselnden Graden der Identifizierung –, daß sie nicht in der eigenen Sprache geschrieben ist. Im Mittelalter sprach Gott lateinisch im Westen, griechisch im Osten, und man muß schon das Pfingstwunder bemühen, um zu glauben, daß Gott in allen Zungen das gleiche sagte. Wie kontrovers dann am Beginn der Neuzeit die Debatten um den »richtigen« Wortsinn geführt wurden, verweist zum einen auf den Auslegungsspielraum jedes einzelnen Wortes, zum anderen aber auch darauf, daß die Frage nach »richtig« oder »falsch« vielleicht an der Sache vorbeigeht, wenn wir uns an das Nebeneinander der Optionen im Talmud erinnern. Und was die Übersetzungen in die Volkssprachen im 16. und 17. Jahrhundert betrifft, die hatten, von hinten her gesehen und überspitzt formuliert, mehr mit der Herausbildung vereinheitlichender Nationalsprachen zu tun, als daß sie sich »als Brücke zum ganz anderen« verstanden. Diskutiert wurden einzelne Wörter; die Andersartigkeit der hebräischen Sprache, ihr Satzbau, der Wechsel von Mündlichkeit und Schriftlichkeit, die sinnlichen Konkretionen, der »Geist der Ebräischen Poesie« interessierten dabei kaum oder gar nicht. Die Bibeln wurden aus dem jeweils eigenen Traditionsbestand einer Sprache und Literatur, den sie zugleich mitzubilden halfen, herausgeschlagen – so wie die Weihnachtsgeschichte in oberdeutschem oder holländischem Schnee spielt – und gelten seitdem als Gipfelwerke der verschiedenen Kulturen, was sie ja sind.

Nun, was ist das »ganz andere« des Hebräischen im Unterschied etwa zum Griechischen oder Lateinischen? Am auffälligsten ist sein total anderes Verbsystem. Wir sind durch unsere klassischen Sprachen, durch unsere eigenen Kulturen daran gewöhnt, daß wir sehr komplexe Vergangenheitsstufen haben, sehr komplexe Zukunftsstufen und die Gegenwart auch noch in vielfältiger Weise unterscheiden können. Das alles gibt es im Hebräischen nicht. Es gibt nur zwei Zeit*aspekte*, nämlich die abgeschlossene Handlung und die unabgeschlossene Handlung; dafür gibt es eine Reihe von Paradigmen. Die aber können in ihr Gegenteil verkehrt werden, wenn man den Buchstaben Waw davorsetzt; dann wird nämlich aus einer abgeschlossenen Handlung eine unabgeschlossene und aus einer unabgeschlossenen eine abgeschlossene. Schaut man auf die hebräischen Seiten, dann wimmelt es von diesen Waws, die ein ständiges Gleiten zwischen den beiden Zeitaspekten anzeigen. Nehmen wir dazu, daß »Waw«, der V-Laut, eigentlich »und« heißt, dann mag einem einfallen, was Moses Mendelssohn einmal gesagt hat über das Erhabene: das wichtigste Wort des Erhabenen sei das »und«. Das läßt sich gut nachvollziehen, wenn man eben auf den Text schaut, aus dem Mendelssohn seine Anschauung nahm, und dort ständig das Waw sieht, ob es im Sinne von »und« verwendet ist, oder auch nicht, sondern nur, um das Verb zu modifizieren. (Gestatten Sie mir noch ein Wort zu »Waw« im Sinne von »und«. Nach dem Prinzip »variatio delectat« wird es in den Übersetzungen gern zu »aber« oder »doch« abgewandelt oder auch gestrichen. Im *Hohenlied* sagt das Mädchen: »Schwarz bin ich und schön«; in den Übersetzungen liest man: »Schwarz bin ich, *aber* schön, *sed* pulchra«. Und das ist ein Unterschied ums Ganze, denn das »aber« ist kleinlaut und wie entschuldigend – »obwohl ich schwarz bin, bin ich doch schön« –, während sie sich im Original selbstbewußt vorstellt: »Schwarz *und* schön.«) Nur *ein* Beispiel will ich geben für das Gleiten, für die Optionen, die es gibt, um eine Verbform in eine unserer Zeitstufen zu übertragen: als Moses Gott fragt: »Wie soll ich dich nennen?«, da gibt er als Namen an: »ehyeh asher ehyeh«. Das heißt in der Vulgata: »Ich bin, der ich bin« (»Ego sum qui sum«) und in der Luther-Übersetzung heißt es: »Ich werde sein, der ich sein werde.« Das ist ja nicht unbedingt das gleiche, aber im Hebräischen ist das eben ein- und dieselbe Formel. In der griechischen Übersetzung heißt es übrigens: »ego eimi ho ōn« (»Ich bin der Seiende«), und damit wird es noch einmal auf eine andere grammatische Stufe gestellt.[1]

Zeitstufen also sind es nicht, die vom hebräischen Verb klar unterschieden werden können. Was das Verbsystem aber statt dessen leistet, ist, Intensitätsgrade zum Ausdruck zu bringen. Das ist etwas, was wir uns in unseren Grammatiken nicht vorstellen können: in *einem* Paradigma konjugiert heißt das Verb, zum Beispiel, »zerbrechen«, in einem anderen heißt das gleiche Verb »zerschmettern« und in einem dritten Paradigma heißt es »töten«. Das basiert alles auf ein und derselben Wurzel, und das ist eine Möglichkeit, die sich sehr schwer – oder eher gar nicht – im Übersetzen herüberholen läßt. Herder hat in dem Zusammenhang vom »Wurzelsinn« des Hebräischen gesprochen. Die Wurzel, das ist ein Kondensat, das die unterschiedlichsten semantischen Ausfaltungen in sich enthält. Durch diese ›Haftung‹ werden selbst noch solche Wörter in die Nähe gerückt, deren lexikalische Bedeutungen auseinandergetreten sind. Von derlei Grundbezügen her haben die Rabbinen im Talmud gedacht und ganze Korrespondenzsysteme zwischen solchem entwickelt, was auf der Textoberfläche sich auszuschließen schien, bis hin zu dem, was Freud den »Gegensinn der Urworte« genannt hat, der sich in ein- und derselben Wurzel abspielen kann. Das Aggregat der Wurzeln erlaubt ferner, daß die Wörter transformiert werden können von einer Wortart in die andere. Gewiß, es gibt wie bei uns Wortarten im Hebräischen, aber auch sie können gleiten – vom Substantiv zum Verb, zum Adjektiv und umgekehrt –, und unnachahmlich wird es, wenn zum Beispiel ein zum Verb gewordenes Substantiv in einem der intensivierenden Paradigmen konjugiert wird. Im *Hohenlied* gibt es ein schönes Beispiel, wenn der Liebende einmal zu seiner Liebsten sagt: »libavtini«. Das ist eine unüberbietbare Konzentration in *ein* Wort und heißt auf deutsch ungefähr »Du hast mein Herz betört«, man braucht also fünf Wörter für dieses eine hebräische. Es ist eine Form, die gebildet ist von dem hebräischen Wort für »Herz« – »Leb« oder »Lev« –, das als Verb genutzt und dann intensivierend konjugiert wird. (Celan hätte das vielleicht übersetzt mit »du hast mich verherzt«. Celan war ja jemand, der vielleicht auch auf Grund seiner Kenntnisse des Hebräischen solche Möglichkeiten im Deutschen nachgebildet hat – denken Sie an das aus dem Personalpronomen abgeleitete Verb »ichen«.) Was dieses Beispiel auch zeigt, ist, daß eine Gefühlslage auf einem ganz konkreten Wort aufgebaut ist, und auch das ist eine Schwierigkeit, die es im Hebräischen gibt im Vergleich zu anderen Sprachen: die Fundierung im Konkreten. Wenn man also übersetzt »Du hast mein Herz betört«, ist das natürlich schon nicht mehr konkret wie im Original – es ist metaphorisiert. Diese Möglichkeit, oder diese Unumgänglichkeit, vom Konkreten her zu denken, hat der Entwicklung der hebräischen Sprache lange im Wege gestanden. (Jemand wie der größte jüdische Philosoph des Mittelalters, Moses Maimonides, hat sein Hauptwerk, den *Führer der Verirrten* oder *der Unschlüssigen*, arabisch geschrieben, weil im Hebräischen die Möglichkeit zur Abstraktion noch nicht vorhanden war.) Die Wörter sind sogar in einer Weise konkret, daß Wort und Ding ein- und dasselbe sind. Selbst das Wort für »Wort«, »davar«, heißt »Wort« und »Ding« gleichzeitig. Das ist eine Möglichkeit, die unseren Sprachen allmählich verloren gegangen ist und nur Spuren in gedichteten Wirklichkeiten hinterlassen hat. Wenn man aber die Bibel in einer uns zugänglichen Sprache liest, wird man immer wieder merken, daß der Zug zur Abstraktion oder zur Theologisierung relativ früh eingesetzt hat, daß den ›Begriffen‹ aber immer ein konkretes Wort zu Grunde liegt. Man erinnere sich an den berühmten Anfang Genesis 1, 2, wo davon die Rede ist, daß der »Geist Gottes« über den Wassern schwebte, und der Geist – »pneuma«, »spiritus« – ist natürlich für das Christentum eine metaphysische oder theologische Kategorie geworden, aber das Wort, das dort steht, »ruach«, heißt »Atem«, »Wind«, »Windsbraus«, »Sturm«, und darum haben Rosenzweig und Buber den »Geist Gottes« übersetzt mit der etwas befremdlichen Formulierung »Braus Gottes brütend allüber den Wassern«.[2] Das klingt zunächst merkwürdig, vielleicht auch etwas manieriert, aber es versucht, und das war ja die Absicht Rosenzweigs und Bubers mit ihrer Bibelübersetzung, das Wort wieder an seine Konkretion heranzuführen.

Nach den Bemerkungen zum Verbsystem, zum Wurzelsinn – Rosenzweig spricht übrigens in Erweiterung der Herderschen Prägung von »Wurzelsinnlichkeit« – und zur Konkretion der Wörter ein Hinweis noch zur Syntax. Das Hebräische ist eine strikt parataktische, fast nebensatzlose Sprache, die Wörter sind hart gefügt, hätte Hölderlin gesagt, nebeneinander gesetzt, ohne irgendwelche Modal- oder Gleitwörter. Rosenzweig spricht einmal vom Hebräischen als einer »Zyklopensprache«: das erinnert an die Zyklopenmauern in Italien, die aus vielen unregelmäßig behauenen Quadern bestehen, die ohne irgendeinen Mörtel dazwischen dennoch über Jahrhunderte, Jahrtausende, bis heute gehalten haben. Das gibt natürlich dem Text eine geradezu archaische Härte und Stärke, auch das Schroffe und Abweisende, das nicht durch irgendein hin oder her, ein »men – gar« wie im Griechischen, ausgeglichen wird, sondern es steht hart gemeißelt da wie die Buchstaben Gottes auf den Gesetzestafeln. Der strenge Satzbau, nur gelegentlich unterbrochen durch Reste aus der mündlichen Tradition, die einen Tonwechsel anzeigen, steht im Kontrast zum Gleiten der Verben und Wortarten. Das gibt den Sätzen eine eigentümliche Spannung, die nur darum nicht unaufhebbar ist, als das Verbsystem das Temporagefüge nicht kennt. So korrespondieren die proteischen Verben in ihrer Unzeitigkeit – aber auch ihrer Insistenz – dem hämmernden Immer der Wortfolgen eben doch. – Diese wenigen Hinweise zum Ganz-Anderen des Hebräischen müssen genügen. Läßt sich zu ihm eine Brücke denken?

Ein ganz anderes Problem, und auch mit diesem Problem müssen wir uns als Übersetzer ja auseinandersetzen, ist die Frage der Überlieferung oder die Frage der Textvorlage. Beim Übersetzen beziehen wir uns ja auf eine Vorlage, deren Gesichertheit wir in der Regel nicht in Frage stellen. Selbst im Falle unsicherer Vorlagen – bei Texten antiker Autoren, bei Shakespeare – verließ man sich auf Herausgeber, die das hergestellt hatten, was sie für den authentischen Text hielten. Heute ist man den so hergestellten Texten gegenüber eher skeptisch. Vielleicht gibt es gar nicht den einen-einzigen, den »richtigen« Text? Vielleicht dokumentieren verschiedene Vorlagen verschiedene Werkphasen – wie das Sattler für Hölderlin, die Oxforder für Shakespeare dokumentiert haben –, und es wäre vermessen, *einen* Text rekonstruieren und als den »gemeinten« ausgeben zu wollen. Auch bei der Bibel kann keine Rede davon sein, daß der Text gesichert ist. Die Bibelkritik hat zwar Text*schichten* historisch unterschieden und auch versucht, sogenannte korrupte Stellen zu emendieren, die Brüche und Löcher im Text konnte aber auch sie nicht schließen, nur immer wieder die unsichere Textvorlage markieren. In den Übersetzungen ist von dem schwankenden Grund, auf dem sie stehen, nichts zu spüren, und das hat noch gar nichts mit dem Auslegungsspielraum der einzelnen Wörter zu tun, den jede Theologie auf ihre Weise nutzt.

Eine weitere Schwierigkeit ist die, daß das Hebräische, wie auch andere frühe Sprachen, ursprünglich hintereinander geschrieben wurde, ohne Wortgrenzen, ohne irgendwelche Satzenden zu markieren. Das macht es natürlich schwierig, den Text richtig zu lesen, und das Problem wurde seit etwa dem ersten Jahrhundert – seit der Zerstörung des zweiten

Tempels und der damit einsetzenden Zerstreuung der Juden – so groß, daß etwa achthundert Jahre lang die sogenannten Masoreten (das Wort kommt von ›Fesseln‹, ›den Wörtern Fesseln anlegen‹) versucht haben, aus diesem kontinuierlichen Text lesbare Sätze zu machen, das heißt also Wort- und Satzgrenzen festzusetzen oder auch anzugeben, wie die Wörter auszusprechen wären. Da das Hebräische nur mit Konsonanten geschrieben wird, haben die Masoreten die Punktierungen eingeführt, so daß man dann wissen konnte oder wissen sollte, wie ein Wort zu vokalisieren, und damit auch, wie es zu verstehen wäre. Das ist natürlich häufig durchaus strittig, und die Rabbinen wenden immer wieder die Konsonantenfolgen hin und her und sagen, wenn man diese Wortgrenze anders setzt, kommt eine andere Bedeutung heraus, wenn wir jenes Wort anders vokalisieren, heißt es das Gegenteil. Irgendwann um das Jahr 900 hat man sich entschlossen, eine bestimmte Lesart für verbindlich zu erklären, aber noch so spät wie in den zwanziger Jahren des zwanzigsten Jahrhunderts sind Rosenzweig und Buber gelegentlich hinter die masoretischen Festlegungen zurückgegangen, um Bedeutungen zu finden, die ihnen sinnvoller als die tradierten erschienen. Aber – was heißt sinnvoll? Das hängt ab von dem, was man von einem Text erwartet, was man aus ihm herausliest, nachdem man es erst einmal in ihn hineingelesen hat.

Lassen Sie mich zwei Beispiele für die Probleme der Vokalisierung geben. In Exodus 33 möchte Mose Gott sehen, doch Gott wehrt ab, du kannst mich nicht sehen, du darfst mich nicht sehen, denn meinen Anblick erträgst du nicht. »Ich ziehe vorbei an dir in meiner Herrlichkeit« (»Kavod«, das ist einer der wichtigsten Begriffe für die Kabbala später geworden, griechisch »doxa«, lateinisch »gloria«), »und während ich vorbeiziehe in meinem Glorienschein, halte ich dir die Augen zu und stelle dich in eine Felsspalte, bis ich vorüber gegangen bin. Wenn ich dann meine Hand wieder wegnehme, dann«, und jetzt in der Fassung Luthers, »wirst du mir hindennach sehen, aber mein Angesicht kann man nicht sehen« (33,23). »Hindennach sehen«, das heißt besonders schön in der Vulgata: »et videbis posteriora mea«, also »mein Hinterteil«. Im Griechischen heißt es »ta opíso mu«, das ist das gleiche. Das ist sehr merkwürdig. Man kann es, hat es immer verstanden im Kontext des Bilderverbots. Man darf sich kein Bild von Gott machen, das heißt, ein Bild von Gott ist natürlich von vorne, man macht sich ja nicht unbedingt ein Bild von Gottes Rückseite. »Das kann kein Michel Angelo malen, noch nicht mal Grünewald, das ist die Optik des Trickfilms«, schrieb Rosenzweig. Wie übersetzt man das? Mendelssohn sagt: »so wirst du meiner Erscheinung von hinten nachschauen« (»Du hast gewissermaßen das Nachsehen?«); Philippson, das ist der jüdische Bibelübersetzer des 19. Jahrhunderts, dessen Text von Freud benutzt wurde, »du schaust mich von rückwärts«; die neue Jerusalemer Bibel hat: »thou shalt see my back«; Buber/Rosenzweig sagen: »du schaust meinen Rükken«; und André Chouraqui, einer der interessantesten neueren Bibel- und Koranübersetzer ins Französische nach Prinzipien der Buber/Rosenzweig-Bibel, sagt: »tu vois mon revers«, also auch: die Kehrseite. Was Moses sieht, hängt an diesem »achar«, das hier »achor« vokalisiert ist wegen des angehängten Possessivpronomens, und das heißt in der Tat in dieser Vokalisierung »Hinterteil« oder »Rückseite«. Vor der Einführung der Punktierungen bestand die erwähnte Flexibilität hinsichtlich der Aussprache. Und wenn man nun, was eben auch möglich ist, »achar« als »acher« ausspricht, heißt es »der andere«, ein Wort, das zumeist in Verbindung mit anderen Göttern verwendet worden ist. Das heißt also, dieses später vokalisch unterschiedene Wort ist zunächst doppeldeutig. Es ist eine Form der Negation und hat zu tun, behauptet Chouraqui, mit der Entstehung der Negativen Theologie – man kann Gott nur ex negativo, sozusagen von hinten, sehen – und es eröffnet, zweitens, zumindest die Möglichkeit einer blasphemischen Implikation: »der Andere«, das ist eben auch der

Widersacher, Gottes Gegenteil. Man sieht an diesem Beispiel, daß die Frage der Vokalisierung einen Unterschied ums Ganze bedeuten konnte. Man sieht zugleich, vom Wurzelsinn her, wie nah das Unterschiedene zusammengehört. Das Wort für den Anderen, »acher«, spielt übrigens in den Diskussionen im Talmud immer wieder eine Rolle, weil das »R«, das »Resch«, schwer zu unterscheiden ist von einem anderen Buchstaben, dem »Daled«, dem »D«, das ein kleines winziges Häkchen hat. Das wird in der Argumentation angeführt, wenn man sagt, es darf auch nicht das kleinste Häkchen verändert werden bei der Abschrift der Tora, sonst geht die Welt unter. Dann könnte es nämlich passieren, daß aus einem »achad«, »dem Einzigen«, der »acher«, »der Andere«, wird, also aus dem Einzigen Gott der Andere, der Widersacher.

Ein letztes Beispiel zur Vokalisierung. Gleich in der zweiten Zeile des *Hohenliedes* heißt es ungefähr: »so gut sind deine Zärtlichkeiten, mehr als Wein«. Was mit »Zärtlichkeiten« übersetzt ist, heißt auf griechisch »mastoi su«, auf lateinisch »ubera tua«, und in der ersten Fassung der Lutherschen Übersetzung heißt es: »deine *Brüste* sind lieblicher denn Wein«. Wie kommt es von den Brüsten zu dieser doch etwas farblosen Wendung, die Luther später übersetzt hat mit: »denn deine Liebe ist köstlicher denn Wein«? Das hängt eben auch mit einem Vokalisierungsproblem zusammen. Es stehen einfach nur drei Buchstaben zunächst da, »ddm«. Das mag man aussprechen »dodim«, dann sind das »Zärtlichkeiten«, oder man spricht es aus »dadayim«, dann wären das die Brüste. Nun handelt es sich aber vermutlich darum nicht um Brüste, weil ein Possessivpronomen angehängt ist. Diese Endung, das »deine«, ist die männliche Form, da aber hier die Frau spricht, ist kaum anzunehmen, daß sie die Brüste des Geliebten preist. So kommt man dazu, daß man dann eben doch sagen muß »deine Zärtlichkeiten«, »deine Liebkosungen« oder etwas ähnliches, so bedauerlich das auch für die sinnliche Konkretion des *Hohenliedes* sein mag. Man sieht an solchen Minima, wie die Aufmerksamkeit für kleinste Details geschärft sein muß, ohne daß in jedem Fall eine übersetzerische Entscheidung alternativlos wäre. Scharfsinnig wie die Ausleger waren, haben sie immer wieder die Gleichmöglichkeit von Bedeutungen festgehalten, wie sie sich den Augen dessen zeigt, der den unpunktierten Text liest. Gerade beim *Hohenlied* mit den Rissen und Brüchen im Text sind die Auslegungsprobleme natürlich von besonderem Interesse, wenn man etwa vergleicht, was jüdische Ausleger damit gemacht haben, und was christliche. Bei den jüdischen entwickelte sich sehr früh das, was man später Hermeneutik genannt hat. Rabbi Hillel hat bereits im ersten vorchristlichen Jahrhundert bestimmte Regeln für das Textverständnis aufgestellt, und darunter die, daß die Bedeutung eines Wortes festgelegt werden kann, wenn man dieses Wort in verschiedene Kontexte setzt und es von dorther überprüft. So wurde das, was wir ungenau allegorisierende Interpretation nennen, immer abgestützt durch vergleichende Textlektüre. Wenn es im *Hohenlied* einmal heißt, »die Zeit zu Singen ist da«, und das Wort für »singen«, »zamir«, auch »beschneiden« bedeutet im Sinne des Rebschnitts, ließ sich durch Parallelstellen zeigen, daß auch das Beschneiden der Vorhaut gemeint war. Durch diese andere Möglichkeit, das *eine* Wort zu verstehen, ließ sich der ganze Kontext der Befreiung aus der Knechtschaft aus Ägypten ins *Hohelied* einbringen. Der Bräutigam ist dann Moses, und er kommt zurück im Frühling, um seine Feinde zu vernichten, und um die, die mit seinem Gott ein Vertragsverhältnis eingehen, zum Zeichen zu beschneiden. Das ist von *einem* Doppelsinn her gelesen, ohne die andere Bedeutung darüber zu vergessen, denn gleichzeitig ziehen die Rabbinen eine andere Stelle bei, an der es heißt: »Moses sang.« Beides – »singen« und »beschneiden« – bleibt also nebeneinander bestehen, ohne daß eines das andere ›ersetzte‹. Solche Parallelstellenlektüren haben den Text mit einem Netzwerk an Verbindungen überzogen – oft an eine winzige Silbe geknüpft; wie soll man das übersetzen? –, die vielleicht die einzige Möglichkeit waren, das für sich genommen Unverständliche, Dunkle aufzuhellen. Das ist die Idee des geheimen Planes einer durchdachten Gesamtkomposition. Das zu glauben, ist das gute Recht der Theologen, an das uns zu halten wir Übersetzer nicht genötigt sind. Was die Rabbinen aber nicht geben, sind Deutungen – sie stellen Beziehungen her auf der Basis der Philologie, bleiben also immer konkret. Und von daher sind sie hilfreich, zumindest bedenkenswert (siehe Rosenzweig/Buber), im Unterschied zu den die Lexik überschreitenden Exegesen, wie die christlichen Ausleger sie früh geübt haben.

»Übersetzen als Brücke zum ganz anderen.« Ich habe an ein paar Punkten die fundamentale Andersartigkeit des Hebräischen skizziert. Läßt sich das ›Ganz-Andere‹ in der Übersetzung nachbilden oder muß man es ›vergessen‹, weil es nicht ›geht‹? Wie kann im zweiten Fall von einer Brücke die Rede sein? In der Geschichte der Bibelübersetzungen ist bekanntlich beides versucht worden. Für das eine Extrem steht Luther, für das andere Buber/Rosenzweig; dazwischen gibt es Mittelwege (Mendelssohn, Zunz, Philippson). Ausgehend von Psalm 130 in der Übersetzung Luthers von 1545 möchte ich einige Probleme erläutern, die sich vom Hebräischen her stellen. Ich habe diesen Psalm gewählt, weil er in der Fassung Luthers zum Kanon der deutschen Literatur gehört.

1 Avs der tieffen / Ruffe ich HERR zu dir.
2 HErr höre meine stimme / Las deine Ohren mercken auff die Stimme meines flehens.
3 So du wilt HErr Sünde zu rechen? HErr / Wer wird bestehen?
4 Denn bey dir ist die Vergebung / Das man dich fürchte.
5 JCH harre des HERRN / meine Seele harret / vnd ich hoffe auff sein Wort.

6 Meine Seele wartet auff den HErrn / Von einer Morgenwache bis zur andern.
7 Jisrael hoffe auff den HERRN / Denn bey dem HERRN ist die Gnade/ vnd viel Erlösung bey jm.
8 Und er wird Jisrael erlösen / Aus allen seinen Sünden.

»Avs der tieffen / Ruffe ich HERR zu dir«. Wörtlicher müßte es heißen: »Aus Tiefen (de profundis) rief ich dich«, da die Verbform eine abgeschlossene Handlung anzeigt. Aber das eigentliche Problem steckt in dem versal geschriebenen »Herr«. Im Hebräischen steht hier das Tetragrammaton, also der vierbuchstabige Gottesname JHVH, für den man immer, da man ihn nicht aussprechen durfte, »Adonai« sagte, also »Herr«. Insofern steht hier »Herr«, und die älteren Übersetzungen – Septuaginta, Vulgata – haben das auch so übersetzt. Nur ist das eine Ersetzung, bei der der heilige Name getilgt, keinem lesenden Auge mehr gegenwärtig ist. Der erste, der den Namen als Namen übersetzte, war Mendelssohn: »Aus der Tiefen ruf ich, Gott! zu dir«; in der Zunz-Bibel steht für »Gott!« »o Ewiger«, und das ist die Wendung, die Mendelssohn selbst eigentlich für das Tetragrammaton gebraucht, hier aber merkwürdigerweise nicht hingesetzt hat. Buber, der ja eine direkte Dialogizität zwischen dem Menschen und Gott herstellen wollte, löst das Problem am radikalsten: »Aus Tiefen ruf ich dich, DU!«.

Der zweite Vers setzt dann mit »Adonai« ein, also »Herr«, und wenn man das erste Mal mit »Herr« übersetzt und das zweite Mal nicht umhin kann, mit »Herr« zu übersetzen, gibt es eine Wortgleichheit, wie sie das Original nicht hat. Luther stellt also eine Einfachheit her, die es im Original nicht gibt. Die Aura des Namens ist verschwunden, die vielleicht in der schieren Anrufung mit dem Personalpronomen wenigstens ahnbar ist. »Höre meine Stimme«, fährt Luther wörtlich fort, »Las deine Ohren mercken auff die stimme meines flehens«. Die »stimme meines flehens«, ist zwar korrekt, die Wendung läßt sich aber auch als Intensivierung des Flehens verstehen. Das macht Mendelssohn, wenn er schreibt »Auf mein inbrünstig Flehn«.

Mit dem dritten Vers – »So du wilt HErr sünde zu rechen? HErr / Wer wird bestehen?« – beginnen die eigentlichen theologischen Probleme. »Sünde« steht da im Deutschen, und im Hebräischen steht ein Wort (im Plural), das so etwas wie ›Verschuldung‹, ›Verstoß‹, ›Irrtum‹ heißt, aber auch im Sinne von ›Unbilligkeiten‹, ›Ungerechtigkeiten‹, ›Schulden‹ zu verstehen ist. Das Wort »avon« impliziert gewiß auch eine moralische Schuld, aber es kommt aus der konkreten Situation eines Schuldverhältnisses zwischen Schuldner und Gläubiger. Mit dem Wort ›Sünde‹ ist es theologisiert, mit allem, was das im Kontext des Lutherschen Denkens heißt. Die lateinische Bibel war da noch vorsichtiger und genauer, wenn sie mit »iniquitates« übersetzte und die englische, ihr folgend, mit »iniquities«. Buber spricht von »Fehle«. Das »sünde zu rechen« (im Sinne von ›zurechnen‹) ist auch zweifelhaft – ›aufbewahren‹, ›bei *dir* behalten‹, ›*dir* merken‹ (im Gegensatz zu: ›*mir* anrechnen‹) oder so etwas würde es eher heißen. »Wolltest Fehle du bewahren«, schreibt Buber. An dieses Wort, das für »bewahren« im Hebräischen steht, ist ein »jah« angehängt, eine Abkürzung des Gottesnamens, so daß Luther dazu kommt zu sagen, »So du wilt HErr Sünde zu rechen«; er bringt das JH des Tetragrammatons, das ein Suffix ist, als »Herr« herein. Buber ebenfalls: »Wolltest Fehle du bewahren, oh DU«. Das muß es aber nicht heißen. Das Suffix kann einfach nur eine Verstärkung sein, »wolltest du sie *wirklich* bewahren?«, ohne Anrede, und so übersetzt Mendelssohn. Im *Hohenlied* gibt es eine ähnliche Stelle, die einzige Stelle, wo möglicherweise Gott hereinkommt, nämlich in einem an ein Substantiv angehängtes »jah«. Da bringen die frommen Menschen natürlich auch immer Gott ins Spiel, den man aber gar nicht braucht, wenn man die Grammatik kennt; auch dort kann es, wie hier, einfach nur eine Verstärkung sein.« HErr / Wer wird bestehen?«, geht der Vers dann noch weiter, und diese Verbform läßt sich auch mit »kann« (Mendelssohn) oder »konnte« (Buber) wiedergeben, also im Hier und Jetzt, nicht in einer Zukunft.

Vers 4 beginnt: »Denn bey dir ist die Vergebung«, ›propitiatio‹, also ›Besänftigung‹, ›Versöhnung‹. Buber übersetzt es mit »Verzeihung«, denn mit ›Vergebung‹ gerät natürlich eine ganz bestimmte christliche Sicht in den Blick. Und dann kommt dieses merkwürdige »Denn bey dir ist die Vergebung / Das man dich fürchte«. Das ist eine eigentümliche Folgerung. So steht es zwar in den meisten Übersetzungen, so läßt es sich vom Original her rechtfertigen, aber wo ist die gedankliche Begründung? Müßte es nicht heißen: »auf daß du geliebt wirst, weil du ja verzeihst«? Könnte die Stelle falsch überliefert sein? In der Tat fehlt die Folgerung in Septuaginta und Vulgata, und manche Textkritiker haben die Stelle emendiert, so daß herauskommt: »bei dir ist Vergebung um deiner Güte willen«. Die Furcht des Herrn steht also zumindest auf tönernen Füßen. Mendelssohn gibt der Stelle eine überraschende Wendung, wenn er sagt: »Auf daß man dich ehrfürchte«. Das heißt: »weil du vergibst, müssen wir vor dir große Hochachtung haben«. Das ist eine Umkehr der Denkrichtung – von knechtischer Furcht zu Schöpfungspreis und Verehrung –, ohne den überlieferten Text zu verlassen.

Vers 5: »JCH harre des HERRN / meine Seele harret / vnd ich hoffe auff sein Wort.« Wörtlich: »Ich harre JHVH es harrt meine Seele und auf sein Wort warte ich (nachdrücklich).« Die Syntax ist nicht klar: es kann sowohl eine Anrufung wie eine Aussage sein. Semantisch sollte man festhalten, daß das Wort für ›hoffen‹ und für ›warten‹ das gleiche ist im Hebräischen. Das wirft ein Licht auf die Mentalität, die dahintersteht. So weit ich sehe, war es zuerst Mendelssohn, der dieses ›warten‹ oder ›harren‹ mit ›hoffen‹ übersetzte, und es mag sein, daß das auch im Kontext der gedachten Emanzipation am Ende des 18. Jahrhunderts stand. »So hoff' ich denn zum

Herrn; Es hoffet meine Seele«, heißt es bei ihm. Buber, der diesen Bußpsalm, er gehört ja zu den sieben christlichen Bußpsalmen, an die erste Stelle seiner zweisprachigen Psalmenauswahl gestellt hat, die im Schocken-Verlag im Jahr 1936 erschien, Buber schreibt in dieser Situation in Deutschland: »Ich erhoffe IHN, meine Seele hofft«. Dieser Vorrang der Hoffnung über das Warten kommt durch die jüdischen Übersetzungen herein. In der Schlußwendung des Verses ist ein anderes Wort für ›warten‹, ›harren‹ oder ›hoffen‹ gebraucht, und da bringt Luther dann das Hoffen an, während Buber hier umgekehrt verfährt: »ich harre auf seine Rede«. »Wort«, »Rede« – Mendelssohn setzt hier kühn: »Verheißung«.

Und dann gibt es einen sehr schwierigen Übergang zum nächsten Vers, wo wir davon ausgehen müssen, daß hier eine Lücke im Text ist, oder daß der Versanfang noch zum Vorigen gehört. Da steht nämlich einfach: »meine Seele (dem, den) Herrn«. Da muß alles mögliche ausgefallen sein, so daß man das in der Übersetzung ergänzt hat. Wahrscheinlich, vermutet man, ist »warten« oder »hoffen« ausgefallen, und so heißt es dann bei Luther »Meine Seele wartet auff den HErrn«. Aber *muß* man ergänzen im Sinne des Wartens? Denkbar ist auch, daß, wie so oft, die Kopula ausgefallen ist, und dann hieße es: »meine Seele *ist* meines Herrn« (S. R. Hirsch). Man könnte sich auch eine Sprechsituation vorstellen, in der vielleicht gar nichts ausgefallen ist, sondern nur gestammelt wird: »meine Seele, Herr«. Und darauf folgt ein abgerissenes, zweifaches »mehr als Wächter (auf) den Morgen, Wächter (auf) den Morgen«. Man kann sagen, da ist vieles ausgefallen, und man muß möglichst bruchlos einen Satz daraus machen: »meine Seele wartet auff den HErrn / Von einer Morgenwache bis zur andern«, wie es bei Luther schön und falsch heißt, ergänzend, um die Stelle verständlich zu machen. Mendelssohn schreibt: »meine Seele ... / Erwartet sehnlicher den Herrn / Als Wachende den Morgen / Den Morgen Wachende erwarten«. Das ist wunderschön gesagt, chiastisch noch dazu, aber es steht nicht da. Was dasteht sind Fragmentierungen, die man einem korrupten Text zuschreiben kann. Man kann aber auch sagen: da so vieles in den Psalmen, so vieles in anderen Texten der Bibel aus einer gesprochenen Situation herauskommt, kann gerade die Inständigkeit dieses Flehens eines Menschen, der in den Tiefen, in den tiefsten Tiefen, es ist eine Mehrzahl, der Täler steht, sich vielleicht nur noch im Stammeln äußern, sich aber nicht mehr in vollständigen Sätzen artikulieren. Die Übersetzungen bieten natürlich immer vollständige Texte (bis auf Rosenzweig/Buber), die das Unverständliche nicht mehr ahnen lassen. Wer die Doppelung der Wächter für etwas irrtümlich Stehengebliebenes hält, mag versucht sein, etwas einzusetzen, was da »richtiger« stünde. So kommt Luther zu seiner Wendung, und so heißt es in der Vulgata »a custodia matutina usque ad noctem«. Daß Doppelung auch Inständigkeit sein kann, kommt vor Mendelssohn, so weit ich sehe, nur in der englischen Bibel zum Ausdruck: »My soul *waiteth* for the Lord more than they that watch for the morning: *I say more than* they that watch for the morning«, was diese Intensität herauszuholen versucht. Die englische Bibel hat übrigens die Höflichkeit, die Wendungen, die nicht im Hebräischen stehen, die man aber braucht, um einen glatten Satzfluß zu haben, immer kursiv zu setzen. So weiß der Leser sofort, was dasteht und was ergänzt ist.

Die Wächterstelle, wie auch immer man sie übersetzt, muß nicht notwendig auf die wartende Seele bezogen sein. Sie kann auch zum Anfang von Vers 7 gezogen werden: »Mehr als die Wächter auf den Morgen ... soll Israel harren (hoffen) auf JHVH.« Der Vers geht weiter in Luthers Fassung: »Denn bey dem HERRN ist die Gnade / vnd viel Erlösung bei jm«. Was hier mit »Gnade« übersetzt ist, »chessed«, ist natürlich ein Kernbegriff der christlichen, zumal der Lutherschen, Theologie. Aber was heißt das im Hebräischen? Es heißt Loyalität in einem Vertragsverhältnis, es heißt Gemeinschaftspflicht, es heißt Solidarität, es heißt Treue. Es ist also immer ein wechselseitiges Verhältnis impliziert in »chessed«, während man in dem Wort »Gnade«, und gerade wenn man die Luthersche Theologie im Blick hat, immer diese unglaubliche Ferne von Gott mitdenkt, die Willkür des Gnadenakts, der uns letzten Endes unverdient trifft oder auch nicht. Die Gnade ist unabhängig von dem, was der Mensch erreichen und tun kann. Das ist eine Verkehrung des Sinnes in das Gegenteil dessen, was im Hebräischen steht: nicht von Gnade ist die Rede, sondern von einem reziproken Verhältnis zwischen Bündnispartnern. Die Juden sind ja Vertragsgläubige, sie haben einen Bund geschlossen, und Wörter wie »Glaube« oder gar »Gnade« kommen da nicht vor, jedenfalls nicht in dieser unüberbietbaren Akzentuierung wie im Christentum. Um den falschen Assoziationen auszuweichen, übersetzt Mendelssohn »chessed« mit »Güte«, und Buber, vielleicht der Zunz-Bibel folgend, mit »Huld«. Ein Wort noch zur »Erlösung«. Auch dieses Wort ist ganz konkret: es meint Befreiung im Sinne eines »Ausgelöstwerdens«, zum Beispiel wenn einer gefangen ist und ein Lösegeld für ihn bezahlt werden muß. Darum spricht Buber von »Abgeltung«, wodurch auch dieses Wort in den Vertragszusammenhang gestellt wird, in den es gehört.

Damit bin ich am Ende. Ob das, was wir in deutschen Bibeln lesen, eine Brücke ist zum Ganz Anderen, oder ob wir dort nur wiederfinden, was unser eigen (geworden) ist oder was wir erhoffen, soll als eine Frage stehen bleiben, auf die jede Phase in der Geschichte des Übersetzens ihre eigene Antwort gegeben hat und gibt. Vielleicht ist aber etwas von der Grundverschiedenheit des Hebräischen deutlich geworden, vom anderen Verhältnis zwischen Gott und Mensch und von der Uneindeutigkeit der Textvorlage, so daß es schwer fallen mag, das Übersetzte mit dem Überlieferten zu verwechseln.

(1998)

1 Hans Blumenberg hat für die Tautologie durch leichte Rückung die auf Anhieb überzeugend klingende Formel gefunden: »Ich bin der ›Ich-bin‹« – nur stellt sich durch die Ersetzung des Relativpronomens (asher) durch den Artikel das Problem wieder anders. Siehe sein Nachlaßbändchen *Ein mögliches Selbstverständnis*, Stuttgart: Reclam, 1997, 55. Zum Problem der Übersetzung des Namens vgl. auch meine Schrift *»Zeit ist's«. Die Bibelübersetzung von Franz Rosenzweig und Martin Buber im Kontext* in diesem Band.

2 So in der Erstveröffentlichung von 1926. Später hat Buber verändert: »Braus Gottes schwingend über dem Antlitz der Wasser«, um auch noch die Adlerschwinge über dem Nest der Jungen von Deut. 32,11 zu assoziieren.

II

»Zeit ist's«. Die Bibelübersetzung von Franz Rosenzweig und Martin Buber im Kontext[1]

Was bewegt jemanden, etwas neu zu übersetzen, wenn dieses Etwas zu einem integralen Bestandteil jener Sprache und Kultur geworden ist, in die es bereits übersetzt wurde? Es gibt eine Reihe plausibler Gründe – wissenschaftliche und ästhetische, radikal veränderte Rezeptionsbedingungen, die Sprache des übersetzten Textes mag obsolet geworden sein usw. Eine der Chancen der Übersetzung ist ja in der Tat ihre innovative Kraft – sie sichert das Überleben von Texten, die sonst zu historischen Leerstellen zu werden drohen. Eine Neuorientierung der Aufmerksamkeit scheint jedoch so gut wie unmöglich zu sein bei Texten, die sich einem Korpus ganz anderer Herkunft einbeschrieben, die ihre eigene Tradition etabliert und sich von ihren Ursprüngen fast vollständig abgelöst haben. Im Rahmen des Deutschen ist Schlegels Shakespeare ein typisches Beispiel. Obwohl viele Versuche unternommen worden sind, dem Original näher zu kommen, die syntaktischen und metrischen Sprünge und Brüche oder die verschiedenen Stilebenen adäquater wiederzugeben, auf die veränderten Bühnenbedingungen zu reagieren, sind doch die Schlegelschen Übersetzungen nie ›überwunden‹ worden – nicht weil sie so gut oder unerreichbar wären, sondern weil sie Teil der Weimarer Kultur waren und sind, die zu konstituieren sie mitgeholfen hatten, so daß Shakespeare als der dritte deutsche Klassiker angesehen werden konnte.[2]

Ein viel schlagenderes Beispiel ist freilich Luthers deutsche Bibel, deren Sprache zwar zu einem Gutteil Luthers eigene Erfindung war, die aber als der feste Referenzpunkt nachmittelalterlicher hochdeutscher Kultur angenommen wurde. Bis weit ins 19. Jahrhundert hatte die Sprache der deutschen Philosophie und Literatur ihre Wurzeln in Luthers Deutsch.

Keiner der späteren Übersetzungsversuche der Bibel – aus protestantischem oder katholischem Lager – konnte an Luther vorbeigehen, sein Text wurde »verbessert« oder verändertem Sprachgebrauch angepaßt; Luthers folgenreiche terminologische Entscheidungen blieben davon unberührt. Selbst jüdische Versuche – angefangen mit Moses Mendelssohn, der seine Übersetzung als Teil seines Aufklärungsprogramms verstand, indem er seinen jiddisch sprechenden Glaubensgenossen Zugang zur hochdeutschen Sprache und Kultur verschaffen wollte durch eben jene Texte, die sie wöchentlich zu lesen hatten – mußten auf die eine und einzige Sprache zurückgehen, in der die deutsche Bibel vermittelt worden war, ihren Ton, ihre Phrasierung, ihre Bilder, ihre Begrifflichkeit, wenn Mendelssohn sich auch bemühte, in Einzelheiten genauer dem Original zu entsprechen.[3] Im Laufe des 19. Jahrhunderts, also mit der Entstehung einer historischen Bibelwissenschaft, änderte sich die Einstellung zur Übersetzung. Wissenschaftler wie Zunz, der Begründer der Wissenschaft vom Judentum, Kirsch, Philippson, Hirsch, Kautzsch lieferten Texte, die philologisch korrekt waren, nüchtern, poesielos, einzig daran orientiert, wie die unterstellte Bedeutung so präzise wie möglich wiederzugeben wäre. Obwohl diese Wissenschaftler sich der unterschiedlichsten historischen und also auch stilistischen Schichten bewußt waren, der verschiedenen Stimmen, der Mischung halachischer und aggadischer Strömungen, kamen ihre Übertragungen in ein und demselben grauen Ton des akademischen Diskurses daher, wobei sie sich mehr oder weniger automatisch der Lutherschen Terminologien in ausgedünnter Form, d.h. ihrer Kontexte entkleidet, bedienten. Wichtig an den neuen Übertragungen ist häufig die Hinzufügung eines Kommentars: nach soviel Bibelkritik verläßt man sich nicht mehr auf das Wort Gottes, sondern muß es hin- und herwendend erklären – nicht jedoch in der Form von Frage und Antwort oder unterschiedlicher Optionen wie in der Mishnah oder in den beiden Talmuden, sondern mittels klarer positivistischer Dezisionen: auf die vorwiegend philologischen Fragen kann es nur eine plausible Antwort geben.

Repräsentativ – und beispielsetzend für künftige christliche Unternehmungen – ist Ludwig Philippsons *Israelitische Bibel*, 1844 in Leipzig erschienen, die als eine jüdische ›Volksbibel‹ intendiert war in Konkurrenz zur Lutherschen. (Es war übrigens diese Bibel, die Freud als Kind benutzt hatte und die möglicherweise nicht ohne Einfluß auf die Formung seiner Gedanken gewesen ist.[4]) Philippson bietet einen zweisprachigen Text, aber der Hauptteil des Werks besteht aus einem fortlaufenden Kommentar, der mit philologischer Akribie Satz für Satz die vom Text aufgeworfenen Probleme diskutiert. Es ist ein beeindruckendes Werk aufgeklärter Gelehrsamkeit – und genau dies ist sein Problem. Zwischen Text und Kommentar hängt ein Schleier, der nicht weggezogen werden kann. Wie ist zu reagieren auf die behauptete Offenbarung des Textes, wenn jeder Satz in zahllose Schichten unterschiedlicher Herkunft zerlegt werden kann? Es ist nämlich gerade umgekehrt der Kommentar, der »offenbart«, was die Übersetzung zu übertragen verfehlt.

Ein Beispiel: Als Übersetzung von 2. Mose 3,14, der Offenbarung des Namens Gottes, des änigmatischen, möglicherweise tautologischen »ehyeh asher ehyeh«, bietet Philippson praktisch die gleiche Lösung, die auch Luther hatte: »Ich werde sein, welcher ich werde sein!« (Bei Luther hatte in Versalien gestanden: »Ich werde sein, der ich sein werde.«) In der Vulgata findet sich: »Ego sum qui sum«, und im gleichen Sinne gibt die King James Bible: »I am that I am.« Die Form »ehyeh« ist ein Qal Imperfekt (von »hayah« = sein, werden), und das hebräische Imperfekt entspricht locker dem deutschen oder englischen Futur, bezeichnet aber eigentlich nur eine unvollständige Handlung, eine fortlaufende Handlung, die möglicherweise ohne Ende und Anfang ist. Keine der für die Übersetzung gewählten Zeitstufen gibt also adäquat wieder, was vor sich geht: das Futur scheint die Offenbarung in

153

die Ferne zu verschieben, während das Präsens auf etwas Abgeschlossenes zu verweisen scheint, ein Bei-sich-selber-Bleiben, abgegrenzt, »absconditus«, wie im Busch, der den verbirgt, der sich im Namen doch offenbaren soll. Wenn die Übersetzung versagt – aufgrund der unterschiedlichen Tempussysteme, aufgrund der Bedeutung von »hayah« –, dann hängt alles am Kommentar. Und hier kann Philippson die ganze Weite seiner Gelehrsamkeit vor dem Leser ausbreiten. Er diskutiert alle relevanten Lesarten der Stelle, vom Onkelos Targum über Philo und die Talmuden bis zu seiner eigenen Zeit. Von besonderem Interesse ist die Fassung der Septuaginta – »ego eimi ho ōn«, »Ich bin der Seiende« –, weil beide Teile des Satzes zwar aus der nämlichen Wurzel des Verbs (»einai«) abgeleitet sind, aber sich unterschiedlicher Formen bedienen: das Gleiche und nicht das Gleiche als Seiendes in der fortschreitenden Präsenz des Partizips. Der Satz entfaltet die Bedeutung von »hayah« und etabliert zugleich eine Trennung zwischen den Termini, die zweimal in der ersten Person Singular standen, d. h. zwischen dem einen ungeteilten Sein, das sein Eins-Sein nur wiederholt, um sein Identischsein mit sich selbst zu manifestieren. Doch ist es eben diese griechische Version, die es Philippson erlaubt, zwei Bedeutungen aus den beiden, d. h. dem einen, »ehyeh« zu ziehen, denn er behauptet, daß nur das erste ein starker Begriff ist, der Seine Ewigkeit ausdrückt, während er im zweiten nur einen »Nebenbegriff« sieht, der bloß die Unwandelbarkeit des Ewigen formuliert: »das Relativum ›asher‹ zieht nämlich aus dem vorhergehenden ›ehyeh‹ die ganze Substantialität des göttlichen Daseins, und setzt sie mit dem neuen ›ehyeh‹ in Verbindung, so daß diese ganze Substantialität ebenfalls ein ›ehyeh‹, ein ›Sein werden‹, d. h. eine ewige wird.« Als Bestätigung seiner Interpretation lenkt Philippson die Aufmerksamkeit auf den folgenden Vers, indem er die Aussage, Gott sei mit den Söhnen Israels gewesen von Geschlecht zu Geschlecht, seit Abrahams Zeiten, als Evidenz nimmt für Seine unveränderliche Gegenwärtigkeit. Es ist also Philippsons Kommentar, mit seinen subtilen philosophischen Unterscheidungen, seinen philologischen Schätzen, der die Aufmerksamkeit des Lesers gefangennimmt: es gelingt ihm, die Bibel unter die großen Weisheitsbücher der Menschheit einzureihen, die in allen ihren Feinheiten studiert werden wollen. Daß es Menschen gibt, die an ihren Offenbarungswert glauben, scheint von sekundärer Bedeutung zu sein.

Und doch hatte Philippsons Werk eine »Volksbibel« sein sollen – aber der Kontrast zwischen Kommentar und Übersetzung könnte nicht größer sein. Die Übersetzung ist im Stil einer geborgten archaischen Naivität geschrieben, in einer Art Sagenstil à la Schwab und Uhland, sie wälzt sich auch dann in vollständigen Sätzen dahin, wenn das Original sie nicht hat, ohne Tonwechsel, ohne Unterscheidungen zwischen den dunkleren und den klareren Passagen, in einer homogenen und kompakten Masse. Zwar gibt es einiges hebräische Kolorit – Philippson behält z.B. wie Zunz und andere die Namen bei: Moscheh, Jizchak, sogar Mizrajim für Ägypten –, aber dies scheint wenig mehr zu sein als eine Reverenz vor dem Zeitgeist, der den angeblichen Exotismus jüdischer Themen und Charaktere entdeckt hatte und für Gedichte, Opern, Gemälde benutzte. Philippsons Übersetzung ist ein Akt der Assimilation und Appropriation: er fügt sie einem bestehenden kulturellen Kontext ein. Die archaisierende und simplistische Oberfläche verbirgt keine Geheimnisse; keine Wortgewalt zieht den Leser in ihren Strudel. Die Kluft zwischen Kommentar und Übersetzung ist unüberbrückbar. Der eine ist für den gebildeten, aufgeklärten, vermutlich assimilierten Absolventen des humanistischen Gymnasiums und der Universität geschrieben, die andere für das durchschnittliche Synagogenmitglied, das seinem Glauben aus Gründen der Konvention anhängt und die Bibel nun in bequemer Form lesen kann, zweisprachig, in einem Idiom, das vage dem entspricht, was damals als Volkston galt. Für diesen Lesertyp fügte Philippson fünfhundert englische Holzschnitte hinzu im Stil des modischen Historismus, vermutlich in Konkurrenz zu den Peter Corneliusschen Holzschnitten, die die protestantische Bibel für das deutsche Haus zierten. Wer die Philippsonschen Seiten sich ansieht, spürt geradezu physisch den Riß, der durch das deutsche Judentum im 19. Jahrhundert verlief. Man fühlt sich an Scholems Zorn erinnert, mit dem er beschrieb, wohin es mit dem deutschen Judentum im 19. Jahrhundert gekommen war: entweder Verwässerung, Verkitschung, Vulgarisierung oder Spiritualisierung.[5]

Dieser lange Umweg war nötig, um die Szene für den Auftritt Rosenzweigs und Bubers zu bereiten. Als Übergang sei zur Philippson-Diskussion hinzugefügt, was Rosenzweig über die Übersetzung des »ehyeh« zu sagen hatte. In den sogenannten Arbeitspapieren, in denen er die von Buber geschickten Rohfassungen der entstehenden Übersetzung kommentiert, lesen wir: »Mit *sein* geht es nicht. Das ist im Deutschen hoffnungslos platonisiert, wie in allen nachplatonischen Sprachen, das mittelalterliche Hebräisch nicht ausgenommen. Wir wollen doch nicht die Abscheulichkeiten der Septuaginta weitergeben. ... Die Worte sind nicht ›Philosophie der Bibel‹, sondern ganz aus dem Augenblick herauswachsend und dadurch freilich auch die Ewigkeit fassend. Der Gegenwärtige ist auch der Seiende, aber das Sein braucht nicht gegenwärtig zu werden. [Der Ausdruck] ist nun wie alle Namenserklärungen kein Name, sondern ein wirklicher Satz, das wajaumer[6], dem dann erst die Zusammenballung in den Namen, das watikra[7] folgt. Also: ... das Gegenwärtigsein, das Zurstellesein [kann] nur so ausgedrückt werden: *Ich werde dasein, als der ich dasein werde.* (›Sein‹ würde auf etwas Entferntes verweisen, ›dasein‹ ist ganz Gegenwart, enthält aber, im zweiten Teil des Verbs, ›sein‹, auch ein immerwährendes Sein.[8])« Im nächsten Satz, wenn Gott sagt: »So sollst du sprechen zu den Söhnen Israels: ›ehyeh‹ schickt mich zu euch«, erst da, fährt Rosenzweig fort, erscheint es als »wirklicher Name und ›der‹

Name, beide Teile des Satzes ... zusammenschmiedend, nicht etwa in seiner ersten Hälfte schon enthalten (denn dort mußte man noch fragen: was oder wie? worauf dann die zweite Hälfte die Antwort gab), sondern ganz abgeschlossen gesagt: ICH BIN DA schickt mich zu euch.«[9] Die Übersetzung wagt es also, beide möglichen Tempus-Äquivalente – Futur und Präsens – nacheinander zu geben, oder genauer, sie zieht die Zukunft in die Gegenwart.[10] Während die anderen Übersetzungen für den Namen Gottes hier »Ich werde sein« geben oder »I am« oder »ho ōn« oder gar »qui est«, sagen Buber und Rosenzweig kühn »Ich bin da«, womit zugleich das »dasein« des ersten Ausdrucks rekapituliert ist. Das vielstellige Wort »da«, das etwa gleichzeitig seine Karriere im Werk Heideggers machte, ist demonstrativ, deiktisch, gibt eine Richtung an, heischt Aufmerksamkeit, während es gleichzeitig eine Gegenwart anzeigt, eine Nähe, ein Bereit-, Zur-Stelle- und Bei-der-Hand-Sein. Somit zieht der schlichte deutsche Ausdruck »Ich bin da« zeitlose Existenz und aktuale Präsenz in eins zusammen, ein Gegenwärtigsein, das an einen anderen gerichtet ist, der den Anruf hört. Man mag hinzufügen, daß der gesprochene deutsche Ausdruck »Ich bin da« auch eine künftige Präsenz impliziert. Die Übersetzung ist also sowohl eine völlig korrekte Wiedergabe des Originals innerhalb eines sehr eingeschränkten Spielraums von Möglichkeiten als auch, zugleich, eine klare Aussage über die Re-Orientierung der Rosenzweigschen Bibellektüre: er zieht sie in den Erfahrungsraum dessen, der eben jetzt liest, oder besser: lauscht. Es ist eine re-flektierende Übersetzung, die beide Glieder der Proposition, wenn man den Gottesnamen so nennen darf, gleichsam dynamisiert.[11] Damit wird die Übersetzung zu einer Instanz der Interpretation. Oder allgemeiner gesagt: so etwas wie eine »objektiv« korrekte Übersetzung gibt es nicht; sie setzt nur an die Stelle früherer (Miß)Interpretationen neue Interpretationen, deren Angemessenheit nur auf Grund ihrer eigenen Prämissen – der der Übersetzung, nicht der des Textes –

zu beurteilen ist. Das gilt selbst für die wörtlichste Übersetzung, die sich so eng wie möglich an die Vielschichtigkeit des Originals zu halten versucht, was gewiß für Bubers und Rosenzweigs Unternehmung gilt, die in dieser Hinsicht keine Vorläufer haben und die einen Text liefern, der ihre Neuformulierung des Judentums im kulturellen und politischen Kontext Deutschlands nach dem Ersten Weltkrieg zum Ausdruck bringt, nach einem Krieg, in dem jüdisch-deutsche Soldaten und Offiziere sich ausgezeichnet hatten, so daß sie sich berechtigt fühlen durften, endlich als treue Untertanen des Reiches anerkannt zu werden.

Noch während seiner Militärzeit veröffentlichte Rosenzweig 1917 seine erste Erziehungsschrift, »Zeit ists ... Gedanken über das jüdische Bildungsproblem des Augenblicks«, an Hermann Cohen gerichtet. Darin schreibt er, daß das Judentum zwar zu den Grundkräften der umgebenden Welt gehöre, »aber gerade in diesem Sinne hier nicht angeeignet werden« solle. »... nicht als Element jener anderen umschließenden Welt dürfen wir unsere ureigene jüdische Welt erfahren. Ein jeder andere darf und soll das, wir nicht. Uns ist das Judentum mehr als eine Kraft der Vergangenheit, eine Merkwürdigkeit der Gegenwart, uns ist es das Ziel aller Zukunft. Weil aber Zukunft, darum eine eigene Welt; unbeschadet und ungeachtet der Welt, die uns umgibt. Und weil eine eigene Welt, darum auch in der Seele des Einzelnen verwurzelt mit einer eigenen Sprache. Der Deutsche, auch der Deutsche im Juden, kann und wird die Bibel deutsch – luthersch, herdersch, mendelssohnsch – lesen; der Jude kann sie einzig hebräisch verstehen.« Und weiter: »An der Sprache hängt der Sinn, und es ist wahrhaftig eine Unterschätzung der Innigkeit, mit der sich Christentum und deutsche Sprache seit Luther und länger schon vermählt haben, wenn man glaubt, jüdische Inhalte in deutscher Sprache ohne fremdgläubigen Beiklang mitteilen zu können.« Sein Vorschlag an Cohen – stets die Zukunft des Judentums in Deutschland im Blick – lief also darauf hinaus, das Studium des Hebräischen zu erneuern und zu stärken und dafür die institutionellen Grundlagen zu schaffen. Gegen Ende seines Sendschreibens betont er: »Wir brauchen diese neue Lebendigkeit. Die Hoffnungsfreude, mit der weite Kreise unter uns bei Kriegsausbruch eine neue Zeit für die deutsche Judenheit angebrochen sahen, ist erloschen. Es ist vom ernsthaft jüdischen Standpunkt aus ein Glück. Große Wandlungen dürfen dem Tüchtigen nicht als Geschenke von außen und oben in den Schoß fallen; die Zeit darf ihm nichts bringen, wofür er sich nicht selbst reif gemacht hat. Jene äußere Gleichberechtigung, auf die man hoffte, wäre ein solches Geschenk gewesen.Wir hätten als Einzelne erreicht, was der Gemeinschaft versagt geblieben wäre« usw.[12]

Rosenzweig plädiert also für ein neues, kein reformiertes, Judentum, durch Rückgang auf seine Wurzeln im Hebräischen. Gleichzeitig macht er Front gegen Assimilationstendenzen, die seit über einem Jahrhundert die Hoffnung der deutschen Juden gewesen waren – eine unerwiderte Liebe, wie Scholem sie nannte. Rosenzweigs und Cohens Überzeugung richtet sich auf eine Zwei-Kulturen-Theorie, setzte sich also vom Zionismus ebenso ab wie von der Assimilation: ihr Ziel hieß Deutschtum und Judentum, mit großgeschriebenem UND. Unter der Devise dieses Und ist die Bibelübersetzung zu sehen. Doch zuvor noch zwei oder drei historische Markierungen: 1919 wurde der »Reichsbund jüdischer Frontsoldaten« gegründet, eine nationalistische Gruppierung, die für Assimilation und Gleichberechtigung kämpfte. Im gleichen Jahr wurde auf Anregung von Cohen und Rosenzweig in Berlin die »Akademie für das Studium des Judentums« gegründet. Im gleichen Jahr schlossen die nationalistischen Parteien Juden von der Mitgliedschaft aus. Im folgenden Jahr erschien Rosenzweigs erweiterte Dissertation *Hegel und der Staat*, in zwei Bänden. Dieses Werk, das ihm vermutlich bis 1933 eine brillante Universitätskarriere gesichert hätte, markiert das Ende seiner Beschäftigung mit der deutschen Transzendentalphilosophie, die er so glanzvoll 1914 mit der Identifizierung einer Handschrift als dem »ältesten Systemprogramm des deutschen Idealismus« begonnen hatte. 1921 erschien Rosenzweigs *Stern der Erlösung*, von dem Karl Löwith später schrieb – in einem Aufsatz, in dem er Rosenzweig und Heidegger verglich –, er lasse sich als ein vorweggenommener Kommentar zur späteren Bibelübersetzung lesen.[13] Seitdem stand sein Werk fast ausschließlich unter der Devise einer Neuformulierung des jüdischen Glaubens, und zwar stets in seiner Fundierung in der Alltagspraxis. Zu diesem Zweck gründete er 1920 in Frankfurt das Jüdische Lehrhaus, schrieb weitere Erziehungssendschreiben und, vor allem, übersetzte. 1924 veröffentlichte er sechzig Hymnen und Gedichte des jüdisch-spanischen mittelalterlichen Dichters Jehuda Halevi, mit Anmerkungen und einem Nachwort. Für Theorie und Praxis des Übersetzens ist dieses Werk gleichermaßen revolutionär.

Rosenzweig war so kühn, hebräische Strukturen ins Deutsche zu übernehmen.[14] Die Aufgabe des Übersetzers sei es nicht, schreibt er, die Kluft zwischen den Sprachen in solcher Weise zu überbrücken, daß die Kluft zugeschüttet, die Distanz verringert werde – das wäre nichts weiter als ein Akt der Kommunikation, eine Übertragung des Inhalts, als ließe sich der Inhalt trennen von der Form, in der er ausgedrückt ist –, die Aufgabe sei vielmehr, die Distanzen offenzuhalten, sie ausdrücklich anzuvisieren. Es sei die Aufgabe, das Deutsche umzuformen, es fremd klingen zu lassen, um den fremden Klang der anderen Sprache hörbar zu machen. »Wenn die fremde Stimme etwas zu sagen hat, dann muß die Sprache nachher anders aussehen als vorher. ... Sie wird eine Erneuerung erfahren, genau wie wenn ein neuer Sprecher in ihr selbst aufgestanden wäre ... Denn der fremde Dichter ruft in die neue Sprache ja nicht bloß das, was er selbst zu sagen hat, hinein, sondern er bringt die Erbschaft des allgemeinen Sprachgeistes seiner Sprache mit zu der neuen, so daß hier nicht bloß eine Erneuerung der Sprache durch den fremden Menschen, sondern durch den fremden Sprachgeist selber geschieht.«[15] Gleichwohl ist es keine hybride Sprache, kein Esperanto, das Rosenzweig vorschwebt, wenn er die Überlagerung eines zwiefachen Sprachgeistes in den Blick nimmt. »Es gibt nur Eine Sprache«, konstatiert er. »Es gibt keine Spracheigentümlichkeit der einen, die sich nicht, und sei es in Mundarten, Kinderstuben, Standeseigenheiten, in jeder andern mindestens keimhaft nachweisen ließe.« Es sind diese verlorenen oder ungenutzten Möglichkeiten der Sprache, die der Übersetzer entdecken, verwenden und dominant werden lassen muß; er spricht von der »Urbarmachung solchen sprachlichen Brachlands«. Was also zunächst sich anhört wie eine Selbstentfremdung der eigenen Sprache, ist gemeint als eine Erneuerung ebendieser Sprache auf Grund ihrer eigenen Virtualität, die nur erst in einer anderen Sprache voll entfaltet war. Das Hebräische im Deutschen hörbar zu machen, markiert die Distanz zwischen übersetztem Text und Original und zeigt zugleich, wie es aufgehoben werden kann: durch das Lauschen auf die andere Stimme unter oder über dem eigenen Atem. In welcher Weise diese Intention zur Voraussetzung der Bibelübersetzung wurde, wird zu zeigen sein.

Für die Praxis des Jehuda Halevi sind vier Prinzipien wichtig gewesen, die allesamt den Weg zur Bibel bahnen: Rosenzweig versuchte, die paratraktische Struktur, das was er die kyklopische Satzbauart des Hebräischen nannte, beizubehalten, jene »hart gefügte« Technik der Wortaneinanderreihung, ohne Gleit- oder Modalwörter, nicht immer in klarer syntaktischer Zuordnung und fast immer ohne untergeordnete Sätze, eine Technik, die vor Rosenzweig wohl nur Hölderlin entwickelt hatte und die in seinem Falle ausschließlich der Übernahme griechischer Strukturen zugeschrieben wurde, als sei der Tübinger Stiftler des Hebräischen nicht mächtig gewesen. Zweitens: die Reimstruktur. Hier versuchte er, nicht nur die Vokale, wie im Deutschen üblich, sondern auch die Konsonanten zu erhalten. Überdies machten es die langen Reimketten Halevis nötig, wenn die Struktur bewahrt werden sollte, neue Wörter zu erfinden durch Hinzufügung unüblicher Prä- bzw. Suffixe an eine gegebene Wurzel oder durch Verwendung neuer Stammveränderungen und Flexionen – eine Technik, deren sich nur Borchardt in seinem neuen Dante etwa zur gleichen Zeit bediente.[16] Drittens: die Metrik. Hier stellt Rosenzweig die rigide Trennung von musikalischem und exspiratorischem Akzent in Frage. Warum muß es ein unumstößliches Gesetz in unseren modernen Sprachen sein, daß der Wortakzent im Vers der gleiche zu sein hat wie in der Prosa? Hat die griechische und römische Poesie nicht gerade aus der eigentümlichen Spannung der Nicht-Identität von Wort-Akzent und Vers-Akzent gelebt? Er erinnert daran, daß diese Nicht-Identität unseren Ohren keineswegs fremd klingt, wenn wir sie in musikalischer Deklamation hören. Und er verweist auf die George-Schule »mit ihrer Forderung des gleichschwebenden Tons«[17], die ein prosodisches Umdenken einzuleiten begonnen hatte. Er hätte noch Schönbergs Experimente mit dem Sprechgesang nennen können. Die Absicht ist klar: Rosenzweig möchte so eng wie möglich an die Häufung schwertoniger Silben in der mittelalterlichen hebräischen Poesie herankommen, aber gleichzeitig möchte er die Lautqualität der Dichtung vom Joch des Prosaakzents befreien, auch hier im Sinne einer Wiederbelebung von Möglichkeiten, die marginalisiert worden waren, in *gelesener* Dichtung keine Verwendung mehr fanden. Versuche in dieser Richtung hatten in den Tagen Klopstocks das poetische Denken beschäftigt, waren aber als unvereinbar mit dem gesprochenen Deutsch wieder fallengelassen worden. Dem hätte Rosenzweig entgegengehalten, daß Dichtung nie auf die Gesetze gesprochener Sprache reduzierbar sei, da sie ihre Wurzeln, wie in Metrik und Rhythmus festgehalten, in kultischen und rituellen Gesängen habe. (Oder zeitgemäßer ausgedrückt: Jakobson hat gezeigt, daß in der Poesie jede Silbe funktionalisiert ist.) Das Problem eines gleichschwebenden Tons oder auch der Betonung unbetonter Silben ist auch heute noch nicht erledigt: die ein- oder zweisilbigen Zeilen oder die im Wort gebrochenen Zeilen in der Dichtung etwa Paul Celans mögen nicht zuletzt in dieser prosodischen Fragestellung ihren Grund haben. Man kann also sagen, daß Rosenzweig in seinen Halevi-Übersetzungen auch damit einen neuen oder aufgegebenen Weg bahnte, daß er zeigte, wie musikalische Akzente in unmetrisch geschriebene Dichtung einzuführen seien, die üblicherweise ja aus gesprochener Sprache hergeleitet wird. – Auch mit einem vierten Prinzip betrat Rosenzweig Neuland: es ist das, was heute Intertextualität heißt und was Rosenzweig Musivstil nannte.[18] Der mittelalterliche Jude, so sagte er, war derart geprägt von klassischen Texten, zumal von der Bibel, und zugleich war er sich seines Stiles so sicher, daß es ihm gleich war, ob er zitierte oder in seinem eigenen Namen sprach: das Zitat war so sehr Teil seines eigenen Denkens und Fühlens geworden, daß es niemals als Bezug auf eine Autorität, oder gar als Ornament, fungierte. Aber die Aufgabe des Übersetzers ist es in diesem Fall, den allusiven Charakter dieser Sprache herauszuarbeiten, d. h. sie als ein Netzwerk von Kreuz- und Querverweisen zu bauen. Rosenzweig weiß, daß dies, gerade in der eigentümlichen Amalgamierung, fast unmöglich ist, und er weiß zugleich, daß Annotationen unterm Text nicht taugen, wenn der neue Text als ein eigenes Kunstwerk verstanden werden will. Um gleichwohl so etwas wie eine textuelle Überblendung zu erreichen, verwendet er Zitate, die im Ohr seines deutschen Publikums auf Resonanz rechnen können – und entnimmt sie Luthers Bibel und dem protestantischen Kirchenlied. Damals, 1924, glaubte er noch, daß Luther und die deutsche Bibel eine unlösliche Einheit bildeten, und schließlich wollte er ähnliche anamnestische Wirkungen hervorrufen, wie das Original sie bot. Es war ihm wichtiger, andere Stimmen, andere Stilschichten in seine Übersetzung einzufügen, als sie durch adäquatere, vielleicht jüdischere Übersetzungen eigener Bauart zu ersetzen. Für das Gelingen der Übersetzung war es ihm wichtiger, die Zitate an den Resonanzboden einer bestehenden Tradition anzuschließen, als eben diese Tradition in Frage zu stellen. Es war ein Rückgriff auf ein Gedächtnis, das notwendigerweise falsche Assoziationen auslöste, eine Überblendung zweier verschiedener kultureller Kontexte, von denen der spätere auf der Appropriation und Auslöschung des früheren mittels der Übersetzung basierte. Dieses Problem der Balancierung zweier Traditionen und die Nötigung, zum Zweck einer Übersetzung Entscheidungen treffen zu müssen, keine Optionen bieten zu können – zweierlei Deutsch gegen das Hebräische, und man erinnere sich daran, daß hebräisch die einzige Sprache ist, in der der Jude seine Bibel zu lesen hätte, wie im Erziehungssendschreiben von 1917 postuliert –, läßt die Aporie ahnen, der ein deutscher Jude sich gegenüber sah, zumal ein Jude, der gleichzeitig Deutscher sein wollte. Aus dieser Aporie heraus entstand die Notwendigkeit einer neuen jüdischen Bibel auf deutsch, die das Hebräische durchscheinen lassen würde, in einer herkulischen Anstrengung, mit der lutherischen Tradition zu brechen, was zugleich einen Bruch mit der Bildung der Sprache bedeutete, die ihre großen Autoren auf den Schultern Luthers geformt hatten, und nichts weniger als eine neue Tradition zu etablieren, das Schiff in voller Fahrt umzubauen, *ein Gedächtnis zu konstruieren.*

Buber war es, der Rosenzweig schließlich überzeugte, daß die Übersetzung unternommen werden müßte und könnte, obwohl beiden die fundamentale Unübersetzbarkeit des Textes bewußt war – um so mehr, je weiter das Werk fortschritt. Buber machte Rohentwürfe, Rosenzweig korrigierte, kommentierte sie und machte Gegenvorschläge. Der Disput über ein einziges Wort – schriftlich im Falle Rosenzweigs, der nicht mehr sprechen konnte – mochte sich wochenlang hinziehen. All das ist gut dokumentiert und ausführlich beschrieben worden, vor allem von den Übersetzern selbst; es gibt wohl keine Übersetzung, über die wir so viel wissen, ihre Absicht, ihre Vorgehensweise, ihre Probleme, ihre Entscheidungen. Es sollte eine ›treue‹ Übersetzung sein – aber ›treu‹ wem gegenüber? –, eine ›wörtliche‹ Übersetzung – aber ›wörtlich‹ in welchem Sinn? Einige ihrer Hauptzüge möchte ich nachzeichnen.

Die wichtigste Entscheidung war es wohl, die mündliche Qualität des geschriebenen Wortes wieder freizulegen. Dazu unterteilten sie den Text in das, was sie »Kola« nannten, wobei jedes »Kolon«, jede Atemeinheit, ein rhythmisches und semantisches Ganzes bilden sollte. Dahinter steckt nicht Willkür – sie setzten sich vielmehr über die üblichen Versunterteilungen hinweg, die die masoretische Notation vorgenommen hatte, und über die Kapiteluntereilungen, die erst im 16. Jahrhundert unter Angleichung an die Vulgata in die hebräische Bibel übernommen worden waren. Indem sie die Sätze des überlieferten Textes aufbrachen und sie in kolometrischer Form neu anordneten, konnten sie zwischen mündlichen und schriftlichen Teilen der Sätze unterscheiden, wobei die mündlichen Teile natürlich nicht auf direkte Rede beschränkt waren. Ein einfaches Beispiel: wo bei Luther steht (Gen. 33, 1) »Jakob hob seine Augen auf und sah seinen Bruder Esau kommen mit vierhundert Mann«, bringt die neue Übersetzung: »Jaakob hob seine Augen und sah, / da, Essaw kam und mit ihm vierhundert Mann.« Während Luther eine glatte, grammatisch korrekte Aussage in zwei Hauptsätzen macht, bieten Rosenzweig/Buber, dem Original folgend, eine aufgerauhte, allenfalls anakoluthische Form, wobei sie hebräisch »hineh«, »da!« – stets ein Ausruf oder Ausdruck der Überraschung – benutzen, um den Leser oder Hörer in die Handlung hereinzuziehen, ihn teilhaben zu lassen an Jakobs Sehen. Der dramatische Effekt wird natürlich gesteigert durch den Binnenreim, der im Original fehlt, der aber andererseits die Fülle der langen und kurzen a-Laute (insgesamt sieben) im ersten Kolon kompensiert. So erzwingen die Atemeinheiten eine ständige Aufmerksamkeit auf Seiten des Lesers oder Hörers, er muß von Kolon zu Kolon gewissermaßen auf dem Sprung sein, die Seiten zu wechseln, da er nie wissen kann, wie es weitergeht. Der Text fließt nie dahin, wie der Luthersche und die in seinem Gefolge entstandenen Texte, er stellt vielmehr einen Text*raum* her mit horizontalen *und* vertikalen Achsen. Rosenzweig schreibt dazu: »dieser ganze Reichtum der Stimmen und Klangfarben wird, aus dem eintönigen Grau der gewohnten Klavierauszugsnotierung befreit, erst durch diese Partiturschreibung wieder lautbar, lesbar, – laut lesbar.«[19] Und: »die Atemkolen geben den in der Schriftlichkeit der Schrift erstickten freien, mündlichen Atemzug des Worts zurück.«[20] Die Übersetzung sollte natürlich laut gelesen werden, in Übereinstimmung mit der jüdischen Wochenpraxis, zugleich aber in Erinnerung an die ursprünglich mündliche Übermittlung des Wortes Gottes, bevor es der Schrift übereignet worden war.[21]

Die nächste Entscheidung betrifft das, was man strukturales Übersetzen nennen könnte. Die beiden wußten sehr genau, daß der Text von verschiedenen Händen geschrieben worden war (J, E, D, P), oft durch Jahrhunderte getrennt, und reagierten darauf, indem sie die verschiedenen Stimmen herausübersetzten. Doch ihre Autorität war der Endredaktor[22], der ein kohärentes Ganzes aus den verschiedenen Strängen und Schichten gemacht hatte. So gingen sie davon aus, daß im Textkorpus nichts arbiträr war, nichts bloß ein Überbleibsel aus einer früheren Schicht: die Kohärenz war hergestellt worden durch zahllose Querverweise, Wiederholungen von Wörtern, Wortstämmen, ganzen Sätzen, durch Wortspiele, Paronomasien, Anspielungen, wirkliche oder verschleierte Zitate. Und dies war nicht bloß eine Frage der Herstellung eines kohärenten Ganzen: es war ein Mittel, einen permanenten Selbst-Kommentar des Textes zu etablieren: eine Passage mochte eine andere erhellen, indem sie etwa eine Entsprechung bot oder einen Gedanken wieder aufgriff, der an einer früheren Stelle offengelassen war, oder indem sie einen Schnitt durch verschiedene Schichten so legte, daß halachische und aggadische Stränge verknüpft wurden. Wiederholungen, Paronomasien usw. waren also keineswegs stilistische Mittel, sondern waren wesentlich für das Verständnis jeder Stelle, die auf diese Weise vernetzt worden war. Beispiele zu geben ist schwierig, weil zuviele Erklärungen dazu nötig wären. Darum nur ein ganz kleines, das aber auch einiges Licht auf den Entstehungsprozeß wirft. In Gen. 1, 2 heißt es: »Vnd der Geist Gottes schwebet auff dem Wasser« oder »And the Spirit of God moved upon the face of the waters«. Dieses »schwebet«, »moved upon«, ist ein dunkles Wort, »merachepheth«: es ist ein Piel Partizip Singular Feminin von »rchph«, einem Wort von unklarer Bedeutung. Es kann heißen, »mitten in der Luft stillstehen«, wie ein Vogel, und so ähnlich hat Luther es übersetzt. Es kann, wie in der syrischen Entsprechung des Wortes, »brütend« heißen, und so erscheint es in der ersten Fassung der Buber-Rosenzweig-Übersetzung, nach vielem Brüten.[23] Noch an einer einzigen anderen Stelle kommt diese Piel Partizipform vor, Deut. 32, 11, wo von einem Adler die Rede ist, der über seinen Jungen »schwebt« – so gibt es Luther wieder, was aber für unsere Übersetzer zu »abgehoben«, zu unsinnlich war – oder »fluttereth«, wie in der James Version, oder eben, auch der grammatischen Form nach korrekt, »schwingend«, mit der Assoziation zur konkreten Schwinge, wie Buber in der endgültigen Fassung übersetzt: »schwingend über dem Antlitz des Wassers«. Die Übersetzung von Gen. 1, 2 ist also aus der Deuteronomium-Stelle gewonnen, in der Hoffnung, daß die spätere Stelle die frühere erhellen könnte. Praktisch ist das natürlich nur dem Leser in einem zweiten Lektüregang möglich, was heißt, daß die neue Bibel, wie jeder modernistische Text, sich auf ein beständiges Wiederlesen, ein Hin- und Herlesen, verläßt. Ein solches Wiedererkennen hängt in unserem Fall aber nicht allein an Wörtern oder Sätzen, die nach einigem Wiederlesen ohne große Mühe erinnert werden mögen, es hängt auch an kleineren Partikeln wie einer Wortwurzel, die zu behalten ist, auch wenn die Präfixe usw. sich ändern. Wie bei den Kolometrien ist die erwartete Aufmerksamkeit und Konzentration immens: der Text läßt sich nicht durchlesen, wie man es von anderen Bibelübersetzungen gewöhnt ist, denn Buber-Rosenzweig haben, was man zu kennen vermeinte, in ein hochkomplexes Netzwerk von Allusionen transformiert, das der Struktur des *Ulysses* nicht unähnlich ist. Das Schlüsselwort für diese Technik ist Bubers »Leitwort« – das, wie gesagt, auch nur aus einer Silbe bestehen kann –, das auf exakt die gleiche Weise funktioniert wie Joyces »leitmotif«. Und doch, was da so modern erscheint, ist tief verwurzelt in der Tradition der midraschischen Interpretation.[24] Im Midrasch Rabbah findet sich z. B. die gleiche Methode der Texterhellung durch Verweis auf Parallelstellen oder durch Bezug auf andere Kontexte, wobei häufig Wortspiele oder Etymologien als Verbindungsglieder fungieren, oder durch Entfaltung eines in einem Wort implizierten, doch nicht zum Ausdruck gekommenen Wortes. So bietet das *Bereshit Rabbah* für das rätselhafte »merachepheth« in unserem Beispiel die Erklärung an: »flatternd, wie ein Vogel, dessen Schwingen schlagen und nicht schlagen«[25], wenn auch der Bezug zur Deuteronomium-Stelle nicht gegeben wird. Was also über die Kommentare verstreut ist, findet sich im deutschen Text zusammengezogen. Kommentar im midraschischen Sinne ist die Wirbelsäule dieser Übersetzung: da ist keine Zeile, die nicht ihr Echo in anderen Zeilen hätte.

Als Kommentar läßt sich auch die semantische Vorgehensweise generell bezeichnen. Das zeigt sich am deutlichsten in der Behandlung der Namen, die stets etwas bedeuten, aber in bisherigen Übersetzungen schlicht als Namen übernommen wurden. So setzen Rosenzweig/Buber hinter »Babel« die Apposition »Wirrwarr«, wobei die r-Alliteration noch der l-Alliteration in der Wurzel »balal«, »verwirren«, korrespondiert.[26] Oder der Name Jakob erscheint als »Jaakob, Fersehalt«, und wenn er in »Israel« umbenannt wird, steht dahinter die Apposition »Streiter Gottes«. An vielen Stellen geben sie sogar zusätzlich die hebräische Formulierung: wo bei Luther steht »vnd hies jn Noah / vnd sprach / Der wird vns trösten«, steht hier »Er rief seinen Namen: Noach! / denn er sprach: / Se jenachmenu – / Der wird uns trösten«.[27] Zur Grundbedeutung jedes Wortes vorzudringen war oberstes Prinzip[28], die Bedeutung der Wörter in ihrer äußersten Konkretheit freizulegen, nicht zu übernehmen, was aus den Wörtern über die Jahrhunderte geworden war, sie ihres abstrakten – theologischen oder philosophischen – Zuwachses zu entkleiden, der sie in ungreifbare Begrifflichkeit konvertiert hatte.

Das bemerkenswerteste Beispiel in diesem Zusammenhang ist vermutlich das »ruakh elohim« von Gen. 1,2, das als »pneuma theou«, »spiritus dei«, »spirit of god«, »Geist Gottes« weitergereicht worden war. Als diese Formulierungen ursprünglich geprägt wurden, konnotierten sie gewiß noch die Grundbedeutung von »Wind« und »Atem«, selbst im Deutschen, wie Rosenzweig aus Hildebrands langem Artikel »Geist« im Grimmschen Wörterbuch belegen konnte. Doch ebenso gewiß hatten diese Fassungen seither Karriere als zentrale Theologoumena gemacht.[29] Und speziell im Deutschen reichen diese Konnotationen vom »heiligen Geist« bis zur *Phänomenologie des Geistes*. Alle diese als falsch und irreführend gesehenen Haupt- oder Nebenbedeutungen waren ein für allemal auszuschließen, und das Wort mußte in seiner urzeitlichen Nacktheit neu entdeckt werden. Worauf sie verfielen – wiederum nach langen Debatten über »Atem«, »Hauch«, »Wind«[30] usw. –, war schließlich »Braus Gottes«, ein Wort, das an nichts erinnert, aber das Tosen und Toben des Schöpfungswindes zum Ausdruck zu bringen versucht, also eine Art Urwort. Und doch, so gerechtfertigt die Idee, die hinter dieser Entscheidung steht, auch ist, das Wort klingt irgendwie schief, weniger urgewaltig als altfränkisch. Für solche Schiefheiten ließen sich zahllose Beispiele geben. Man darf also sagen, wie eng sich auch Rosenzweig/Buber den Grundbedeutungen der Wörter anzunähern versuchten, dem deutschen

Sprachgebrauch schenkten sie wenig Aufmerksamkeit, obwohl die Übersetzung ja gerade als laut gesprochene ihre Wirkung haben sollte. Aber eben vom üblichen Sprach*gebrauch* wollten sie sich bewußt absetzen. Ihre Intention zielte statt dessen auf eine Re-Vitalisierung des Deutschen aus seinen Wurzeln, wie sie es mit dem Hebräischen taten, und sie benutzten dazu seltene oder obsolete Wörter gleichrangig neben gebräuchlichen.[31] Ähnliche Versuche einer Erneuerung des Deutschen aus seinen Wurzeln waren von Wagner unternommen worden, von George[32], Borchardt, Heidegger, und führten in die schrecklichen Germanisierungen der 1930er und 40er Jahre. Das lag also alles in der Luft. Die Frage, die dahintersteht, ist aber *auch* eine theoretische: entwickelt sich die Sprache in einem linearen Progreß, oder ist es möglich, daß frühere Entwicklungsstufen – vielleicht vergessene, vielleicht ausgeschiedene – späteren eine neue Wendung geben können? Wenn die Entwicklung von Musik, Kunst, Literatur in die zweite Richtung wies, warum nicht auch die der Sprache? Rosenzweig nannte das Beispiel eines deutschen Aufklärungstheologen, der 1794 beklagt hatte, daß Luthers Wörter obsolet geworden wären, zu einem Zeitpunkt, als ebendiese Wörter von den deutschen Klassikern wieder neu zur Geltung gebracht wurden.[33] Hoffte er, daß etwas Ähnliches – vielleicht noch hinter Luther Zurückreichendes – in den 20er Jahren geschähe? Die Zeichen schienen günstig zu stehen, aber ebenso deutlich waren die Gegenanzeigen, wie die Reaktionen – etwa Kracauers, Benjamins, Blochs – bezeugen.

Keines der gebräuchlichen Wörter, die man erwarten würde, findet sich in der Übersetzung: kein Altar (lat. altare), kein Opfer (sacrificium), kein Tabernakel, weil Wörter wie diese ihrer zumeist lateinischen oder griechischen Hüllen entkleidet und von deutschen Wurzeln her neu gedacht werden sollten, oder weil andere Wörter durch langen Gebrauch zerschlissen bzw. zur Begrifflichkeit geronnen waren. So wird aus »Altar« meist »Schlachtstatt«, aber aus dem »Brandopferaltar« wird »Statt der Darhöhung«. Dieses erfundene Wort ist aus »darbringen« und »erhöhen« zusammengesetzt. Aus dem hebräischen »'olah« (Opfer) ist die Wurzel noch herauszuhören: hinaufgehen, aufsteigen; während unser »Brandopfer« eine Übersetzung des griechischen »holokauston« ist. Das Präfix »dar-«, das eine Bewegung, eine Richtung impliziert, ist die alte Form des »da«, das wir in Verbindung mit dem Namen Gottes (»Ich bin da«) diskutiert haben und das hier möglicherweise als Erinnerung an seine Gegenwart fungieren soll. Es findet sich auch in der Übersetzung eines anderen Wortes für Opfer (»qorban«): »Darnahung«, wieder einem erfundenen Wort, oder in »darheiligen« für Luthers »weihen«. Allen diesen Wendungen ist gemeinsam, daß sie nicht Begriffe sind, keine »objektiven« Sachverhalte bezeichnen: sie sind vielmehr vom Handelnden her gedacht, von seiner konkreten Teilhabe am Opfervorgang.[34] Die Möglichkeit, Wortarten zu ändern, etwa aus einem Verb ein Nomen zu machen und umgekehrt, ist im Deutschen ebenso begrenzt wie im Hebräischen häufig. Es ist einer der Fälle, wo hebräische Regeln ins Deutsche eingeführt werden, um dessen Möglichkeiten zu erweitern. »Priestern« wäre ein Beispiel dafür, »Neuung« für Mond, »Wolken wölken«.

Es ist an dieser Stelle vielleicht von Interesse zu erwähnen, daß die meisten Neuerungen oder Befremdlichkeiten im Deutschen auf Rosenzweig zurückgehen. Er ist der sprachschöpferische Motor der Übersetzung. Wenn Scholem 1961, nach Abschluß des Bibelwerks, sagt, im Verlauf der vielen Überarbeitungen Bubers sei der Text »urbaner« geworden, als er ursprünglich (seit 1926) erschien, so ist das dahingehend zu modifizieren, daß Bubers ursprüngliche Entwürfe durchaus »urban« waren und erst durch Rosenzweigs Eingriffe neuartig und kompliziert bis dunkel und bisweilen unverständlich wurden. Im Zuge der Revisionen hat Buber dann viele Neuerungen wieder getilgt, sie sozusagen zurückkorrigiert. So übersetzt Buber Ex. 19,12 zunächst: »Umgrenze das Volk ringsum«. Rosenzweig schlägt vor: »Abhege das Volk ringsum«, und so steht es im Erstdruck von 1926. Buber macht schließlich 1954 daraus: »Grenze das Volk ringsum ab«. Oder: Ex. 19,12 heißt zunächst bei Buber: »mit Steinen wird er gesteinigt oder mit Geschoß erschossen«. Rosenzweig schlägt vor: »er wird steingesteinigt oder spießgespießt« und beruft sich bei der Kühnheit der Wendung auf S. R. Hirschs »sturzgestürzt«. Rosenzweigs Fassung erscheint so im Erstdruck. In Bubers Endfassung heißt es dann: »er werde gesteinigt, gesteinigt, oder erschossen, erschossen.« Gleichzeitig versuchten beide Übersetzer, sich immer wieder rückzuversichern, ob die von ihnen gefundenen, erfundenen Wörter nicht doch lexikalisch gedeckt wären – im Grimm vor allem, bei Weigand-Hirt, Moriz Heyne, Hermann Paul. Als Buber Ex. 32,13 mit »dass sies erbeignen auf ewig« übersetzt, fügt er am Rand hinzu: »nicht bei Grimm, also vielleicht doch nur erben oder besitzen« (Mappe 20, Ms 185). Rosenzweig repliziert: »übrigens stehen solche uneigentlichen Komposita überhaupt kaum (– meine Frau sagt mir eben, bei Keller in den Leuten von Seldwyla käme für einen bäuerlichen Tanz Ringreihen vor –) im Grimm; sie steigen doch in dieser Massenhaftigkeit aus unsrer Leier zum ersten Mal ans Licht.« Während der Fahnenkorrektur von Exodus macht Rosenzweig zum Wort »Tier« die Bemerkung: »überhaupt habe ich etwas Bedenken, daß wir in Im Anfang [= Genesis] so ruhig Tiere gesagt haben. Es heißt doch Lebewesen, was freilich nicht ganz gut klingt, aber Heyne hat als gleichbedeutend: Lebwesen, und das klingt« (Mappe 20, Ms 190). Bei einem »echten« Neologismus hingegen sollte seine Brauchbarkeit an Freunden durchprobiert werden. Als Rosenzweig für »Neumond« in Ex. 12 »Neuung« einfällt, schreibt er dazu: »ich probiere es durch. ... vielleicht probierst du es mal in Kapitel 12 nach meinen Vorschlägen und wartest, ob Wolfskehl protestiert« (Mappe 20, Ms 203). Auf der anderen Seite der Sprachschöpfungen stehen die ganz lapidaren Setzungen, die meist auch wieder Rosenzweigs Erfindungen sind. Wenn Buber das 6. Gebot mit »Du sollst nicht morden« übersetzt, schreibt Rosenzweig – und das ist zudem ganz wörtlich – »Morde nicht!«. Für »Nicht sollst du stehlen« setzt Rosenzweig: »Stiehl nicht!«. Als Buber sein »Du sollst nicht ehebrechen« mit der Randbemerkung versieht: »Deutsche Tradition; vom Text aus müßte man eigentlich übersetzen: du sollst nicht buhlen, oder so ähnlich«, schreibt Rosenzweig: »Buhle nicht (ich hatte nichts anderes erwartet)« (Mappe 20, zu Ex. 20, 12-13).

Neben der Intention einer Wortwörtlichkeit – aber was bedeutet eigentlich »wortwörtlich« in den gegebenen Beispielen? – finden sich unmißverständliche interpretative Entscheidungen. Das Tetragrammaton – gewöhnlich mit »der Herr«, »der Herr Gott« oder »Gott« übersetzt[35] – findet sich als »Ich«, »Er«, »Mein«, »Sein«, stets in Großbuchstaben geschrieben. Wo bei Luther »Ich bin der Herr« steht, schreiben Rosenzweig/Buber schlicht »Ich«. Die Entscheidung für das reine Personal- oder Possessivpronomen soll natürlich Nähe suggerieren, das Bereitsein im Hier und Jetzt, es ist das dialogische Prinzip des Ich-und-Du, das für diese Übersetzung grundlegend ist.[36] Aus den »Festen des Herrn« werden »SEINE Gezeiten« (was nur aus dem Zusammenhang genommen falsche Assoziationen weckt); aus der »Lade des Bundes des Herrn« wird »der Schrein SEINES Bundes«. Noch näher kommen sie der Gegenwart Gottes in Formulierungen wie »Schrein der Vergegenwärtigung« für die »Lade des Zeugnisses«. »Zeugnis» würde sich auf etwas in der Vergangenheit Gegebenes beziehen, ein für allemal, etwas Abgeschlossenes und Dokumentiertes, während das »'ed« stets jemanden impliziert, der dabeigewesen ist und den miterlebten Vorgang jetzt und immer bezeugen kann: »Vergegenwärtigung« also im Sinne einer Anwesenheit, eines Wachhaltens im Gedächtnis durch den Zeugen. Ähnlich wird aus dem, was nach dem Lexikon übersetzt »Tabernakel der Versammlung« heißt und bei Luther als »Stiftshütte« erscheint, in der ersten Fassung zum »Zelt der Gegenwart« und in der Endfassung zum »Zelt der Begegnung«. (Das hochtheologisierte »Tabernakel« heißt freilich in seiner lateinischen Grundbedeutung auch »Zelt« bzw. »Schauhütte«.) Die Nähe von »Vergegenwärtigung« und »Gegenwart« ist durch die etymologische Verwandtschaft von »'ed« und »mo'ed« verursacht. Als Buber den zweiten Ausdruck in die »korrektere« Form »Begegnung« veränderte, hatte er vermutlich auch im Sinn, durch die zweifache Verwendung der Wurzel »-gegen-« eine Verbindung zwischen Wörtern im Deutschen zu stiften, die in der Alltagssprache nicht herausgehört wird. In Luthers Deutsch (»Zeugnis«, »Stiftshütte«) oder im Englischen (»arc of testimony«, »testimony of the congregation«) ist es nicht möglich, die Verwandtschaft der Ausdrücke, die auf eine tiefer gedachte Gemeinsamkeit verweisen, zu bemerken.[37] Als die Juden angewiesen werden, Lampen »außen vor dem Vorhang des Zeugnisses in der Hütte des Stifts« aufzustellen, sprechen Rosenzweig/Buber von einer »Hellung«, die »ausseit des Verhangs der Vergegenwärtigung / im Zelt der Gegenwart« anzubringen sei; hier ist das aus einem Sinn Gedachte unüberhörbar. Rosenzweig spricht von »Wurzelsinn« – ein Wort, das er von Herder übernahm[38] – und »Wurzelsinnlichkeit«. Er schreibt: »In diese Schichten ... muß der Übersetzer sich hinunterwagen, wenn er die in der einen Sprache eng zusammenliegenden Wörter, in denen sich ein Begriffskreis schließt, in der anderen Sprache, ungeachtet, daß sie da oberflächlich, lexikalisch, weit auseinanderliegen, ebenfalls als geschlossenen Anschauungs- und Begriffskreis entdecken will.«[39] Und ebendies ist es, was Rosenzweig/Buber zu tun wagten: das Deutsche von innen her neu zu denken, neu zu schreiben, Wortkorrespondenzen an die Oberfläche zu holen, die in den Wurzeln der Sprache geschlummert hatten, neue Möglichkeiten zu eröffnen, indem sie alte oder verlorene oder ungenutzte Potentialitäten ins Gedächtnis riefen. Was sie schreiben, ist gleichzeitig ein erfundenes Urdeutsch und eine Hebraisierung des Deutschen. Ihre Bibel ist deutsch *und* jüdisch, ohne einen Rest christlich vorgeprägten Sprachmaterials. Wie Rosenzweig in seiner Abhandlung ›Die Schrift und Luther‹, die im gleichen Jahr 1926 wie die ersten drei Bücher der Thora erschien, ausführte: »… eines Tages [geschieht] das Wunder der Vermählung der beiden Sprachgeister. Es geschieht nicht unvorbereitet. Erst wenn das empfangende Volk aus eigener Sehnsucht und in eigener Äußerung dem Flügelschlag des fremden Volkes entgegenkommt, wenn also die Aufnahme nicht mehr aus Neugier, Interesse, Bildungsdrang, selbst ästhetischem Wohlgefallen erfolgt, sondern in der Breite einer historischen Bewegung, erst dann ist die Zeit für einen solchen ›Hieros Gamos‹, eine solche Heilige Hochzeit gekommen.«[40]

Für Rosenzweig und Buber war die historische oder »nationale« Konstellation eingetreten[41]: von den in Deutschland lebenden, deutsch sprechenden Juden war jetzt eine solche Vermählung der Geister vollziehbar. Rosenzweigs Motto zu seinem Erziehungsendschreiben, »Zeit ists«, war aus dem 119. Psalm genommen. Bei Luther hieß der Vers: »Es ist Zeit, daß der Herr dazutue; sie haben dein Gesetz zerrissen.« Die Wendung in Rosenzweigs wörtlicherer Fassung ist bemerkenswert: »Zeit ists zu handeln für den Herrn – sie zernichten deine Lehre.« Und Rosenzweig war sich sicher, daß das gemeinsame Werk die künftigen Generationen überdauern würde. In einem Brief an Buber heißt es: »Übrigens wird man also später doch auch von unsrer Übersetzung sagen dürfen, daß die Juden daraus die deutsche Sprache gelernt haben.«[42] Man mag spekulieren, was geschehen wäre, wenn die Juden in Deutschland Zeit und Atem gehabt hätten, dieses Geschenk anzunehmen.

Wie sollen wir die Übersetzung bewerten? Sie ist nicht Appropriation, nicht Assimilation: sie ist vielleicht zu allererst ein doppelter Akt der Negation: ein Durchstreichen der deutschen, mithin der christlichen Bibeltradition und eine Revokation der Entwicklung der deutschen Sprache. Auch die Intention ist eine doppelte: das Original intakt zu lassen, es zu bewahren, zu konservieren, und zugleich ein Anderes als Angebot einer neuen Identität aufzubauen oder zu erfinden. Das Projekt ist ebenso großartig, wie es vermutlich irrig und sprachlich unmöglich ist. Es ist nichts weniger als der Versuch, den Raum zwischen zwei Kulturen zu kolonisieren unter Verwendung einer zweifachen, einer zweischneidigen Strategie. Die Frage ist: wie kann Selbst und Anderes sein, wie lassen sich zwei Stimmen haben – getrennt durch über zweitausend Jahre – in ein und demselben Wort, wie lassen sich Selbst und Anderes als Orte wechselseitiger Übersetzbarkeit entfalten, aufeinander zubewegen, wobei das Hebräische als eine Möglichkeit des Deutschen, das Deutsche als eine Transformation des Hebräischen erscheinen soll. Jede Übersetzung thematisiert Grenze, und die hier in Rede stehende tut es ausdrücklich: sie *verweist* stets auf das Original. (In den Arbeitspapieren findet sich Rosenzweigs verzweifelter Ausruf: »O lieber Leser, lerne hebräisch! und wirf meine Übersetzung ins Feuer.«[43]) Wenn man die Arbeitspapiere durchsieht, bemerkt man, daß jeder nur erreichbare Kommentar herangezogen wurde, von Onkelos und den Targums, den Talmuden und Rashi bis zu Wellhausen, Kautzsch und jüngeren, und was immer sie wichtig fanden, versuchten sie ihrem Text durch die Wortwahl oder erfundene Wörter zu inkorporieren. Aber man bemerkt gleichfalls, daß für sie jeder Kommentar gewissermaßen gleichweit vom Text entfernt war, d. h. man bemerkt eine Abwesenheit des historischen Bewußtseins, eine Planierung der Distanz zwischen Leser und Text, so als spräche der Text hier und jetzt direkt zu uns, was freilich mit ihrer quasi-existentiellen Annäherung an den Text zu tun hat. (»Es ist nicht Literatur und es ist nicht Theologie«, heißt es bei Rosenzweig immer wieder.) Eine derartige Annäherung läßt sich gewiß theoretisch rechtfertigen, und sie hat ihre Entsprechungen auf anderen Gebieten (Heidegger, Leo Strauss). Wie aber läßt sie sich in die Sprache einer Übersetzung übertragen? Hier erweist sich das Überspringen einer Tradition, die Mißachtung der sprachlichen Entwicklungsstufen, als eine Verletzung, ein Verstoß gegen eben den Geist der Sprache, den sie so emphatisch betonten. Wenn sich ihr ausgiebiger Gebrauch obsoleter Wörter als ein ›Rettungswerk‹ verstehen läßt, als ein Einspruch gegen das Vergessen – ihr Re-Arrangement von Wörtern steht auf einem anderen Blatt. Ist es erlaubt, Wörter auseinanderzunehmen und deren Silben anders zusammenzusetzen? Borchardt schreibt in einem langen privaten Brief an Buber von 1930, der erst jüngst ans Licht gekommen ist, von »unwirklichen, leblosen Satzgebilden«, von »mechanisch erzeugten« Formen: »Sie verfahren mit den Bildungselementen der deutschen Sprache wie mit toten Steinchen, die sich so oder so zusammenfügen und auseinandernehmen lassen.«[44] Und Scholem schreibt in einer unveröffentlichten Notiz aus etwa demselben Jahr: »Rosenzweigs Übersetzungen leben im dämonischen Glanz eines Zwitterdaseins. So war sein Wirken als Übersetzer von dem magischen Wunsch nach einer immer tieferen Ehe mit dem *Deutschen* bestimmt: ein *Verhängnis* für die jüdische Perspektive.«[45] Dies reflektiert freilich Scholems gänzlich anderes Verhältnis zum Judentum, zur Sprache und zur Übersetzungsproblematik, ist aber doch bemerkenswert, weil es den magischen Aspekt der Rosenzweigschen Unternehmung betont. Wie Demiurgen arrangierten und re-arrangierten die beiden Übersetzer die Schöpfungsmaterie in der Hoffnung, daß ein Odem ihre Seiten zum Leben erwecken würde. Wie jeder magische Wunsch reicht auch dieser über sich hinaus. Die fundamentale Unübersetzbarkeit des Textes konkretisiert zu haben, indiziert dieses Darüberhinaus, dieses Anderswo.

Die Reaktion auf die Veröffentlichung der ersten Bände war fast ausnahmslos negativ – sowohl von jüdischer, insbesondere liberaler jüdischer Seite als auch von Seiten irreligiöser Linksintellektueller. Zum längsten und vernichtendsten

Schlag holte Siegfried Kracauer am 27. und 28. April 1926 in der Frankfurter Zeitung aus.⁴⁶ Er stellte fest, daß in der gegenwärtigen Situation »zweifellos« kein Bedürfnis nach einer neuen Bibelübersetzung bestehe, und mit Sicherheit nicht nach einer im Stil und mit den Zielsetzungen Bubers und Rosenzweigs. Gesellschaftliche und ökonomische Machtverhältnisse wären es, die die geistige Struktur der gegenwärtigen Gesellschaft bedingten, und jede ausschließlich geistige Unternehmung würde die bestehenden Verhältnisse nur stabilisieren helfen. Eine neue Übersetzung müßte von einem revolutionären Geist inspiriert sein, einem Geist, der sich auf die profanen Fakten der äußeren Wirklichkeit einließe in der Absicht, sie zu ändern. Und in der Sprache, die Rosenzweig und Buber benutzen, spürt Kracauer den vollständigen Verlust dieser Wirklichkeit. Es sei keine archaische Sprache, sondern die Sprache von gestern in ihrem mythologisierenden Jargon, den aus der Mode gekommenen Neu-Romantizismen der letzten Jahrhunderthälfte; die zahllosen Alliterationen erinnerten an Wagners Runen, der Ton im Ganzen klinge wie eine Übernahme aus Georges *Stern des Bundes* – »Künder« statt »Prophet« z.B. trage den Stempel jenes selbsternannten Hohepriesters und seines Kreises. Die schrecklichste Anschuldigung ist die, daß er ihre Sprache mit der des entstehenden Nazismus in Verbindung bringt: er spricht von »völkischem Tonfall«, »völkischer Romantik«, einer Re-Germanisierung – und das impliziert auch: einer Re-Barbarisierung – einer Sprache, die sich über die Jahrhunderte zu einem Instrument größter Subtilität und Differenziertheit entwickelt hatte.⁴⁷

Und Kracauer stand mit seiner Abkanzelung nicht allein. Benjamin, dessen eigene Ideen über die Aufgabe des Übersetzers (zum Beispiel über den »Sprachgeist«) den Rosenzweigschen in vieler Hinsicht nahestanden, schrieb an Kracauer, um ihm zu seiner Kritik zu gratulieren: »Sie haben da etwas wahrhaft Erfreuendes aufgezeichnet. Es ist etwas getan: die Sache ist für uns definitiv ›klassiert‹, man braucht sich nicht mit ihr zu beschäftigen; nicht mehr – nachdem Sie es in wirklich allgemeingültiger Weise getan haben. Vom theoretischen Unterbau Ihrer Abfertigung über den Vergleich mit der lutherischen Verdeutschung der Vulgata bis zum schonungslosen und sachgemäßen Nachweis der sprachlichen Deszendenz in Wagner erscheint mir alles im höchsten Grade stichhaltig und geprägt.«[48] In einem Brief an Scholem aus dem gleichen Jahr, der der Übersetzung ebenfalls ablehnend gegenüberstand[49], wie aus einer Bemerkung Benjamins zu schließen ist, schreibt dieser: »Ich habe keine Vorstellung, was oder wem in aller Welt an einer Übersetzung der Bibel ins Deutsche zur Zeit von rechts wegen liegen könnte. Gerade jetzt – da die Gehalte des Hebräischen neu aktualisiert werden, das Deutsche seinerseits in einem höchst problematischen Stadium und vor allem fruchtbare Beziehungen zwischen beiden, wenn überhaupt, so nur latent mir scheinen möglich zu sein, kommt da nicht diese Übersetzung auf ein fragwürdiges Zur-Schau-Stellen von Dingen hinaus, welche zur Schau gestellt sich augenblicks im Lichte dieses Deutsch desavouieren?«[50] Martin Jay hat Benjamins Position zusammengefaßt: »… he rejected the major premises of the translation: no emphatic rapport between the Biblical *Künder* and the attentive listener, whatsoever his historical circumstances, could be assumed possible in the present era. The chasm between speech and writing was not capable of being bridged by naively restoring the original Hebrew. Indeed, Benjamin felt the recapturing the spoken word was not the way to overcome linguistic alienation; there was no easy return to an Edenic unity of name and thing in which meanings were perfectly expressive of a deliberate intention.«[51] Dabei ist nicht zu vergessen, daß Benjamin Rosenzweigs *Stern der Erlösung* für ein bedeutendes Buch hielt, in dem er doch ähnliche sprachliche Tendenzen zur Überwindung der postedenischen Entfremdung hätte entdecken können, wie er sie an der Bibel kritisierte; andererseits hatte er eine große Skepsis gegenüber

Buber, aus Gründen, die er nie preisgab, die sich aber aus Scholems Erinnerungen ahnen lassen.[52]

Die neue Bibel und die Probleme, die sie auslöste, stellt also vor wenigstens zwei Probleme: das eine ist politischer, das andere sprachlicher Natur. Diejenigen, die die Bibel kritisierten, waren vor allem assimilierte Juden und standen im Umkreis der Ideen der später sogenannten Frankfurter Schule. Das Problem Cohens und Rosenzweigs – wie könnte man Jude und Deutscher zugleich sein – war gewiß nicht ihres, oder höchstens insofern, als der nationale Gedanke als ein Indiz regressiven Denkens erscheinen mußte. Für sie war das Problem eines deutschen Judentums ein Problem der Vergangenheit. Es war für sie schwer vorstellbar, daß es so etwas wie eine jüdische Erneuerung geben könnte oder sollte, und wenn doch, dann gewiß nicht auf nationaler Basis. Die Bibel war ein historisches Dokument, und eine neue Übersetzung hätte allenfalls eine wissenschaftliche sein können, gründlich annotiert nach dem Beispiel von Kautzsch, wie Kracauer vorschlug. Die Vorstellung, eine Übersetzung könne ihr eigener Kommentar sein, hätten sie vermutlich nicht verstanden. Wer sie hätte verstehen können, Benjamin, hat sich nie auf sie eingelassen. Für diejenigen unter den aufgeklärten jüdischen Wissenschaftlern, die an keine Assimilation glaubten, lag die Lösung in der Richtung des Zionismus mit der möglichen Konsequenz einer sofortigen Auswanderung nach Palästina wie im Falle Scholems. Doch abgesehen von der Frage einer Erneuerung des Judentums in Deutschland, war es für diese Gelehrten und Kritiker ebenso fragwürdig, daß die Umorientierung eines individuellen Bewußtseins gleichzeitig einen politischen Akt darstellen könne. Sie sahen darin nur eine Parallele zu den esoterischen oder »obskurantistischen« Bewegungen, die sich in den zwanziger Jahren häuften – George-Kreis, Monte Verità, Anthroposophie usw. – und die sie für anti-politisch hielten, wobei diese ihrerseits den großen politischen Lösungsangeboten mißtrauten und auf den Einzelnen setzten.[53]

Natürlich hat auch das sprachliche Problem seine politische Seite. Alle nationalistischen Bewegungen waren mit der Exterminierung fremdländischer Einflüsse in der Sprache beschäftigt. »Fremdwörter«, schrieb Adorno, »sind die Juden der Sprache«. Reinigung des Deutschen, Rückgriff auf frühere Stufen, die für »echter« und »wahrer« galten, hieß das Programm. Der Affekt gegen Wagners Sprache ist von hierher zu verstehen. Wenn Rosenzweig und Buber in ihrer Entgegnung auf Kracauer auch darauf bestanden, die von ihnen verwendeten Wörter seien schließlich viel älter als Bayreuth, bleibt doch die Frage offen, ob man sie gleichsam unschuldig benutzen kann, nachdem sie einmal kompromittiert waren. Kann man ungestraft aus seinem historischen Kontext herausspringen? Die Frage läßt sich jedoch auch umkehren: soll man einen so reichen Schatz wie das Deutsche in den Händen derjenigen lassen, die damit Schindluder treiben? Ist nicht gerade am Schein-Identischen die Differenz herauszutreiben als Setzung eines Anderen?[54] Wie ist es sonst zu verstehen, daß Buber seinen und Rosenzweigs Prämissen treu blieb, auch nach '33, nach der Vernichtung, bis in die späten fünfziger Jahre, bis die Übersetzung nach vielen Revisionen schließlich beendet war? Das einzige ernsthafte Gegenstück zu Rosenzweigs und Bubers Intentionen – ähnlich radikal in seinen germanisierenden Tendenzen, ähnlich innovativ, ähnlich etymologie-orientiert – wäre Heideggers Sprache, die eine Heilige Hochzeit der griechischen und deutschen Sprachgeister zu stiften versuchte. Sie klingt kaum weniger fremd als die Rosenzweig/Bubersche, hat aber den Vorteil, nicht an einem anderen Text gemessen werden zu können. Vielleicht hat der Einfluß, den Heidegger auf das französische, italienische, spanische usw. Denken hatte, damit zu tun, daß er in Übersetzung gelesen wurde, oder daß die, die ihn übersetzten, nicht die Assoziationen eines deutschen Lesers hatten. Vielleicht war auch Kracauer ein zu naher Zeuge, um zwischen dem, was Rosenzweig und Buber geleistet hatten, und den an der Oberfläche nicht unähnlichen Erzeugnissen anderer Provenienz unterscheiden zu können. Es ist bei jeder Übersetzungskritik immer leicht, Beispiele herauszulösen und der Lächerlichkeit preiszugeben, anstatt sich, als eine Voraussetzung der Beurteilung, in die weiten Dimensionen eines Werks hineinzubegeben, das seinen eigenen Kontext erschafft. Und Benjamins Intentionen waren den Rosenzweig/Buberschen vielleicht zu nah verwandt, als daß er ein unparteiischer Richter hätte sein können. Seine Esoterik, sein Faible für weit hergeholte oder selbst obsolete Wörter, seine änigmatische Syntax und Metaphorik, sein Gespür für magische Beziehungen zwischen Wörtern, die jäh unterschwellige Verbindungen zwischen weit auseinanderliegenden Kontexten aufscheinen lassen konnten: diese Interessen bezeugen, daß er sehr wohl, auch ohne Hebräisch-Kenntnisse, ausgerüstet gewesen wäre, die Rosenzweig/Buberschen Leistungen zu beurteilen, wenn er sich auf sie eingelassen hätte. Vielleicht kamen sie seinen eigenen Gedanken in die Quere oder zeigten ihm, wo seine frühen Gedanken über Sprache oder seine neueren Forderungen an die »Aufgabe des Übersetzers« – dort insbesondere sein Gedanke einer »Intention auf die Sprache« – ihn hätten hinführen können, wenn er seinen eigenen Weg konsequent – der eigenen übersetzerischen Maximen eingedenk – verfolgt hätte: der Schauder, im Werk anderer der Totenmaske der eigenen Konzeption konfrontiert zu sein.

Vielleicht ist es erst späteren Generationen möglich – nachdem die Erinnerung an die Sprache der Barbarei verblaßt ist –, sozusagen interesselos die riesige Leistung dieser Bibelübersetzung zu beurteilen. Doch es war bereits Scholem, der in den zwanziger Jahren zu den vielleicht Verständnislosen, gewiß aber andere Wege Gehenden gehört hatte, der die historische Bedeutung des Werks nach seiner Fertigstellung 1961 unterstrich. In einer Rede an Buber faßte er zusammen: »Das Klare ist bei Ihnen klar, das Schwere ist schwer und das

Unverständliche ist unverständlich ... [Der Leser] findet sich dauernd auf seine eigene Reflexion zurückverwiesen und muß sich – gerade im Sinne Ihrer Absicht – fragen, was eigentlich drängt hier nach Ausdruck? Nirgends haben Sie geglättet, nirgends haben Sie etwas gefällig gemacht ... Sie haben den Text aufgerauht, um ihn so desto unmittelbarer an den von solcher Rede betroffenen Leser heranzubringen ... Ihre Übersetzung ist ... nicht nur Übersetzung, sie ist, ohne doch ein Wort der Erklärung als solche hinzuzufügen, zugleich auch Kommentar ... Diese Hineinnahme des Kommentars gerade in die entschlossenste Wörtlichkeit der Übersetzung selbst scheint mir eine der großen Leistungen Ihres Werkes ... die Sprache, in die Sie übersetzten, war nicht die des deutschen Alltags, war auch nicht die der deutschen Literatur der zwanziger Jahre. Es war ein Deutsch, das als Möglichkeit, aus alten Tendenzen sich nährend, in dieser Sprache angelegt war, und gerade dies Utopische daran machte Ihre Übersetzung so besonders aufregend und anregend. ... [Sie] war etwas wie das Gastgeschenk, das die deutschen Juden dem deutschen Volk in einem symbolischen Akt der Dankbarkeit noch im Scheiden hinterlassen konnten ... [Doch aus diesem Gastgeschenk ist] das Grabmal einer in unsagbarem Grauen erloschenen Beziehung geworden.« Und Scholem schließt mit der Frage, ob, nachdem es die Juden in Deutschland nicht mehr gebe, wohl noch Deutsche da wären, die zu hören vermöchten, was Buber und Rosenzweig in ihrer Sprache hörbar gemacht hätten.[55]

Wie immer man das heute, nach weiteren dreißig Jahren, beurteilen mag, das Paradox bleibt bestehen, dieses ungelöste Rätsel einer Quadratur des Kreises: eine Sprache zu finden, zu erfinden, die ineins durch und durch hebräisch und die Verkörperung eines Deutsch ist, das es nie gab, aber doch geben könnte. Es ist ein wahrhaft utopischer Schöpfungsplan: in ein und demselben Wort, in einem Atemzug, Selbst und Anderer zu sein. Nie ist Übersetzen utopischer, nie ist es konsequenter gewesen. Jetzt, wo wir langsam anfangen, unter der eigenen Stimme die andere hindurchzuhören, hat vielleicht gerade diese Übersetzung die Chance, endlich vernommen zu werden.

(1991/93)

1 Eine erste englische Fassung dieses Vortrags wurde im Rahmen des Jerusalemer Workshops »Translatability of Cultures« (24. August bis 13. September 1991) diskutiert. Insbesondere den Initiatoren des Workshops, Sanford Budick und Wolfgang Iser, danke ich für viele Anregungen. Das Franz Rosenzweig Research Center for German-Jewish Literature and Cultural History der Hebräischen Universität Jerusalem gewährte mir im Januar/Februar 1992 einen einmonatigen Forschungsaufenthalt, während dem ich im Martin-Buber-Archiv der Universitätsbibliothek die einzelnen Stadien der Bibelübersetzung durchsehen konnte. Der hilfsbereiten Leiterin des Archivs, Frau Margot Cohen, schulde ich großen Dank, ebenso dem Direktor des Rosenzweig-Forschungszentrums, Stephane Mosès, und seinen Mitarbeitern. Die Arbeit wurde in der vorliegenden erweiterten Form am 14. November 1992 in der Wissenschaftlichen Gesellschaft an der Johann Wolfgang Goethe-Universität Frankfurt zur Diskussion gestellt.

2 Klaus Reichert, »Im Hinblick auf eine Geschichte des Übersetzens«, in diesem Band.

3 Rosenzweig sieht in Mendelssohns Unternehmen eine der großen Leistungen in der klassischen Periode der deutschen Übersetzungskunst. Rosenzweig verweist auf einige kühne Formulierungen, die den Wortlaut des Hebräischen zu bewahren versuchen: So wird etwa der Bund nicht ›geschlossen‹, sondern ›zerschnitten‹, in wörtlicher Übereinstimmung mit der Opferpraktik. Doch Beispiele wie dieses sind selten, und ohnehin scheint der Übersetzung kein großer Einfluß beschieden gewesen zu sein, was wohl auch darauf zurückzuführen ist, daß die der Thora in hebräischen Buchstaben – der Schrift auch des Jiddischen – geschrieben war. Siehe Franz Rosenzweig, »›Der Ewige‹. Mendelssohn und der Gottesname«, in: Martin Buber und Franz Rosenzweig, *Die Schrift und ihre Verdeutschung*, Berlin: Schocken, 1936, S. 185.

4 Siehe Ilse Grubrich-Simitis, *Freuds Mosesstudie als Tagtraum*, Weinheim: Verlag Internationale Psychoanalyse, 1991, S. 69ff.

5 Gershom Scholem, »Wissenschaft vom Judentum einst und jetzt«, in: *Judaica*, Frankfurt: Suhrkamp, 1963, S. 150ff.

6 »va-jomer« in der aschkenasischen Transkription (»und er sprach«).

7 »va-tiqra« (»und du sollst nennen«).

8 Franz Rosenzweig, *Sprachdenken. Arbeitspapiere zur Verdeutschung*

der Schrift, ed.: R. Bat-Adam, Dordrecht: Nijhoff, 1984, S. 93. Rosenzweigs Ausführungen sind durch Bubers Erstfassung der Stelle ausgelöst: »Ich Werde Sein, der ich sein werde.« Buber-Archiv, Mappe 20 (R).

9 Ibid, S. 93 f. Buber hatte hier die Wiederholung: »Ich Werde Sein«.

10 Die einzige andere mir bekannte Fassung, in der beide Zeitstufen benutzt sind, ist die der Zunzschen Bibel (H. Arnheim): »Ich werde seyn der Ich bin«.

11 Klaus Rüdiger Wöhrmann ist in einem Vortrag »Je seray ce que je seray: Nom divin et proposition identique chez Leibniz« (Tel Aviv und Jerusalem 1992) – der Verwendung beider Fassungen des geoffenbarten Gottesnamens -»sum qui sum« und »je seray ce que je seray« bei Leibniz nachgegangen und hat seine Beispielhaftigkeit für Leibnizens Konzept der »ursprünglichen« oder »identischen« Vernunftwahrheiten herausgearbeitet: Sie sind nicht »leer« oder tautologisch, sondern »dynamisch«, indem sie die erste Stufe des menschlichen Reflexionsvermögens anzeigen. Wöhrmann sieht eine Parallele des Leibnizschen Gedankens in der Fassung des Gottesnamens durch Buber/Rosenzweig: »Le mot ›ascher‹ contient, comme on a souligné, un aspect d'indéterminé et signifie plutôt ›en tant que‹, en latin ›qua‹. La version de Franz Rosenzweig et Martin Buber est peut-être la plus adéquate et la plus profonde de toutes: ›Ich werde dasein als der ich dasein werde‹, Je serai là en tant que je serai là. Et c'est peut-être cette version à laquelle Leibniz s'approche le plus, par le fait même qu'il dispose de deux traductions différentes et complémentaires. Il est vrai que dans la version des Nouveaux Essais ›Je serai ce que je serai‹ le verbe ›être‹ est copule, à la différence du sens existentiel chez Rosenzweig et Buber. Mais en mettant le futur au lieu du present, et ›ce que‹ au lieu de ›qui‹, Leibniz met pourtant, lui aussi, l'accent moins sur la constance de l'être de Dieu en lui-même, mais plutôt sur le caractère libre et ouvert de sa manifestation.« (Marcelo Dascal, Elhanan Yakira, ed.: *Leibniz and Adam*, Tel Aviv: UPP, 1993, S. 104)

12 Franz Rosenzweig, »Zeit ists ... Gedanken über das jüdische Bildungsproblem des Augenblicks«, in seinem Band *Zur Jüdischen Erziehung*, Berlin: Schocken, 1937, S. 8, 12, 31.

13 Karl Löwith, »M. Heidegger und F. Rosenzweig. Ein Nachtrag zu *Sein*

und Zeit«, in seinem Buch: *Heidegger – Denker in dürftiger Zeit*, Stuttgart: Metzler, 1984, S. 82 (zuerst 1942/43).

14 In seiner *Krisis der europäischen Kultur* hatte Rudolf Pannwitz 1917 geschrieben: »unsere übertragungen auch die besten gehn von einem falschen grundsatz aus. sie wollen das indische griechische englische verdeutschen anstatt das deutsche zu verindischen vergriechischen verenglischen. sie haben eine viel bedeutendere ehrfurcht vor den eigenen sprachgebräuchen als vor dem geiste des fremden werks.« Diese Sätze hatte Walter Benjamin in seinem Essay »Die Aufgabe des Übersetzers« 1923 zustimmend zitiert. (Walter Benjamin, *Gesammelte Schriften*, Frankfurt: Suhrkamp, 1971, IV, 1, S. 20.) In seinen eigenen, dem Essay folgenden Baudelaire-Übersetzungen hielt sich aber Benjamin keineswegs an diese Devise. Sie war es aber, der Rosenzweig und Buber zu folgen versuchten, bzw. die sich ihnen auf Grund ihrer eigenen Widerständigkeit gegen die Eindeutschung des Hebräischen ergab, vermutlich ohne Kenntnis der Positionen von Pannwitz und Benjamin.

15 Franz Rosenzweig, *Sechzig Hymnen und Gedichte des Jehuda Halevi*, Konstanz: Wöhrle, o. J. (1924), S. 109. Auch die folgenden Zitate ebendort. Eine zweite, erweiterte Auflage – *Zweiundneunzig Hymnen und Gedichte* – erschien 1927 bei Lambert Schneider in Berlin. Neue Ausgabe: Jehuda Halevi, *Fünfundneunzig Hymnen und Gedichte, deutsch und hebräisch*, mit einem Vorwort und mit Anmerkungen, ed. Rafael N. Rosenzweig, The Hague: Nijhoff, 1983.

16 Borchardt veröffentlichte bereits 1909 Proben seiner Übersetzung der *Divina Comedia*. Die Übersetzungen des ›Inferno‹ und des ›Purgatorio‹ erschienen 1923. Der deutsch-jüdische Kritiker Friedrich Gundolf, der zum George-Kreis gehörte, nannte die Übertragung »geradezu gaunerhaft« und verglich sie dem »stationären Deutsch russischer Juden«. In einem Brief an Ernst Robert Curtius schreibt Gundolf: »Das mit dem Judendeutsch soll nur heißen, daß seine Dantedeutschung Mauscheln ist ...« Siehe Rudolf Borchardt, Martin Buber, *Briefe, Dokumente, Gespräche 1907-1964*, ed. G. Schuster und K. Neuwirth, München 1991, S. 13 und 128, Anm. 25.

17 *Sechzig Hymnen*, S. 113.

18 Ibid., S. 115.

19 »Die Schrift und Luther« (1926), in: Buber/Rosenzweig, *Die Schrift und ihre Verdeutschung*, S. 123.

20 Ibid., S. 122.

21 Im Buber-Archiv (Mappe 43 a, um 1925) finden sich zahlreiche – von der Forschung, soweit ich sehe, noch nicht ausgewertete und auch nicht immer in die Veröffentlichungen Bubers eingegangene – Exzerpte zum Thema Kolometrie, Rhythmus, Mündlichkeit. Darin heißt es: »... mit der kolometrischen Schreibweise war jedenfalls *ein räumliches Abbild der akustischen Form* des Vortrags geschaffen. Diese Kolometrie bedeutete eine befreiende Vereinfachung gegenüber dem komplizierten Zeichensystem des Synagogenvortrags, das die Sätze in logische Abschnitte zerlegte. – Im Kolon der religiösen Prosapoesie lebt ein innerer Rhythmus, d. h. ein Schwingen, das gewöhnlicher Prosa nicht eignet.«

Buber fand eine Bestätigung für das grundlegende Konzept der Mündlichkeit der biblischen Texte in den Schriften von Marcel Jousse, dessen *Le style oral* 1925 erschien. Daraus finden sich zwei Seiten Exzerpte in Mappe 43 a. Jousse versuchte u. a. durch bestimmte Vortragsanweisungen den oralen und gestischen Charakter des geschriebenen Wortlautes der Bibel zu rekonstruieren: »nous revivons, nous *récitons gestuellement* l'action dans ses grandes lignes« (29, Bubers Hervorhebung).

Auch die für Rosenzweig und Buber so eminent wichtige Wiedergabe der Wortspiele gehört bei Jousse in den Kontext mündlicher Rede: »... on sait combien cette manière de raisonner par jeux de mots est instinctive dans le language parlé et surtout chez les hommes encore spontanés, non *dissociés* par l'usage quotidien des tableaux synoptiques de la période écrite« (79; Bubers Hervorhebung). Soviel ich weiß, ist die Verbindung von Jousse und Buber/Rosenzweig bisher nicht gesehen worden, verdiente aber gewiß Aufmerksamkeit. (Übrigens hat James Joyce in den 20er Jahren in Paris bei Jousse Vorlesungen gehört, die nicht ohne Einfluß auf die Formierung seiner Version eines oralen, wortspielreichen Stils im entstehenden *Finnegans Wake* waren.)

Die *Rekonstruktion* des mündlichen Stils ist jedoch nur ein Teil des Bildes. Sieht man die Arbeitspapiere im Buber-Archiv durch, stellt sich der Eindruck ein, daß viele Kola gewissermaßen erst nachträglich, als Hervorhebungen bestimmter Interpretationen, erfunden wurden. (Es finden sich häufig Sätze wie: »Hier brauchen wir ein Kolon, also unterteilen wir so-und-so ...«) Die Übersetzer zielten also auf eine

Mündlichkeit, die in vielen Fällen keine Entsprechung im masoretischen Text hatte. Sie unterstellten dabei, daß sie kaum mehr erkennbaren Spuren im geschriebenen Text folgten, während sie jedoch eher auf eine Mündlichkeit zielten, die im Deutschen funktionieren würde.

22 Das Sigel für den Redaktor, R, hat Rosenzweig, wie Buber mitteilte, als Rabbenu, unser Lehrer, aufgelöst.

23 *Sprachdenken*, S. 3 ff. Trotzdem hatte Rosenzweig bereits vor der ersten Druckfassung Bedenken angemeldet: »*brüten* kann der Geist doch eigentlich nicht, entweder ist es wirkliches Brüten über einem Weltei, von dem aber nichts dasteht, oder es ist Metapher, und dann doch gerade hier ganz unzulässig, *schwebend* drückt die räumliche und einigermaßen auch die hegende Beziehung aus.« (S. 5)

24 »Das Wissen um den Leitwortstil der Schrift hat in der jüdischen Überlieferung, sowohl der halachischen wie der aggadischen wie auch in der klassischen Exegese eine vielfältige, jedoch nur fragmentarische Formulierung gefunden« (Buber, Mappe 43 a).

25 *Commento alla Genesi (Berešît Rabbâ)*, a cura di T. Federici, Torino: UTET, 1978, S. 42.

26 Mit dem durch »Wirrwarr« verdeutlichten babelschen Chaos ist im Deutschen auch auf das Urchaos des »tohuwabohu« angespielt, das im Erstdruck mit »Wirrnis und Wüste« und in der Endfassung mit »Irrsal und Wirrsal« übersetzt ist.

27 Ein anderes Beispiel: Gen. 2, 5: »v'adam 'ajin la'avod 'et-ha'adamah (Luther: »und es war kein Mensch, der das Land baute«). Buber übersetzt zunächst »und kein Mensch war, [das Land] den Acker zu [be]bauen«. Rosenzweig schlägt zunächst vor »und Mensch war nicht« und fährt dann fort: »Die fünf Worte sind überhaupt zum Verzweifeln. Denn das Wortspiel des ersten mit dem letzten ist ja nicht rauszukriegen. Schade daß nicht geht: und Adam war nicht, den Acker zu bauen. Aber selbst die Adam-frohen Septuaginta und Vulgata riskieren das nicht. So muß es wohl bei *der Mensch* bleiben.« In der ersten Druckfassung heißt es dann: »und Mensch, Adam, war nicht, den Acker, Adama, zu bauen.« *Sprachdenken*, S. 13 und Buber-Hs. für die Erstfassung.

28 Gleichwohl hat Rosenzweig zwei unterschiedliche Tendenzen beider Übersetzer festgehalten. Anläßlich Gen. 2, 16 (Luther: »Du sollst essen von allerlei Bäumen im Garten«) schreibt er: »Diese inneren

Infinitive würde ich ja alle wiederzugeben suchen. Also: *magst essen du, essen.* Aber das hängt damit zusammen, daß ich wenn ich über Luther hinausgehen würde, ihn in der Hebraisierung der Syntax zu übertreffen suchen würde. Sie [sc. Buber], bei enthebraisierter Syntax, im Aufgraben des hebräischen Gehalts des einzelnen Worts.« *Sprachdenken*, S. 15.
Ein instruktives Beispiel für die Folgerungen, zu denen Rosenzweigs syntaktische Aufmerksamkeit führte, ist Gen. 3,24, wo Luther von den Cherubim schreibt, die Gott vor den Garten Eden gelagert hat, »zu bewahren den Weg zu dem Baum des Lebens«. Buber übersetzt zunächst: »Dass sie den Weg zum Baum des Lebens bewachen« (Hs). Dazu Rosenzweig: »Die Luthersche Wortstellung in der Schlußzeile würde ich Sie sehr bitten wieder herzustellen. Also: zu *bewahren den Weg zum Baum des Lebens.* Diese Stellung vertreibt erst jeden heutigen Leser noch einmal aus dem Paradies. Prinzipien sind dazu da, in den großen Augenblicken des Lebens durchbrochen zu werden. Stilistische an den großen Stellen des Buchs.« *Sprachdenken*, S. 24.

29 Im Buber-Archiv (Mappe λ 46.1) findet sich ein 4-Seiten-Manuskript Bubers, »zu Luthers Übertragung von Ruach (1926)«. Darin heißt es: »In Luthers Übersetzung des Alten Testaments endet in den von 1523 bis 1528 erschienenen Ausgaben der 2. Vers der Genesis so: ›und der wind Gottes schwebet auff dem wasser‹; aber am Rand steht: ›Wind oder Geist‹. Diese Randbemerkung ist eine Frage. Sie hat Luther noch lang beschäftigt. In den Genesis-Predigten von 1527 sagt er: ›Fein were es, das es geist hiesse, so kuend mans also verstehen, das Gott die Creatur, die er geschaffen hatte, unter sich genommen habe, wie eine henne ein eye unter sich nympt und huenlein ausbruet. Doch ich wil es lieber also lassen bleiben, das es im wind heysse. Denn ich wolt gerne, das die drey Person ynn der Gottheit hie oerdentlich nach einander angezeyget würden.‹ Doch hatte er schon im Sermon am Dreifaltigkeitstag 1526 zitiert: ›der Geist‹ (ohne Gottes hinzuzufügen), und ›der Geist Gottes‹ ist die endgültige Fassung geworden. Er hat sie dann, in der Enarratio zu 1. Cap. Genesis von 1536 damit begründet, der Wind sei ja ein Geschöpf, das es damals noch nicht gegeben habe, ›als noch verschmolzen jene Körper des Himmels und der Erde lagen.‹«
Etwas später heißt es im Manuskript anläßlich von Luthers »Der Geist geistet wo er will« (1526): »... in der Entwicklung der Kirche wurde

die Neigung immer stärker, das Wort so zu fassen, als ob nicht Pneuma, sondern Nus, Geist im neudeutschen Sinn dastünde; dieser Neigung hat Luther die Sanktion des reformierenden Zeitalters verliehen. Damit hat er den geraden Weg betreten, der in die nachkantische Philosophie mündet. Bei Hegel bedeutet der Satz ›An sich ist Gott der Geist‹ bereits in aller Eindeutigkeit ›Die Negation des Natürlichen‹.«

30 In Harold Fischs neuer Übersetzung (*Jerusalem Bible*, 1989) lesen wir: »And a wind from God moved over the surface of the waters.«

31 Bei der Korrektur zu Gen. 1, 2 vermerkt Rosenzweig: »Übrigens können wir aus Grimm nur die historische Bewußtheit für unser Gefühl gewinnen, nicht das Gefühl bestätigen oder verwerfen. Also nur das Wissen, ob wir dies Wort noch oder wieder oder schon sagen.« *Sprachdenken*, S. 5. Es war im übrigen erklärte Absicht, ein seltenes Wort im Hebräischen durch ein seltenes deutsches wiederzugeben, ein häufiges durch ein häufiges, also auch Fremdheit und Vertrautheit des Originals im Deutschen nachzubilden. Die Schwierigkeiten, die sich daraus ergeben, liegen auf der Hand, wird dadurch doch die unterschiedliche Entwicklung beider Sprachen, ihr anderer Denk- und Lebenszusammenhang, außer Kurs gesetzt.

32 Obwohl Rosenzweig einen Einfluß Georges auf sein eigenes Sprachdenken bestritten hat, gibt es doch zumindest Übernahmen einzelner Vokabeln, so Georges »Tucht« für »Tugend«.

33 »Was in der Lutherbibel steht, ist, wenn auch veraltet, doch fast alles wieder belebbar; und wenn man etwa in dem trefflichen Werk des Berliner Aufklärers Teller sieht, was er damals in der Lutherbibel alles für veraltet hielt – Worte und Wendungen, die damals, 1794, schon von den Klassikern wieder in lebendigen Gebrauch genommen waren, und noch mehr, die in den unmittelbar folgenden Jahrzehnten wieder in die allgemeine Sprache eindrangen, dann hält man hier so leicht nichts mehr für unmöglich ...«, ›Die Schrift und Luther‹, S. 98.

34 In einer Beilage ›Zu einer neuen Verdeutschung der Schrift‹ zum Band *Die fünf Bücher der Weisung* (Heidelberg: Lambert Schneider, 1987, S. 19) schreibt Buber: »In Wahrheit gehen fast alle hebräischen Opferbegriffe auf das Verhältnis des Opfernden zu seinem Gott und einem Vorgang zwischen beiden oder doch die Einleitung dieses Vorgangs zurück.«

35 Mendelssohn war wohl der erste, der von solcher »Wortwörtlichkeit« abwich: er übersetzte fast immer mit »Der Ewige«. Darin folgte ihm die Zunzsche Bibel. Siehe Rosenzweigs Aufsatz ›Der Ewige‹, in: *Die Schrift und ihre Verdeutschung*.

36 Das ganze Gewicht der übersetzerischen Uminterpretation kommt in der Diskussion der Niederfahrt Gottes aus der Wolke vor Mose zum Ausdruck (Ex. 34, 5). Buber hatte übersetzt: »Da zog ER nieder im Gewölk / und stellte sich dort neben ihn.« Rosenzweig dazu: »in zwei Kolen, also entweder vor *neben,* oder das Wort *dort* allein als zweites Kolon. Es ist die Parallele zu mokaum iti [»hier ist Raum bei mir«], und kann nicht eindringlich genug gemacht werden; es ist in diesem einzigen aus der ganzen Thora herausbrechenden Stück wirklicher Theologie – Kapitel 3 ist keine – die Aussage über den Zimzum [die Kontraktion Gottes in sich selbst, um Raum zu schaffen für die Welt]. Daher ist es auch ziemlich egal, ob Gott oder Mose das Subjekt ist; im *Raum* kommt das auf eins raus. Mit Mose wäre es sehr schwer zu übersetzen, da man doch nicht die feige Theologie der Vulgata annehmen kann. Und das *Vorüberfahren* ist bewußt für die Anschauung ungreifbar gemacht: *ich will meine Herrlichkeit an dir vorüberführen, wenn meine Herrlichkeit vorüberfährt setze ich dich – und schirme meine Hand über dich bis ich vorüberfuhr dann nehme ich meine Hand weg und du siehst meinen Rücken* – das kann kein Michel Angelo malen, noch nicht mal ein Grünewald, das ist die Optik des Trickfilms.«

Bubers Übersetzung (Ex. 34, 5-6) fährt fort: »Und rief den NAMEN aus / Und ER zog vorüber an seinem Angesicht / Und ER rief: / ER ER.« Dazu Bubers Anmerkung: »Nämlich das sollst Du vom System aus sagen, was hier stehen soll. Es ist doch wohl die eigentliche Klippe. ER wirkt seltsam, aber ICH auch. Vielleicht müßte vom System aus, da hier ja die Gegenstelle zu ›ehjeh‹ ist, gesagt werden ER IST DA. Hoffentlich wirst du nicht die Partei der Akzente und der Theologie gegen mein Gegenstand- und Stilgefühl ergreifen. ...« Dazu Rosenzweig: »was ist denn da Theologie? ganz abgesehen davon, daß nach einem Bewegungsverb die Wiederholung des Subjekts beim Sprechverb (wajiqaš 'elaw jehudah wa-j'omer jehuda [da trat Jehuda vor zu ihm und sprach Jehuda] sehr unwahrscheinlich wäre, was ja für diese exempte Stelle nichts beweisen würde, aber der doppelte Name ... ist im Wesen des Namens begründet. Dich meine ich, wirklich Dich. Das erste Mal könnte es noch ein ›bloßer Name‹ sein, das zweite Mal hat es allen Inhalt der Person mit aufgenommen. Max bleibe bei mir – das ist noch Graf Max Piccolomini; geh nicht von mir Max – das ist alles gemeinsame zwischen den beiden und noch mehr: die Schwärmerei des nüchternen 50jährigen für den 25jährigen der er nicht sein darf.«

Zu Bubers »ER ER«: »ohne Komma dazwischen. Der Sinn ist freilich der aus 3 [Ex. 3,14], aber er sprengt hier nicht die Schale des Namens. Seltsam wäre hier nur das einmalige ER, das doppelte wirkt gleich richtig. ICH ist es eben nicht. Es ist keine Offenbarung, sondern – dies eben seine Einzigkeit in der Thora – wirklich Theologie. Gott sagt seine middaus [Eigenschaften]. Erst im Mund des Menschen, der sie sagt, was ja schon in der Bibel selbst geschieht, treten sie aus der Objektivität der dritten Person heraus und in das Du des Gebets.« *Sprachdenken*, S. 128 ff. (mit kleineren Emendationen aufgrund der Hss.).

37 In Bubers Nachlaß findet sich ein Doppelblatt, das für die Vorgehensweise der Wortfelderschließung typisch ist:
»Nächtliche Wurzel-Gedanken
den Lexikographen ins Handwerk zu pfuschen /
für die Arbeit kaum verwertbar, aber wohl mitteilenswert.
1. Die Wurzel ʽvd bedeutet Gegenwärtigsein, immer währende oder kehrende Gegenwart; jene stellt sich in ʽad [= Fortschreiten, unbegrenzte Zukunft], diese in ʽod [Wiederholung, Dauer; immer] dar.
2. ʽed [= Zeuge] ist einer der bei einem Vorgang gegenwärtig war und ihn also »bezeugen« kann.
3. ʽedoth [Zeugnis, Gesetz] ist etwas <das> was bei einem Vorgang <beim Bundesschluss> gegenwärtig war und ihn also – da es dauernd ist, immer wieder und durch sein bloßes Dasein (wie wenn ein Stein ʽad [immer] ist) – bezeugt.
4. ʽedah [Volksversammlung, Schar] ist die jeweilige Gegenwärtigkeit, die »Präsenz« des Volkes (und qahal [Versammlung, Gemeinde] dessen Versammlung und Zusammenschluss).
5. yʽd bedeutet gegenwärtig machen.
6. venoʽadʽethilecha [Niphal von yʽd: sich an verabredetem Ort jemandem stellen, von Gott: sich offenbaren] heißt: ich werde mich dir gegenwärtigen.

7. vajiva'adu (Jos. II, 5 [Sie versammelten sich] heißt einfach: sie begegneten einander.
7. [sic] 'ohel mo'ed ist das Zelt der (immer wieder geschehenen) Gegenwärtigung.
8. beth mo'ed (Hi. 30, 23) ist das Haus, wo die Toten einander begegnen; har mo'ed (Jes. 14, 13) ist der Berg, wo die Gewalten einander begegnen.
9. Das mit Frist, Festzeit usw. übersetzte Wort mo'ed bedeutet die Gegenwärtigmachung der Zukunft durch Bestimmung eines – einmaligen oder wiederkehrenden – Zeitabschnitts, »Zeitpunkts« in ihr, und sodann das jeweils faktische Eintreten des so Bestimmten. Erst durch die »Gezeiten«, zunächst (Ackerbau) die Jahreszeiten und sodann (Gottesdienst) die Festzeiten, wird die Zukunft ihrem Grauen enthoben und in die Gegenwart verfügt.« (Mappe 5a, eingeordnet nach Brief vom 18.11.1926) Die beiden spitzen Klammern stammen von Buber, das in eckige Klammern Gesetzte sind meine Ergänzungen.

38 Siehe J. G. Herder, *Vom Geist der Ebräischen Poesie* (1782), Erstes Gespräch (»Ueber ebräische Poesie und Sprache«). In Herders Gespräch finden sich Beobachtungen – eben zum Wurzelsinn, zum Verbsystem, zum Parallelismus usw. –, die den Gedanken Rosenzweigs und Bubers erstaunlich nahe stehen.
39 ›Die Schrift und Luther‹, S. 125.
40 Ibid., S. 99 f.
41 »Dieser ungeheure Schritt in der Einigung des Babels der Völker wird nicht dem einzelnen Übersetzer verdankt [Rosenzweig hatte Voß und Schlegel genannt], sondern ist eine Frucht, die das Volksleben unter der Konstellation einer ganz einmaligen Geschichtsstunde gereift hat«, ibid., S. 101.
42 Brief 1078, ungefähr Februar 26. *Briefe und Tagebücher*, hrsg. Rachel Rosenzweig und Edith Rosenzweig-Scheinmann, Haag: Nijhoff, 1979, 2. Band, S. 1085.
43 Rosenzweig bezieht sich damit auf einen Satz des Homerübersetzers Friedrich Leopold Graf zu Stolberg (*Die Iliade*, Flensburg und Leipzig, 1778, zu VI, 484): »O lieber Leser lerne Griechisch und wirf meine Übersetzung ins Feuer.« Rosenzweig zitiert den Satz in einem Brief an Rudolf Hallo (Nr. 719 vom 27. 3. 1922. *Briefe und Tagebücher*, S. 765), und er kehrt in den Arbeitspapieren wieder.

44 Rudolf Borchardt, Martin Buber, *Briefe* etc. S. 44-60 besonders S. 47 und S. 54. Borchardts Vorwurf hätte sich freilich mit gleichem Recht – oder Unrecht – gegen den Verfasser von *Finnegans Wake* richten lassen.

45 Scholems Notiz (Scholem Archiv in der Universitätsbibliothek Jerusalem) gehört entweder zu den Entwürfen für einen geplanten Aufsatz über Rosenzweig oder zum Entwurf eines Antwortschreibens an Edith Rosenzweig, die ihn gebeten hatte, den *Stern der Erlösung* ins Hebräische zu übersetzen.

46 ›Die Bibel auf Deutsch‹, wieder abgedruckt in Siegfried Kracauer, *Das Ornament der Masse*, Frankfurt: Suhrkamp, 1963, S. 173-186.

47 Rosenzweig und Buber waren über Kracauers Rezension verständlicherweise sehr verärgert. Rosenzweig schrieb an Buber: »Das neue Gift geht mir ins Blut, ... Im Grunde ist ja die allgemeine Entrüstung über uns nur eine über den Urtext. Es ist furchtbar komisch, wie auch dieser Ritter garnicht erwägt, daß all die Sachen die ihm unangenehm auffallen im Text stehen könnten; ganz naiv nimmt er Luther für das Original. Dabei bin ich aber fest überzeugt, er hat die Genesis bei Luther noch nie gelesen. Komische Leute, diese Juden! die sich in die Seele eines bibelfesten protestantischen Mütterchens hineinentrüsten.« (Brief Nr. 1089 vom 28. 4. 26, *Briefe und Tagebücher*, S. 1093). Am 18. 5. 1926 veröffentlichten Buber und Rosenzweig eine Entgegnung in der *Frankfurter Zeitung*, in der sie Kracauers Beispiele vom Hebräischen aus entkräfteten. In seiner Replik vom gleichen Tag schreibt Kracauer u. a.: »Den Autoren ist das Anachronistische ihrer Uebersetzung entgangen. Sie befinden sich offensichtlich in so glücklicher Unabhängigkeit von der Zeit, daß sie die besonderen Erfordernisse unserer gegenwärtigen ›metaphysischen und soziologischen‹ Situation – die Adjektiva, ›mit Verlaub‹, sind von den Autoren geprägt – glauben übersehen zu dürfen. Ihre Zeitenthobenheit mag es auch verschulden, daß sie die ästhetische Wirkung ihres Uebersetzungswerks nicht fassen können und seinem reaktionären Sinn gegenüber sich verschließen, den der Rezensent der Verdeutschung in voller Kenntnis der literarischen und sonstigen Tätigkeit ihrer Autoren zugesprochen hat. Es wäre gut, etwas von seiner Zeit zu wissen.«

Martin Jay hat einen unpublizierten Briefwechsel zwischen Ernst Simon und Kracauer vom Mai 1926 zur Beurteilung der Bibelübersetzung zusammengefaßt: »Kracauer claimed that his personal admiration for Rosenzweig and his courage was enormous, and he had meant him no slight; what he had found objectionable was the implied attempt to unite truth and existence in an unmediated way. As for the Zionist issue, he clearly felt that the *völkisch* description was appropriate despite factional disputes within the movement.« Martin Jay, »Politics of Translation. Siegfried Kracauer and Walter Benjamin on the Buber-Rosenzweig Bible«, in: *Publications of the Leo Baeck Institute, Year Book XXI*, London, Jerusalem, New York, 1976, S. 17.

48 Walter Benjamin, *Briefe an Siegfried Kracauer*, Marbach 1987, S. 15.

49 Rosenzweig an Buber: »Wie merkwürdig, daß Scholem den ›nackten‹, also den gedruckten Text für die Offenbarung nimmt und den gesprochenen für Kunst. Aber bezeichnend für die Tendenz, sich den Weg zur Offenbarung zu verbauen, indem man ihr ein Narrenkleid anzieht.« (Mai 1926, Nr. 1091, *Briefe und Tagebücher*, S. 1094). Der grundlegende Dissens zwischen Rosenzweig und Scholem über die Frage der Übersetzung aus dem Hebräischen ist in seinen theoretischen Implikationen bisher ununtersucht. Vorläufig siehe Michael Brocke, »Franz Rosenzweig und Gerhard Gershom Scholem«, in: Walter Grab, Julius H. Schoeps (Hrsg.), *Juden in der Weimarer Republik*, Stuttgart, Bonn 1968 (mit Dokumenten).

50 Walter Benjamin, *Briefe*, Frankfurt: Suhrkamp, 1966, Bd. 1, S. 432.

51 Martin Jay, »Politics« etc., S. 20.

52 Gershom Scholem, *Walter Benjamin – die Geschichte einer Freundschaft*, Frankfurt: Suhrkamp, 1975, S. 22, 37, 40ff.

53 Die Haltung der deutschen Juden zum Judentum in den zwanziger Jahren angesichts des wachsenden Antisemitismus ist äußerst komplex, wie unter anderem Scholem in seinem Aufsatz »Zur Sozialpsychologie der Juden in Deutschland 1900-1930« (*Judaica 4*, Frankfurt: Suhrkamp, 1984) gezeigt hat. Kracauer stand mit seinem Vorwurf des »Völkischen« an die Adresse der des Zionismus Verdächtigten nicht allein. Scholem hat an anderer Stelle darauf hingewiesen, daß analog zu dem von kommunistischer Seite gegen die SPD erhobenen Vorwurf des Sozialfaschismus der auf die Zionisten gemünzte Vorwurf eines jüdischen Faschismus auftauchte (»Peter von Haselberg über den Deutschen Walter Benjamin« in: G. Scholem, *Walter Benjamin und sein Engel*, Frankfurt: Suhrkamp, 1983, S. 184). Rosenzweig stand freilich deutschnationalen wie zionisti-

schen oder eben auch »kosmopolitischen« Tendenzen gleichermaßen fern. Er suchte vielmehr einen eigenen Weg durch Rückbesinnung auf die Wurzeln des Judentums, um es von innen her zu erneuern. Am 19. 3. 1924 schrieb er an Buber: »Drei oder vier Jahrhunderte war Totenstille zwischen Christen und Juden ... Der Christ ignorierte den Juden, um ihn tolerieren zu können, der Jude den Christen, um sich tolerieren lassen zu können ... Heut treiben wir oder vielmehr sind schon in einer neuen Ära der Verfolgungen. Dagegen ist nichts zu machen, weder von uns noch von den wohlgesinnten Christen. Was aber zu machen ist, ist, daß diese Ära der Verfolgungen auch eine der Religionsgespräche wird, wie die mittelalterliche, und daß die Stummheit der letzten Jahrhunderte aufhört« (*Briefe und Tagebücher*, S. 947). Vor diesem Hintergrund ist es schwer möglich, das Übersetzungswerk entgegen der Meinung Kracauers *nicht* als einen politischen Akt zu verstehen. So vereinzelt und ›anachronistisch‹, wie es den Anschein hat, war die Haltung Rosenzweigs (und Bubers) übrigens auch wieder nicht. Auf seine Weise ging der für unpolitisch geltende Arnold Schönberg unter dem Druck des wachsenden Antisemitismus einen ähnlichen Weg. In seinem bis heute ungedruckten Drama *Der biblische Weg* (1926) hat er die Suche nach einer Selbstbestimmung des jüdischen Volkes auf dem von Gott geoffenbarten Weg als Möglichkeit des Überlebens dargestellt, eine Möglichkeit – vielleicht läßt sich schon sagen: Notwendigkeit –, die keineswegs eine bloß kontemplative Besinnung propagiert, sondern die politisch aktiv werden will. Schönberg hat das Programm dieses Dramas im Libretto von *Moses und Aron* (1928) weitergeführt und eine politische Oper daraus gemacht (1930-32) (siehe Willi Reich, *Arnold Schönberg* [1968]), München: dtv, 1974, S. 166ff.). Daß Schönbergs Suche nach einer jüdischen Identität heute noch – oder wieder – als faschistisch denunziert werden kann, zeigt in aller Deutlichkeit die Kontinuität eines nicht (mehr) nur verdeckten Antisemitismus gerade auch linksintellektueller Positionen. Die Debatten der zwanziger Jahre, von denen hier die Rede ist, sind also keineswegs historisch »erledigt« (siehe den Kongreßbericht von Lotte Thaler, »Der biblische Weg. Bedenkliche Tendenzen beim dritten Schönberg-Kongreß in Duisburg, FAZ vom 24. März 1993, S. 36).
54 Als Max Frisch direkt nach dem Krieg Brecht fragte, wer im neuen Berliner Ensemble sein Hauptdarsteller werden sollte, antwortete

dieser: Werner Krauss. Frisch war entsetzt, war es doch Krauss gewesen, der in *Jud Süß* sämtliche Typen des häßlichen Juden verkörpert hatte. Brecht erklärte: nur der Schauspieler, der ein negatives Identifikationspotential dieses Ausmaßes habe, sei imstande, die Emotionen des Publikums in eine andere Richtung zu lenken (Mitteilung von Max Frisch).

55 Gershom Scholem, »An einem denkwürdigen Tage«, in *Judaica*, Frankfurt: Suhrkamp, 1963, S. 209, 211, 214f. Nehama Leibowitz, die große Thora-Exegetin, die bei Scholems Rede in Bubers Haus in Jerusalem anwesend war, erinnert sich, Buber habe hinterher zu ihr gesagt: »Wissen Sie, Scholems Problem ist, daß er nicht an Deutschland glaubt« (Private Mitteilung von Chaim Soloveitchik).

Ein Shakespeare aus Flandern[1]

Tom Lanoye, ein in Belgien bekannter Schriftsteller, hat in Zusammenarbeit mit dem Regisseur Luc Perceval Shakespeares Historien neu geschrieben. Er hat die acht Stücke in einer einzigen großen, zehn Theaterstunden dauernden Kurve des fortschreitenden sprachlichen Verfalls nachgezogen, die die wachsende Verrohung der Spiele der Mächtigen spiegelt. Der Bogen beginnt in einem hohen Ton, weit zurück in der Vergangenheit, in klassischem Hochniederländisch, und kommt am Ende in der Gegenwart an, in einer Mixtur aus amerikanischem Westküstenslang und Antwerpener Dialekt. Viele Szenen und Figuren sind gestrichen, andere sind zusammengezogen, neue kommen hinzu. Manche Namen sind verändert – aus Richard II. wird Richaar Deuzième, womit zum einen das alte Franzosenklischee der Verzärtelung und Libertinage gegenüber englischer Bodenhaftung und Mannhaftigkeit aufgerufen ist, zugleich aber auch der keineswegs bloß linguistische, hoch explosive Sprachenstreit zwischen Wallonen und Flamen ins Spiel kommt. Die gründlichste Umdeutung erfährt Falstaff – aus ihm ist der Transvestit La Falstaff geworden, der/die in seiner/ihrer Liebesbeziehung zum Prinzen Hal (Henk, Henkske, Heinz) vorgeführt wird. Lanoye vereindeutigt dadurch die bei Shakespeare so schwer zu fassende, kaum entfaltete Beziehung des dicken Alten zu dem verwaisten, von seinem Vater verachteten jungen Prinzen. Das ist in dem Maße plausibel, wie Lanoye Shakespeares Andeutungen aufgreift und weiterführt – Falstaff ›liebt‹ ja den Jungen ›wirklich‹ und stirbt an gebrochenem Herzen, als der ihn, kaum König geworden, verstößt –, und zugleich macht er sinnfälliger, wieso Hals Vater, Heinrich IV., in ihm den Wiedergänger des – in Lanoyes Sicht – perversen Richard sehen kann.

So vielfältig Lanoyes Änderungen, seine Streichungen oder

Erweiterungen auch sind, sie sind nie willkürlich, nie in einem vordergründigen Sinne aktualisierend, sondern sie werden Shakespeare in vieler Hinsicht merkwürdigerweise ›gerecht‹. Manches an den Figuren und ihren Konstellationen ist stärker pointiert, Verdecktes ans grelle Licht gezerrt, anderes ist ausgeblendet, überschwärzt, aber sie werden nicht verzerrt, nicht denunziert wie so oft im heutigen Theater, sondern sie bleiben meist wiedererkennbar in der mal überscharfen, mal dumpfen, mal flackernden Beleuchtung. Das macht die Sache für den Übersetzer freilich kompliziert, denn er hat es mit drei Vorlagen zu tun: Shakespeare, den vertrauten Schlegelschen Fassungen und Lanoye. Shakespeare an Schlegel vorbeizuübersetzen, ist schwierig genug, weil seine Lösungen und vor allem sein Ton immer irgendwie mitschwingen. Dadurch entsteht aber andererseits die große Möglichkeit eines Wechselspiels aus Vertrautheit und Erneuerung, wie bei einer gegen die Hörgewohnheiten dirigierten Symphonie. Durch Lanoye kommt eine andere Ebene hinzu: ein neuer Text, der in eine so reiche Tradition wie die deutsche eingreift und dadurch in ein Spannungsverhältnis sowohl zu dem englischen wie dem alten deutschen Text tritt, die beide womöglich in der Übersetzung aus dem Flämischen mitzuhören sein sollen, wenigstens als ferne Echos. Einen überraschenden, im Laufe der Arbeit immer wichtiger werdenden Vorteil hat allerdings der (Um)Weg über das Flämische (denn es sollte aus *dieser* Sprache übersetzt werden, nicht, auch wo dies möglich gewesen wäre, aus dem Englischen): durch die ›Verfremdung‹ wird die Lesegewohnheit gestört, entsteht eine Distanz zu dem allzu bekannten Text. Dadurch lassen sich die Figuren neu finden.

Tom Lanoye ist ein großes, an Paul van Ostaijen und Hugo Claus geschultes Sprachtalent. Seine Verse sind mit einer peniblen Genauigkeit gebaut, die keinen Verstoß gegen den fast durchgängig verwendeten Pentameter erlaubt und dessen exakte Nachbildung er auch im Deutschen verlangt und notfalls eingefordert hat. Das ist insofern schwierig, als das Niederländische, wie das Englische, eine nicht-flektierende Sprache ist, so daß immer wieder überzählige Endungen das Metrum stören würden, wenn man wortgenau übersetzte. Man kann nicht ›eine‹ zu ›ne‹ kappen im hohen Ton. Was macht man mit den Pronomen, den Adjektiven? Gewiß, das sind Probleme, die sich auch dem Übersetzer englischer Verse stellen, nur werden sie darum nicht lösbarer. Von Vers zu Vers ist hier die Verlust- und Gewinnrechnung neu durchzuspielen.

Da von Übersetzungsschwierigkeiten allgemein und noch nicht von den besonderen der Lanoyeschen Verse die Rede ist, soll hier auch das erwähnt werden, was die Sprachwissenschaftler ›falsche Freunde‹ nennen, ›faux amis‹. Damit ist die Verwechslung von Wörtern nah verwandter Sprachen gemeint: ›aceto‹ bedeutet auf italienisch ›Essig‹, auf spanisch ›Öl‹. Zwischen dem Niederländischen und dem Deutschen wimmelt es geradezu von solchen falschen Freunden, und wenn man ein paar Jahre aus der Übung ist, schlüpfen sie manchmal fast automatisch durch die Tür, bis man die ungebetenen Gäste nach ein paar Zeilen hoffentlich bemerkt und wieder hinauswirft: ›doof‹ heißt ›taub‹ (nicht ›doof‹), ›trots‹: ›stolz‹, ›rots‹: ›Fels‹, ›graf‹: ›Grab‹, ›snee‹: ›Schnitt‹ (nicht ›Schnee‹), ›nut‹: ›Nutzen‹, ›slaaf‹: ›Sklave‹ (nicht ›Schlaf‹), ›smeken‹: ›flehen‹, ›aandacht‹: ›Aufmerksamkeit‹, ›durven‹: ›wagen‹ (nicht ›dürfen‹). Es ist leicht gesagt, die korrekte Bedeutung ergebe sich von selbst aus dem Zusammenhang. Meistens tut sie das. Manchmal aber gibt es eben auch Passagen – mit einem surrealen Bildüberschuß, einer delirierenden Unbestimmtheit –, in denen der Irrtum erst verzögert dämmert. Als La Falstaff über den Verlust seines Liebsten sinniert und meint, sie beide seien trotz allem zu innerst untrennbar, denn er müsse sich den Lüsten seiner Leidenschaft hingeben, da gibt er als Grund an: »ik, die zijn slaaf ben«. Gewiß: er sieht sich als Sklaven des einstigen Prinzen. Aber ist es so ganz abwegig, ihn als einen falschen Freund zu verstehen, seinen Schlaf, in der der König gewordene Prinz es sich wenigstens in seinen Träumen gestattet, den einstigen Lüsten zu frönen oder in denen La Falstaff ihn heimzusuchen phantasiert?

Tom Lanoyes Sprachartistik läßt sich verfolgen am Wechsel der Ebenen von Stück zu Stück, am übermäßigen Gebrauch des Reims und Binnenreims, an Alliterationen und Assonanzen, am Wortspiel, an den kalkulierten Brüchen vom hohen in den niederen Stil. Das klingt für den, der den getragenen Schlegelton im Ohr hat, manchmal unernst, outriert, slapstickhaft, verschärft aber oft Tendenzen, die bei Shakespeare angelegt sind, lenkt die Aufmerksamkeit auch hörbar auf das Spielerische der Situation. So ist Richard II., der Schauspielerkönig, hier ein sprachverliebter Geck, der sich als Dichter in der Pose Neros sieht und vorführt, was sich mit Sprache alles anstellen läßt, wenn man sie wie ein Instrument zu spielen versteht.

Shakespeares *Richard II.* beginnt gemessen, und für den Zuschauer oder Leser reimt sich erst langsam zusammen, daß sich hier Neffe und Onkel gegenüberstehen und daß der Sohn des Onkels der Vetter des Königs ist, eine Familienkonstellation also:

> Old John of Gaunt, time-honoured Lancaster,
> Hast thou ...
> Brought hither Henry Herford thy bold son,
> Here to make good the boist'rous late appeal ...

Bei Lanoye sind die Verhältnisse von vornherein klar: »Mijn wijze grijze oom, mijn Jan van Gent«. ›Gent‹ ist nun aber im Flämischen ein sprechender Name, der Gänserich, und Richard läßt sich die Gelegenheit nicht entgehen, gleich im zweiten Vers seinen Wortwitz zu zeigen: »Wiens trouwe vleugels het aloude nest / Van Lancaster beschermen lijk een schat«

(wörtlich: »Dessen getreue Flügel das erlauchte Nest / Von Lancaster beschirmen wie einen Schatz«). Das funktioniert natürlich im Deutschen nicht, weil ›Gent‹ nichts heißt. Ich mußte also auf die Anspielung verzichten und habe mich mit einer royalen Vogelmetapher beholfen: »Des Adlerschwingen das erlauchte Nest / Von Lancaster wie einen Schatz beschirmen«. Das ist insofern begründbar, als in der nächsten Szene die Herzogin von Gloster den alten Gent mit einem Adler vergleicht. Später, in der Sterbeszene, als Gent mit seinem sprechenden Namen spielt, brauchen wir natürlich doch den Gänserich. Mit John of Gaunt hatte Shakespeare leicht spielen (›gaunt‹ = ›hager‹). Schlegel löste das Problem durch ein heute kaum mehr verständliches Beinahe-Wortspiel: »Wohl Gent: der Tod wird meinen Leib verganten! / Und alter Gent, der längst die Gant erwartet!« (›Verganten‹ heißt ›in Konkurs bringen‹, ›Gant‹ ist die ›Zwangsversteigerung‹, Wörter, die zwar in den Kontext der Verjubelung Englands durch Richard passen, aber als Wortspiele doch eher hinken.) Hier kann Lanoye das Federvieh voll durchspielen, aber es braucht eine übersetzerische Krücke, damit man das versteht. Flämisch steht da: »Mijn naam was zelden zo toepasselijk«; deutsch heißt es: »Mein Name Gent, der Ganter, stimmte selten so.« Dann erfindet er seine Bilder vom gerupften Vogel, so daß der König anerkennend bemerkt:

Zehn neue jeux de mots auf ›Vogel‹ und
Nicht eins von mir erdacht! Hm – quel culot,
Für jemand der im Sterben liegt. Chapeau!

Gent ist der einzige, der Richard sprachlich gewachsen ist. Als er dem König am Ende dreifach die Schande an den Hals wünscht, gelingt ihm sogar noch ein Binnenreim: »Die schand zal u doen beven bij uw leven.« Auf deutsch wird daraus, den altertümelnden Sprachduktus des ersten Stückes benutzend, »In Schande sollst, bei deinem Leben, du erbeben: / Die

Schande soll dich ewig überleben!« Wütend ruft ihm der König nach: »Krepier an Krebs, schnattriger Gänserich« (die Anrede heißt im Flämischen allerdings nur ›alter Tropf‹), hat sich aber sofort wieder in der Gewalt, um mit vierfachen Binnenreimen zu demonstrieren, wer hier der Meister ist: »Geen jeugd, geen vreugd, geneugt' noch deugd: kapot, / Bescheten, uitgekost en naar de kloten!« Kann man das übersetzen? Die Bedeutungen sind erhalten, die Binnenreime allerdings verloren, dafür aber ergibt sich eine andersartige lautliche Verknüpfung, wenn ich übersetze: »Die Tugend, Jugend, Lust und Last: geschaßt, / Beschissen, ausgekotzt und auf dem Mist!« Richard ruft ihm noch einen Epitaph hinterher, der bei Shakespeare so klingt: »The ripest fruit first falls, and so doth he« – eine dreifache Alliteration mit drei betonten Silben nacheinander. Lanoye macht daraus: »Eerst rijp, dan zot, dan rot – da's de natuur – / Zijn tijd was op, het was zijn laatste uur.« Auf deutsch hört sich das so an: »Erst reif, dann wirr, dann irr – so läuft die Uhr. / Die Zeit war um, so will es die Natur.« Es ist schade, daß der Doppelsinn von ›rot‹ sich nicht retten läßt (umgangssprachlich ›beknackt‹, aber eben auch ›verfault, faul‹), doch die Nachbildung des Klangspiels erscheint wichtiger.

Gehen wir noch einmal zurück an den Anfang. Richard hatte John of Gaunts Sohn ›bold‹ genannt, seine Klage ›boist'rous‹. Das sind nicht eben anerkennende Beiwörter, und sie werden durch Schlegels ›kühn‹ und ›heftig‹ eher neutralisiert. (Selbst das eindeutig klingende ›bold‹ heißt eben auch ›impertinent‹.) Die Frechheit der Herausforderung Henry Bolingbrokes (sie zielt ja in Wirklichkeit auf den König selbst, wie dieser wohl weiß) klingt also bei Shakespeare schon an. Lanoye überzieht das, wenn er ein metonymisches Bild für den Vetter findet, der seine folgende Großsprecherei schon vorwegnimmt: »Mijn hevig helmboswuivende kozijn« (»Des hitzig helmbuschwehenden Cousins«). Doch sein Kontrahent, Richards Handlanger Mowbray, steht ihm an Kraftsprache nicht nach. Richard weiß das: »High-stomached are they both and full of ire, / In rage, deaf as the sea, hasty as fire.« Im Flämischen wird daraus: »Al zijn ze, heetgebakerd, alletwee / Lijk vuur zo dol maar dover dan de zee.« Die Alliteration in der zweiten Zeile läßt sich nicht nachbilden, aber durch eine Assonanz kompensieren: »Heißblütig sind die zwei zwar von jeher, / Wie Feuer braust, doch tauber als das Meer.«

Bolingbroke bekommt von Lanoye eine ganz andere Sprachmaske als Richard. Er ist kein Wortspieler, der sich an seinen eigenen Erfindungen ergötzt, nicht witzig und dadurch immer auf Distanz zu seiner Rolle, kein Artist, sondern er spricht durchgängig in Reimen, manchmal in Kettenreimen, was den deutschen Übersetzer zur Verzweiflung bringt. Damit ist aber hier keine Herrschaft über die Sprache gemeint, kein souveränes Spiel. Für Bolinbroke, Machtmensch, Militär und Saubermann, ist die Welt am Zeilenende in Ordnung gebracht. Er reimt, daß es kracht, und die Reime knallen wie Stiefelhacken. Das ist am Anfang noch nicht so deutlich. Hier können seine Reimereien noch wie die Ritualisierungen einer feudalen Fehdeherausforderung verstanden werden und sind in diesem Sinne auch von Shakespeare gesetzt. So heißt es: »And, by the glorious worth of my descent, / This arm shall do it (nämlich den ermordeten Onkel Gloster rächen), or this life (das eigene) be spent.« Lanoye macht daraus: »Ik wreek, dat zweer ik bij mijn voorgeslacht, / Mijn nonkels dood, of word zelf afgeslacht.« Deutsch ist daraus geworden: »Bei meinen Ahnen schwör ich ihn zu rächen / Und sollt dabei ich selbst den Hals mir brechen.« Erst vom nachfolgenden Stück her gesehen, das bei Lanoye *Hendrik Vier* heißt, wie eine Durchzählnummer, wird klar, daß hier schon der reimpeitschende Zwangscharakter zum Vorschein kommt, der sich dann durchsetzen wird.

Aber noch ist es nicht soweit. In der Abdankungsszene, dem Entkrönungsritual, hat Lanoye das Rollenspiel verstärkt. Aus drei einführenden Versen bei Shakespeare werden bei ihm neun, voller Binnenreime in zwei Sprachen und Unterbrechungen wie bei einem Akteur, der sich in ein neues Fach erst finden muß:

> Het mangelt mij, Messieurs, aan zeggingskracht
> Om te vertolken hóe zeer in de wolken
> Uw bede mij niet heeft gebracht, uw roep –
> Als groep! – om mij, een doogewone vent,
> Ovationeel op 't voortoneel te halen
> Voor – tja, wat? Een encore? Een Grand Finale?
> Weet: ik betreed de bühne sans rancune
> En zweer, de tout mon cœur et corps: Gij waart –
> Behalve mijn decor – een puik publiek, mais […]

> Messieurs, mir mangelts an Beredsamkeit,
> Um vorzuführen, wie um die Allüren
> Mich Eure Bitte bringt, ja Euer Wort –
> Der Tort! – um mich, ein ganz gewöhnlich Bürschchen,
> So stürmisch aufs Proszenium zu rufen
> Um – tja, was? Ein Encore? Ein Grand Finale?
> Wißt: ich betret die Bühne sans rancune,
> Und schwör, de tout mon cœur et corps: Ihr wart –
> Außer Dekor – ein prima Publikum, mais[…]

Und weiter:

>   Für die Rolle
> Des Wurms fehlt mir der Text – und kein Souffleur
> Liest solch horreur …

Bei Shakespeare folgen dann die berühmten Bilder, Gleichnisse und Wortverdichtungen, die Lanoye nachformt. Am engsten geführt ist das Spiel mit ›care‹, das Shakespeare in fünf Zeilen neunmal verwendet:

> Your cares set up do not pluck my cares down.
> My care is loss of care, by old care done;
> Your care is gain of care, by new care won.
> The cares I give, I have, though given away,
> They 'tend the crown, yet still with me they stay.

Schlegel kann nur drei der neun ›cares‹ retten:

> Durch Eure Sorg ist meine nicht geborgen!
> Die mein ist, daß mir alte Sorg entrinnt,
> Die Eure, daß ihr neue nun gewinnt.
> Die Sorge, die ich gebe, hab ich noch!
> Sie folgt der Kron und bleibet bei mir doch!

Lanoye verkürzt die fünf Zeilen auf drei, bringt aber siebenmal ›zorg‹ unter, zu seinem Glück ein Einsilber wie im Englischen

> Ik blijf ook zonder niet van zorg verschoond.
> Mijn zorg? Verloren zorg, de zorg voorbij.
> Uw zorg? Verworven zorg, veel zorg erbij.

(Man kann bedauern, daß hier zu viel gekürzt ist und der Rätselspruchcharakter des Englischen verlorengeht.) Im Deutschen ließ sich ›zorg‹ wenigstens fünfmal retten, allerdings unschön elidiert:

> Ich bleib auch ohne[2] nicht von Sorg verschont.
> Die meine ist verlorne Sorg, die Sorg dahin.
> Die Eure ist erworbne Sorg, viel Sorg darin.

In der ganzen großen Szene hat Bolingbroke, der doch schließlich der Thronräuber ist, kaum mehr als eine Komparsenrolle. Er ist der Stichwortgeber, der Richard zu immer neuen Tiraden hinreißt. Je größer Richards Schmerz ist, je tiefer seine Erniedrigung, desto souveräner spielt er auf dem Instrument seiner Sprache, dem einzigen, das ihm keiner nehmen kann. Noch in der Kerkerszene unterläuft er sein Elend, indem er spielt und darauf hinweist, daß er spielt, sich mit Sprache drapiert, dichtet, rezitiert. Dies ist gegenüber Shakespeare, wo es deutlich genug ist, noch verschärft, um die Illusion, es ginge hier um menschliches Schicksal statt um Theater, weiter aufzulösen:

> Vielleicht, chers spectateurs, erwartet Ihr,
> Die Größe meines Schicksals werd sich hier
> Dem Tragischen noch nahn. Das ist ein Wahn.

Noch einmal zieht er alle Register seines Könnens, das am Ende auf das berühmte Spiel mit ›nicht‹ und ›nichts‹ hinausläuft:

> But whate'ver I be,
> Nor I, nor any man that but man is,
> With nothing shall be pleas'd, till he be eas'd
> With being nothing.

Bei Schlegel wird daraus:

> Doch wer ich sei:
> So mir als jedem sonst, der Mensch nur ist,
> Kann nichts genügen, bis er kommt zur Ruh,
> Indem er nichts wird!

Von den vier Negationen des Originals sind zwei erhalten und der Binnenreim ist verloren. Lanoye ist Shakespeare näher, wenn er schreibt:

> Maar wat het is, dat ik ook ben: noch ik
> Noch enig mens die mens is en niets meer,

> Kan ooit tevreden zijn met iets, totdat
> Hij vrede neemt met dit: de mens is niets.

Das läßt sich im Deutschen nachbauen:

> Was immer auch ich bin jedoch: nicht ich
> Nicht irgendwer, der außer Mensch nichts ist,
> Kann je zufrieden sein mit etwas, bis
> Er Frieden schließt damit: der Mensch ist nichts.

Der fehlende Binnenreim sollte durch die deutlichere syntaktische Umstellung an zwei Zeilenenden – »Mensch nichts ist ... Mensch ist nichts« – kompensiert sein. Der flämische Richard schließt dann, anders als Shakespeare, mit einem großen apokalyptischen Bild, das Schuld und Schrecken der folgenden Stücke prophetisch ankündigt. Er selbst, der das ganze dynastische Unheil ja letztendlich durch seine Willkür und selbstverliebte Spielerei heraufbeschworen hatte, sieht sich jetzt an der Seite des »Gotts der Götter« als »wahr-gesalbten Fürsten« sitzen und es fühlt die Welt: »Es ist gekommen jetzt sein Tag des Zornes.« Dieser hochpathetische Schluß ist kontrastiv zum Ende des gesamten Zyklus zu sehen: dieser andere Richard endet in der totalen Verfinsterung, der Zerstörung, der Sprachzertrümmerung, in Unflat und Unrat, Blut, Schleim, Tränen, Kot.

Nachdem der Weg frei ist für Heinrich 4, kann er entfalten, was von ihm zu ahnen war, und noch etwas mehr: Brutalität und Despotie, Prüderie und Frömmelei. Das reimt sich alles aufeinander. Die Berührung mit Shakespeares Figur ist hier nur noch tangential. Er ist der ›gids‹, der ›Führer‹, und von da aus kann im Deutschen manches anklingen, wofür im Flämischen der Resonanzboden fehlt:

> Ein wahrer Fürst bekämpft die Krankheitskeime,
> Indem er hält das Volk an kurzer Leine:

Ordnung macht frei³, die Anarchie zum Knecht;
Wo schwammig das Gesetz, verkommt das Recht.
Nur der Gehorsam schenkt uns die Befreiung!
Der Weg zum Volkswohl⁴ führt über Kasteiung
Und Manifestation der Tradition.

Später in der langen Volksrede, die immer wieder von Applaus unterbrochen wird, heißt es: »Die Schande ists, die unser Volk befleckt / Und meinen Hunger nach Vergeltung weckt.« Lanoye hat gelegentlich Zitate und Anspielungen in seine Verse eingebaut, die uns nichts sagen, weil wir die flämische Literatur nicht kennen. Das läßt sich ausgleichen, wenn einem anderswo welche einfallen. Heinrich sagt einmal: »Wij worden weer door wildernis bedolven, / Verjaagd door wie wij ooit verdreven: wolven.« Wörtlich heißt das: »Wir werden wieder von der Wildnis überwältigt, verjagt von denen, die wir einst vertrieben, den Wölfen.« Unter Anspielung auf Nietzsches schändliche Vereinnahmung durch die Nazis ist daraus geworden: »Es wächst die Wüste wieder, die brutale, / Die wir verjagt, vertreiben uns: Schakale.«

Daß Heinrich sich hineinbrüllt in seine Moralstandpauken ist szenisch motiviert durch die obszönen Liebesspiele von La Falstaff und dem Prinzen Heinz, die im Hintergrund der Bühne ablaufen. So schweinisch, albern oder blasphemisch die sie begleitenden Texte auch sind, sie sind meist witzig oder übertrieben theatralisch. Gleich zu Beginn parodiert La Falstaff ein jedem Flamen bekanntes Lesebuchgedicht des katholischen Dichters Guido Gezelle – wir lösen das durch eine Parodie auf Goethes Ballade »Der Fischer«. Da La Falstaff vom gleichen Schauspieler gespielt werden soll wie Richard, sehen wir in ihm/ihr auch dessen Revenant. Seine Lasterhaftigkeit ist jetzt gewissermaßen freigesetzt, nicht mehr nur eine Farbe in der Königsrolle, zugleich fungiert La Falstaff dadurch als die Inkarnation des schlechten Gewissens Heinrichs *und* der Rechtfertigung seines Thronraubs. Auch der Haß gegen den eigenen Sohn, weil er in ihm den nicht totzukriegenden oder wieder auferstehenden Vorgänger sieht, sind nicht mehr nur die (Schuld)Phantasien des Täters, wie bei Shakespeare, sondern sind durch handgreifliche Provokationen auf der Bühne motiviert. Am deutlichsten aber ist La Falstaff der Wiedergänger durch seine Sprache.

Mit Parodien, also dem Ineins zweier Sprachkontexte, führt er sich ein. Im Folgestück, *Der Fünfte Heinrich*, nachdem der neue König, sein Prinzchen, ihn verstoßen hat, schleudert er eine ganze Milchstraße poetischer Einfälle aus sich heraus. Er ist Erzähler, Illusionsproduzent, Beobachter, Kommentator des Geschehens (also Shakespeares Prologue und Chorus), zugleich ist er der/die verlassene Liebste. Dies führt zu immer wieder anderen dichterischen Ansätzen und Abbrüchen. La Falstaff verfügt über ein solches Register an Formen und Tönen, daß selbst Richards Kunst dagegen verblaßt, vom Elegischen, auch semantisch Antiquierten, zu liedhaften Formen wie Kinderreimähnlichem, immer gegründet im Schmerz des Verlusts, dem keine Ausdrucksform genügt, aber immer gesprochen mit dem Gestus des Artisten, der auf die Mittel verweist, über die er verfügt:

Es fielen eher Berge in das Watt,
Es würd die See süß und die Erde platt.
Es säh die Sonn die Nacht, der Wurm den Mond,
Es hätt der Leu die Lämmer eher satt,
Als er vor mir und ich vor ihm wäre
geflohn ... Pardon. Ich muß es anders sagen, das ist zu klassisch. Warum nicht so:

Die Schwierigkeit für den Übersetzer ist hier, daß Lanoye die Zeilen viermal mit dem Einsilber ›Eer‹ (›eher‹) beginnt, der, zu ›ehr‹ verkürzt, mißverständlich wäre; daher die andere vierfache Wiederholung mit den dann notwendigen Konjunktiven. Nach dem Angebot, »Warum nicht so«, produziert La Falstaff ein siebenstrophiges Lied, das fast durchgängig aus viersilbigen Zeilen besteht, die zusätzlich noch gereimt sind. Hier ist der Übersetzer, will er den Ton erhalten, genötigt, die Semantik der Form zu opfern, weil ja eben das Deutsche in der Regel eine viel größere Silbenzahl hat als das Niederländische. Die erste (ungereimte) Strophe läßt sich noch wortwörtlich herunterübersetzen:

> er war die flamme
> ich sein stroh
> er war mein atem
> ich sein staub
> er war mein durst
> und ich sein schluck.

Aber ab der zweiten Strophe geht es nicht mehr ohne Veränderungen. Lanoyes dritte Strophe lautet:

> hij was een mond
> en ik muskaat
> ik werd gewond
> door zijn gelaat
> een echtverbond
> op heterdaad

Die Zeilen drei und vier heißen wörtlich: ›ich wurde verwundet von seinem Antlitz‹; die letzte Zeile heißt ›auf frischer Tat‹. Ob der deutsche Reimzwang hier nicht sogar etwas Besseres zustande bringt?

> er war ein mund
> und ich muskat
> ich wurde wund

da er mich trat
   ein ehebund
   im untergrund

So geht es immer weiter in der gleichen Form – vier Silben und Kreuzreime –, die im Deutschen Ersetzungen verlangen, um die Form zu wahren. Gegenläufig zum Gleichmaß haben die Verse eine wachsende Beschleunigung und Dynamik, die in einer Zerstörungsphantasie gipfeln. Danach – »Pardon? Das paßt nicht in die ars poetica? / Dann schmeiß ichs einfach um, comme-çi, comme-ça« – findet La Falstaff noch einmal einen neuen Ton, der wie das Echo eines Shakespearschen Sonetts klingt. Er bildet den denkbar schärfsten Kontrast zu den immer zotigeren Viersilbern, auf die er folgt, und belegt die poetische Bandbreite und den Erfindungsreichtum dieser Figur, die dadurch übrigens nicht nur als Rückbindung an Lanoyes Richard zu verstehen ist, sondern auch die Erinnerung an den alten Wörterjongleur Sir John Falstaff weckt. Die kleine Elegie beginnt:

   Weil seine Liebe groß ist, denkt, wer liebt:
   Sie wird, auch nach dem Tod, auf ewig währen.
   Bis sie verwelkt und achselzuckend stirbt
   Und er ein lang und schleppend Leben erbt
   Mit Mauern der Erinnrung als Umzinglung.

Shakespeares Falstaff ist natürlich längst in einem einsamen Wirtshausbett gestorben, als der hier sehnsüchtig Bejammerte in Frankreich seine Schlammschlachten schlägt. Im Stück dieses Soldatenkönigs sind zahlreiche komödiantische Franzosenszenen in einer Mischsprache aus französisch und flämisch hinzugekommen. In der Rolle Heinrichs aber, zumal in den langen Redepassagen, folgt Lanoye recht genau der Vorlage. Doch dabei bekommen viele altbekannte und bewährte Verse, im gewissermaßen reinigenden Durchgang durch das Flämische, eine neue Frische. Zwei Beispiele sollen genügen. Im großen Nachtmonolog vor der Entscheidungsschlacht betet Henry:

> O God of battles! steel my soldiers' hearts;
> Possess them not with fear; take from them now
> The sense of reckoning, if th'opposed numbers
> Pluck their hearts from them. Not to-day, O Lord!
> O not to-day, think not upon the fault
> My father made in compassing the crown!

Bei Schlegel heißen die Verse in reguliertem Metrum:

> O Gott der Schlachten! stähle meine Krieger,
> Erfüll sie nicht mit Furcht, nimm ihnen nun
> Den Sinn des Rechnens, wenn der Gegner Zahl
> Sie um ihr Herz bringt! – Heute nicht, o Herr,
> O heute nicht gedenke meines Vaters
> Vergehn mir nicht, als er die Kron ergriff!

Schlegel hat die allmähliche Verfertigung der Gedanken beim Reden syntaktisch schön gelöst, wenn auch die vorangestellten Genitive heute vielleicht wie antiquierte Bühnensprache wirken. Allerdings hat er das in seinem Bezug in der Schwebe bleibende »Not to-day. O Lord!«, das ebenso zum Vorangehenden wie zum Folgenden gehört, klar zum Letzteren gezogen. Lanoye hebt den doppelten Bezug durch ein »ook niet« hervor:

> O God der Veldgevechten! Staal het hart
> Van mijn soldaten, sla hen niet met vrees.
> Ontsla hen van de gave van het rekenen,
> Als door 't getal van onze tegenstanders
> De moed hun in the schoenen zinkt. Nee niet
> Vandaag, o God! En denk ook niet vandaag

> Aan de barbaarse zonde die mijn vader
> Bedreven heeft om deze kroon te krijgen.

Das sind ganz regelmäßige, glatt laufende Verse. Im Deutschen ist die gewisse Unregelmäßigkeit der Shakespeareschen Zeilen wenigstens durch eine metrische Inversion im zweiten Vers eingebracht, ist das starke »Not to-day« durch ein zweifaches »nicht« und der Doppelbezug durch einen Chiasmus markiert:

> O Gott der Schlachten! Stähl das Herz
> Meiner Soldaten, schlag sie nicht mit Angst.
> Entschlage sie der schnellen Kunst des Rechnens,
> Wenn vor der Überzahl von unsern Gegnern
> Das Herz in ihre Hosen rutscht. Nein, nicht,
> Nicht heute, Gott! Und denk auch heute nicht
> An die Barbarensünden, die mein Vater
> Beging, um diese Krone zu erraffen.

Das andere Beispiel stammt aus der vaterländischen Durchhalterede vor Azincourt. Heinrich vereidigt den zusammengeschmolzenen Haufen auf die Entscheidungsschlacht und malt als Lohn das immerwährende Gedenken aus. Da spricht er die geflügelten Worte:

> And Crispin Crispian shall ne'er go by,
> From this day to the ending of the world,
> But we in it shall be remembered;
> We few, we happy few, we band of brothers;
> For he to-day that sheds his blood with me
> Shall be my brother; be he ne'er so vile
> This day shall gentle his condition.

Schlegels Lösung ist keine seiner Glanzleistungen:

> Und nie von heute bis zum Schluß der Welt
> Wird Krispin Krispian vorübergehn,
> Daß man nicht uns dabei erwähnen sollte,
> Uns wen'ge, uns beglücktes Häuflein Brüder:
> Denn welcher heut sein Blut mit mir vergießt,
> Der wird mein Bruder! Sei er noch so niedrig:
> Der heut'ge Tag wird adeln seinen Stand.

Es ist bedauerlich, daß gerade das rhetorisch so wirkungsvolle, dreifach erweiterte »we« in der Übersetzung nicht vorkommt. Zu Lanoyes Fassung muß man zunächst wissen, daß er die allzu deutlichen Bezüge zur englischen Geschichte getilgt hat (aus dem ›Tower‹ wird ›toren‹, der ›Turm‹), um die politische Aktualität der Machtspiele nicht zu blockieren. Mit diesem Abstrich liest sich seine Fassung fast wörtlich genau:

> Zo gaat, tot aan het einde van de tijden,
> Geen jaar voorbij of wij worden herdacht,
> Slechts wij, wij weinigen, gelukkigen,
> Wij, bende niets dan broers. Want hij, die hier
> Zijn bloed spilt met het mijne, is mijn broer.
> Zijn rang mag laag zijn en zijn stand gemeen,
> Een dag als deze zal hem eeuwig adelen.

Hier sind die »we« fast alle erhalten, und auch die so zentrale Verheißung des Gedenkens (»remembered«, von Schlegel verschenkt mit »erwähnen sollte«) ist herübergeholt und wie bei Shakespeare ans markante Zeilenende gesetzt. Die deutsche Übersetzung muß dem Flämischen folgen, versucht aber gleichzeitig, noch näher an Shakespeares strategisches »we« heranzukommen:

So geht, bis an das Ende aller Zeiten
Kein Jahr vorbei, da unser nicht gedacht,
Nur wir, wir Glücklichen, wir Wenigen,
Wir einig Brüderband. Denn der, der hier
Sein Blut vergießt mit meinem, ist mein Bruder.
Sein Rang mag niedrig sein, sein Stand gemein,
Ein Tag wie dieser wird ihn ewig adeln.

Mit dem Sieg des fünften Heinrich über Frankreich und seiner Vereinigung mit der französischen Prinzessin – »La France, c'est moi – o starker König«, sagt Cathérine – sind die reinen Männerstücke zu Ende. Zu Ende ist auch Shakespeares erste, allerdings erst *nach* der zweiten geschriebene Tetralogie. Die Anschlußstücke, also die drei Teile von *Henry VI.* und *Richard III.*, stammen aus der ersten Schaffensperiode Shakespeares, haben noch nicht die poetische Dichte und existentielle Tiefe der späteren Stücke, sind bisweilen krud, holprig und holzschnitthaft. Das kommt Lanoyes Konzeption entgegen: was jugendliche Unfertigkeit war, wertet er in der Chronologie der Ereignisse um zu sprachlichem Zerfall. Die drei Teile von *Henry VI.* zieht er zusammen auf zwei und nennt sie *Margaretha di Napoli* und *Edwaar the King* (*Eddy the King*). Das letzte Stück heißt *Risjaar Modderfokker den Derde* (*Dirty Rich Modderfocker der Dritte*). Alle drei Stücke arbeiten mit Motiven und Versatzstücken aus Shakespeare, lassen aber nur noch sehr abgeblaßt und verzerrt die Vorlagen durchscheinen. Sie werden überdeckt, zunehmend schreiend und grell, durch ganz andere Klänge und Kontexte – Hollywood-Filme (Tarantino), Pop-Sequenzen, Slang, Werner Schwab und Rainald Goetz –, bleiben aber gleichwohl auch hier fast immer gebunden an den Fünfheber. Im großen Selbsterkennungsfinale Richards nach dem Albtraum der von ihm Ermordeten – »What do I fear? Myself? There's none else by« – schreit Dirty Rich:

Who do I fokking fear? There's no-one here.
Der Richard liebt den Rich. Ich liebe mich.
Ist da ein Mörder, sagt? No. – Yes, there's me!
So flieh doch, flieh! – What, vor myself? No way.
Ich tat nie wem ein Weh, noch je was Gutes –
Denn ehrlich – wer war je das Gute wert? ...
Ich?
O cruel world! Kein Mensch, kein Tier that loves me!
Who'll cry for me, wenn ich mal selbst krepier?
Yo Modder! Fok me, fok you, fok us all ...

Der Brutalisierung der Figuren entspricht ihre Sprache. Sie ist entdifferenziert. Allerdings verfügt das Amerikanische und das flämische Niederländisch über ein reicheres Slang-Vokabular als das Deutsche, so daß die Erfindungskraft des Übersetzers ständig strapaziert wird, will er nicht immer auf die gleichen Vulgarismen und ›dirty words‹ zurückfallen. Zudem lassen sich nicht-flektierende Sprachen wie das Niederländische und das Amerikanische leichter zu einem hybriden Duktus verbinden als das bei der Kontamination des Amerikanischen mit dem Deutschen möglich ist. Der Übersetzer muß also auch ein Ohr haben für die Stummelsprache des heutigen Jugend-Jargons, der allerdings einem raschen Verfallsdatum unterliegt und in Berlin anders ist als in Hamburg oder Frankfurt. Das heißt: Übersetzen ist hier auch eine Altersfrage. Einmal weil einem älteren Übersetzer die Kompetenz fehlt, zum anderen weil er der lautstarken Sprachzertrümmerung zwar manchmal mit interessiertem Erstaunen zuhört, sie aber nicht mehr seine Sache ist. So sollen von meiner Seite aus die Bemerkungen über die Übersetzungsschwierigkeiten der *Schlachten* allgemein und über die von mir zu verantwortenden Stücke im besonderen genügen.

(2001)

1   Tom Lanoye (mit Luc Perceval), *Ten Oorlog naar The War of the Roses* von Shakespeare. Buchausgabe Amsterdam: Prometheus, 1997. Die Sequenz enthält die Stücke *Richaar Deuzième, Hendrik Vier, Hendrik de Vijfden, Margaretha di Napoli, Edwaar the King, Risjaar Modderfokker den Derde.*
Die deutschen Übersetzungen erschienen unter dem Titel *Schlachten!* als Buchausgabe Frankfurt: Verlag der Autoren, 1999, sowie als Programmbuch Hamburg: Deutsches Schauspielhaus, 1999. Übersetzer: Klaus Reichert *(Richard Deuxième, Heinrich 4, Der Fünfte Heinrich)* und Rainer Kersten *(Margaretha di Napoli, Eddy the King, Dirty Rich Modderfocker der Dritte)*. Die deutschen Premieren fanden am 25. Juli 1999 bei den Salzburger Festspielen sowie am 2. Oktober 1999 im Deutschen Schauspielhaus in Hamburg statt.
Die englischen Zitate werden nach den Arden-Ausgaben zitiert: R2, P. Ure; 1/2 H4, A. R. Humphreys; H5, J. H. Walter.

2   Nämlich ›Krone‹, auch als Binnenreim zum vorausgegangenen Versende.

3   Mitzudenken ist: ›Arbeit macht frei‹; im Flämischen heißt es ›verlost‹, ›erlöst‹, was zur bigotten Grundierung Heinrichs paßt.

4   ›welzijn‹, ›Wohlergehen‹.

Der erste deutsche Hamlet-Monolog

Moses Mendelssohn veröffentlichte 1758 in der *Bibliothek der schönen Wissenschaften und der freyen Künste* seine große, folgenreiche Abhandlung ›Über das Erhabene und Naive in den schönen Wissenschaften‹. Zwei Jahre zuvor war Edmund Burkes *Philosophical Inquiry into the Origin of Our Ideas of the Sublime and Beautiful* erschienen, an deren (nicht abgeschlossener) Übersetzung Lessing arbeitete und die Mendelssohn ebenfalls 1758 am gleichen Ort dem deutschen Publikum noch einmal eigens in einer ›ersten Anzeige‹ vorstellte.

Literarischer Kronzeuge für die Erzeugung des Gefühls des Erhabenen war für Mendelssohn (mehr als für Burke) Shakespeare, ein seinem Publikum kaum erst gerüchteweise bekannter Autor. (Auf deutsch gab es 1741 die *Caesar*-Übersetzung des preußischen Gesandten von Borck in Alexandrinern; im gleichen Jahr wie Mendelssohns Abhandlung erschien die Blankvers-Übersetzung von *Romeo und Julia* durch Simon Grynäus; Wielands großes Prosaübersetzungswerk von 22 Stücken begann erst ab 1762 zu erscheinen, sein *Hamlet*, 1766, war das vorletzte Stück der Reihe.) Für die meisten seiner Leser dürften also Mendelssohns Auszüge aus Shakespeare die erste Begegnung mit diesem Autor überhaupt gewesen sein, und für die Erfolgsgeschichte gerade des *Hamlet* in Deutschland in der zweiten Jahrhunderthälfte mögen die ausgiebigen Übersetzungsproben aus ebendiesem Stück die Initialzündung gewesen sein. Von diesen Proben am wichtigsten, weil sie einen neuen Ton in der deutschen Dichtung hören ließ, ist die Blankvers-Übertragung des ›To be or not to be‹-Monologs (die auch als separates Gedicht erschien und so in die *Gesammelten Schriften* von 1845 Aufnahme fand). Mendelssohn diskutiert, wie Ungewißheit und Unentschlossenheit eine »heroische Seele« dazu treibt, sich in immer neuen Anläufen die Beweggründe des Für und Wider vor Augen zu stellen: »Alsdenn nimmt das Erhabene in den Gesinnungen den reichsten Schmuck im Ausdrucke an; das ganze Feuer der Beredsamkeit wird angewendet, die Bewegungsgründe auf beiden Seiten in ihrem stärksten Lichte zu zeigen. Die unentschlossene Seele schwankt wie von Wellen getrieben von einer Seite zur andern, und reißet die Zuhörer allenthalben mit sich fort ...« Nach Hinweisen auf Corneille und Racine führt er als unübertroffenes Beispiel den Hamlet-Monolog an, den er vollständig übersetzt:

Seyn, oder Nichtseyn! dieses ist die Frage! –
Ist's edler, im Gemüth des Schicksals Wuth
Und giftiges Geschoß zu dulden? oder
Ein ganzes Heer von Qualen zu bekämpfen,
Und kämpfend zu vergehn? – Vergehen? – schlafen!
Mehr heißt es nicht! Ein süßer Schlummer ist's,
Der uns von tausend Herzensangst befreit,
Die dieses Fleisches Erbtheil sind! Wie würdig
Des frommen Wunsches ist vergehen, schlafen!
Doch schlafen? nicht auch träumen? – Ach, hier liegt
Der Knoten! Träume, die im Todesschlaf
Uns schrecken, wenn einst dieses Fleisch verwest,
Sind furchtbar! diese lehren uns geduldig
Des langen Lebens schweres Joch ertragen.
Wer litte sonst des Glückes Schmach und Geißel?
Der Stolzen Übermuth, die Tyrannei
Der Mächtigen, die Qual verschmähter Liebe?
Den Mißbrauch der Gesetze, jedes Schalks
Verspottung der Verdienste, mit Geduld?
Könnt' uns ein bloßer Dolch die Ruhe schenken,
Wo ist der Thor, der unter dieser Bürde
Des Lebens länger seufzete? – Allein
Die Furcht vor dem, was nach dem Tode folgt,
Das Land, von da kein Reisender zurück
Auf Erden kam; entwaffnen unsern Muth.

Wir leiden lieber hier bewußte Qual,
Eh' wir zu jener Ungewißheit fliehn. –
So macht uns alle das Gewissen feige!
Die Überlegung kränkt mit bleicher Farbe
Das Angesicht des feurigsten Entschlusses.
Dieß unterbricht die größte Unternehmung
In ihrem Lauf; und jede wicht'ge That
Erstirbt. – – – –

(Zitiert nach den *Gesammelten Schriften*, herausgegeben von G. B. Mendelssohn, Leipzig: Brockhaus, 1845, Sechster Band, S. 391 f.)

Das ist eine erstaunlich kühne Übersetzung, zumal wenn man sie mit der nüchternen, fast bilderlosen Fassung Wielands, die acht Jahre jünger ist, vergleicht. Mendelssohn hat nicht nur einfach heruntergesetzt (zumeist ziemlich wörtlich), er hat zugleich den inneren Dialog des Textes herausgearbeitet. Das zeigt schon der Blick aufs Schriftbild: Ausrufungszeichen, Gedankenstriche, Fragezeichen. Die Sätze und Satzfetzen kommen wie Peitschenhiebe – zehn Ausrufungszeichen gegenüber keinem einzigen bei Shakespeare. Die Antworten kommen als Fragen – neun Fragezeichen gegenüber zweien bei Shakespeare. Dazwischen sechsmal Gedankenstriche, wiederum nur zwei hat das Original. Im Kontrast zu den Zäsuren in den Zeilen macht Mendelssohn ausgiebigen Gebrauch von Enjambements – er hat fast doppelt soviele wie Shakespeare. Dadurch entsteht die eigentümliche Bewegtheit dieser Verse – »wie von Wellen getrieben von einer Seite zur andern« –: der Vers drängt über sein Ende hinaus und kommt erst im nächsten zu einem Vorhalt.

Shakespeare läßt im Bezug der Satzglieder zueinander einen gewissen Spielraum offen. Wo sitzt die Zäsur im zweiten Vers – »Whether 'tis nobler in the mind to suffer« –: hinter »nobler« oder hinter »mind«? Mendelssohn entscheidet sich für das erstere – »Ist's edler (Komma) im Gemüth« –, um so den klaren Gegensatz zwischen Denken und Handeln zu bezeichnen. Schlegel wird dann die Zäsur anders setzen – »Ob's edler im Gemüt (Komma)« –, und dadurch werden beide, Denken und Handeln, zu bloßen Bewußtseinsformen. An anderen Stellen nimmt sich Mendelssohn Freiheiten heraus, um den erhabenen Effekt zu erhöhen. In den Zeilen 4 und 5 – »Or to take arms against a sea of troubles / And by opposing end them. To die – to sleep« – verwendet Mendelssohn zweimal mit »kämpfen« gebildete Wörter, »end« übersetzt er mit »vergehn« und das anschließende »to die« wiederum mit »Vergehen«. Die Wiederholung, gar die doppelte Wiederholung kurz hintereinander, ist für ihn eines der wichtigsten Stilmittel des Erhabenen, und unter dieser Voraussetzung nähert er die Vorlage gewissermaßen der eigenen Theorie an. Zugleich aber ist diese Zeile ganz dramatisch gedacht: das erste »vergehn« ist eher fragend dahingesagt, denn der Ton liegt mehr auf dem vorausgehenden »kämpfend«, aber im Moment, wo das Wort heraus ist, stutzt Hamlet und spricht das Wort noch einmal, jetzt gedehnt fragend, »Vergehen?«, woran sich dann die Reflexion über Schlaf und Tod anschließt.

So ließe sich weiterlesen, ließen sich Mendelssohns Findungen in einem genauen Erfassen der Vorlage und, wo nötig – das heißt im Hinblick auf die erkannte theatralische Dynamik *und* die eigene Theorie des Erhabenen –, in der poetischen Überschreitung des nicht immer klar Gedachten (Voltaires Verdikte waren ja noch nicht ganz aus der Welt) begründen. Statt dessen will ich nur noch auf zwei Merkwürdigkeiten hinweisen, die zu verstehen schwerfällt. Wenn Shakespeare von den »whips and scorns of *time*« spricht, spricht Mendelssohn von »des *Glückes* Schmach und Geißel«. Ist es vorstellbar, daß er hier die Verbindung zum »Schicksal« der zweiten Zeile herstellen wollte und den Alleszermalmer Kronos durch die im persönlichen Erfahrungsbereich situierte höhnende Fortuna ersetzte? Bei Warburton konnte er überdies lesen, daß keine Allegorie *der* Zeit gemeint war, sondern

»a corrupted age or manners«, womit dieses »Glück« eine präsentische Nähe jener Zeit bekäme, die sich uns entzieht. Noch merkwürdiger ist die folgende Stelle, daß die Angst vor dem, was nach dem Tod uns erwartet, »puzzles the *will*« – die Furcht und das unbekannte Land, heißt es bei Mendelssohn, »entwaffnen unsern *Muth*«. »Muth« gegen »will«? Auch hier ist zunächst die Verbindung zum Anfang gesetzt, zu »Gemüth«, das fast den gesamten semantischen Raum deckt wie »Muth«, jenes »ganze Begehrungsvermögen des Menschen« (Adelung), was im Hinblick auf das Totenreich gesagt nicht ohne Pikanterie ist. Dann aber mag man sich erst recht fragen, worin denn die Ersetzung der Entschlußkraft, des Willens (zum Selbstmord?) durch ein allgemeines »Begehrungsvermögen« des »Muthes« begründet ist. Vielleicht ist »Muth« einfach die umfassendere Vorstellung, die auch den Willen einbegreift. Dann wäre die Furcht vor dem Danach, dieses durch die absolute Leerstelle erhabenste aller Schrecknisse, nicht nur die Irritation (›puzzle‹), sondern die Starre, die jedes Wollen ohnmächtig werden läßt, eben den »Muth« entwaffnet.

»Thus conscience does make cowards of us all«. Schlegel wird »conscience« mit »Bewußtsein« übersetzen. Wenn Mendelssohn hier »Gewissen« schreibt, hat das einen für uns nicht mehr empfindbaren Doppelsinn: »das Gewissen« als sittliche Forderung (die »heroische Seele« erkennt »endlich die Stimme der Tugend«), aber zugleich »überhaupt das Bewußtseyn einer Sache«, »das gewisse Bewußtseyn einer eigenen Handlung« (Adelung). Die Stoßrichtung des Monologs läßt sich kaum enger führen als in diesem *einen* Wort.

(2000)

Deutschland ist nicht Hamlet
Der Hamlet-Monolog am Vorabend der Reichsgründung

Unter den vielen deutschen Shakespeare-Ausgaben, die in der zweiten Hälfte des 19. Jahrhunderts vorgelegt wurden, verdient die von Friedrich Bodenstedt (1819-1892) besorgte die meiste Beachtung. Bodenstedt, der Meininger Theaterleiter, Lyriker und Übersetzer, warb ein Team von Dichtern, Theaterpraktikern und Anglisten an, das die erlauchtesten Namen der dürftigen 6oer Jahre enthielt: Delius, Gildemeister, Herwegh, Heyse, Kurz, Wilbrandt. Am meisten hingegen hätte ihm an der Mitarbeit Freiligraths gelegen. Bodenstedts eifriges Werben um den in London im Exil lebenden Revolutionär wirft einiges Licht auf den Geist, in dessen Zeichen Bodenstedts Unternehmen stand. In einem Gedicht (*Hamlet*, April 1844) hatte Freiligrath Börnes *Deutschland ist Hamlet* aufgegriffen, jene Chiffre, die die Haltung der Jung-Deutschen sowohl dem damaligen Deutschland wie Hamlet gegenüber am bündigsten charakterisierte. So schien der Dichter wie kein anderer geeignet, dem gewandelten Shakespeare-Bild durch eine neue Übersetzung Ausdruck zu geben. Warum es dann zur Zusammenarbeit nicht kam, braucht nicht zu interessieren; allein die Werbung um Freiligrath ist Indiz genug, daß Bodenstedts Ausgabe, und im besonderen seine Auffassung des *Hamlet*, den er selbst übersetzte, von den Ideen des politischen Aufbruchs getragen war. Welche Welt zwischen dem *Hamlet* Wilhelm Meisters und dem *Hamlet* der Gründerjahre lag, bemißt sich aus einem geistesgeschichtlichen Dokument, das einzig in seiner Art ist, weil es zeigt, wie tief Börnes Wort die fatale Identifikation erzwungen haben mußte, um desto fruchtbarer, und fast als notwendige Folge, ins Gegenteil umzuschlagen: 1877 stellte Horace Howard Furness den *Hamlet*-Bänden seiner New Variorum Edition of Shakespeare folgende Widmung voran (wobei die Zeilen 2, 7 und 9 in besonders großem Schriftgrad gesetzt sind):

To the
›German Shakespeare Society‹
of Weimar
representative of a people
whose recent history
has proved
once for all
that
›Germany is *not* Hamlet‹
these volumes are dedicated
with great respect by
the editor

Bodenstedts *Hamlet*, der in seltsamer historischer Koinzidenz 1870 bei Brockhaus als 25. Bändchen der Neuausgabe erschien, versucht, den Beweis in Gestalt einer Übersetzung anzutreten.

Auch Bodenstedt sieht in *Hamlet* Shakespeares bedeutendstes Werk. Aber Hamlets Haltung ist nicht mehr die einzig mögliche in einer verrotteten Welt; Reflexion als Form des Überlebens hat ausgespielt, und es muß erst die Erfahrung eines totalitären Staates hinzukommen, um sie wieder begreifen zu können, wie Jan Kott gezeigt hat. Würde man aus Bodenstedts Deutung in der Einleitung die Gestalt eines Hamlet konstruieren, wie er sein müßte, um positiv zu werden, es entstünde der fatale »rechte Mann« der 70er Jahre. »Es fehlt ihm durchaus nicht an persönlichem Muth, …; allein sein Muth zeigt sich immer nur als ein jäh aufflackerndes Feuer, es fehlt ihm die *Selbstbeherrschung* und die *ruhige Besonnenheit nachhaltiger Thatkraft*, die mit richtiger Anwendung ihrer Mittel, *festen Schrittes*, wenn auch langsam, ihr Ziel verfolgt. Sein Intellect und sein reizbares Gefühl überwiegen weitaus seine

Thatkraft. Er ist ein philosophierender Idealist; der sich Welt und Menschen ganz anders construiert hat als sie sind, und der nun, plötzlich aus seinem ruhigen Reflexionsleben herausgerissen, gleich beim ersten Male, wo ihm die Wirklichkeit *rauh entgegentritt*, alle *feste Haltung* verliert und, dem düstersten Pessimismus verfallend, bis an die Grenze des Irrsinns getrieben wird.« Hamlets Verhalten seiner Umwelt gegenüber entlarvt ihn als moralisch defekt: die Szenen, in denen er den Wahnsinnigen spielt, »machen sich sehr wirksam auf der Bühne, zeigen aber, näher betrachtet, den Prinzen in sehr unvorteilhaftem Lichte, denn ein *rechter Mann* wird nie aus *geschützter Höhe wehrlose Gegner* verletzen.« Der Konflikt zwischen Innen und Außen wäre auch dann unlösbar, wenn dem Innen ein anderes Außen gegenüberstünde: Hamlet »hat künstlerische Neigungen und philosophische Begabung: trotzdem ersieht man aus seiner ganzen Anlage deutlich, daß er es weder als Künstler zu einem bedeutenden Kunstwerk, noch als Philosoph zu einer *nachhaltigen* Arbeit gebracht haben würde, weil zum Schaffen wie zum Handeln dieselbe *Energie und Ausdauer* gehört, welche ihm fehlt.« Wird Hamlet auf der einen Seite diskreditiert, erfährt die Umwelt dagegen eine Aufwertung. Zwar ist Claudius »ein schlechter Mensch, aber ein Monarch, der das Regiment versteht, und an praktischer Klugheit, *That-* und *Willenskraft* Hamlet weit überlegen. Durch ein Verbrechen auf den Thron gekommen, schreitet er nicht, wie Macbeth, von einem Mord zum anderen, sondern sucht durch Klugheit seine Gewalt zu festigen und zu behaupten. Den Ansprüchen des jungen Fortinbras gegenüber *rüstet er umsichtig zum Kriege*, vermeidet aber *unnützes* Blutvergießen, da sich die Sache friedlich ausgleichen läßt. Er ist verwachsen mit den Interessen des Landes, für welche Hamlet weder Auge noch Ohr hat, weshalb er auch, trotz seiner überlegenen Geistesbildung, *nicht verdient* die Herrschaft zu führen.« Die Wortwahl der Charakterisierungen, oft nur in einer Nuance die bisherige Hamletrezeption verlagernd, gibt einen

Hinweis, wie die Übersetzung zu verstehen sei. Die zentralen Klischees der 1870er Jahre, in den Zitaten kursiv gesetzt, präfigurieren einen Text, der, wie sehr er sich auch sogenannter Originaltreue verschrieben haben mag, und diese ist schon Teil der Ideologie, in jedem Komma für den Geist einsteht, der ihn gebar.

Sein, oder Nichtsein, das ist hier die Frage:
Ob's edler für den Geist, die Pfeil' und Schleudern
Des schmählichen Geschicks zu dulden, oder
Die Stirn zu bieten einem Meer von Leiden
Und sie durch Kampf zu enden? Sterben – schlafen,
Nichts weiter; – und gesetzt, ein Schlaf beende
Das Herzweh und die tausend Ängste, die
Des Fleisches Erbtheil – ein Vollenden wär's,
Inbrünstig zu erflehen. Sterben – schlafen:
Schlafen! vielleicht auch träumen – ja, da liegt's!
Denn was im Todesschlaf uns träumen mag,
Wenn wir das ird'sche Wirrsal abgeschüttelt,
Zwingt uns zu zaudern. Die Bedenken gibt
Dem Elend ein so langes Leben hier.
Denn wer ertrüge Spott und Hohn der Welt,
Unrecht der Unterdrücker, Schimpf der Stolzen,
Verschmähter Liebe Pein, Verzug des Rechts,
Beamtenübermuth und Mißhandlung,
Die ruhigem Verdienst der Unwerth beut,
Wenn er sich selbst in Ruh versetzen könnte
Mit einem Dolch? Wer trüge diese Lasten
Und stöhnt' und schwitzt' im harten Joch des Lebens,
Wenn nicht die Furcht vor etwas nach dem Tode,
Das unentdeckte Land, aus deß Bezirk
Kein Wandrer wiederkehrt, den Willen irrte,
Daß wir die Übel, die wir haben, lieber
Ertragen, als zu unbekannten fliehn?
Und dies Bewußtsein macht uns all' zu Memmen;

Die frische Lebensröthe des Entschlusses
Wird überkränkelt von des Grübelns Blässe,
Und jedes hochgeschwellte Unternehmen,
Durch diese Rücksicht seine Strömung wendend,
Verliert den Namen Handlung. –

Bodenstedts Übersetzung übernimmt an vielen Stellen den Text Schlegels. Trotzdem ist sie kein »verbesserter« Schlegel. Vorab der Ton ist ganz anders. Wo Schlegel ein gewisses Maß der Dunkelheiten, die ein Barocktext modernem Bewußtsein bietet, retten will, hauptsächlich indem er die Textur des Originals zu reproduzieren versucht, kommt es Bodenstedt vor allem auf Spielbarkeit an, mithin also Faßlichkeit, so daß sich seine Version viel glatter, aber auch blasser liest als die des Romantikers. Bodenstedt weiß besser, wo und wie Akzente zu setzen sind. Das »With a bare bodkin« des 20. Verses heißt bei Schlegel, scheinbar wörtlicher, »Mit einer Nadel bloß«, und doch ist Bodenstedts »Mit einem Dolch« nicht nur wirksamer, sondern, wenn wir Onions' Shakespeare Glossary glauben dürfen, auch genauer. Oder, in der letzten Zeile, »lose the name of action«, wird von Schlegel eine Doppeldeutigkeit supponiert, die, mag sie immer zu belegen sein, das notwendige Achtergewicht von »action« unterschlägt: »Verlieren so der Handlung Namen.« »Handlung« muß akzentuiert sein, so will es der Sinn des Monologs, so tut es Bodenstedt. Allerdings läßt sich die Stelle noch stärker akzentuieren, wenn »action« durch »Tat« wiedergegeben wird. Dies ist eine Erfindung von Josef Kainz (vielleicht in Anspielung auf Fausts Übertragung des Anfangs des Johannes-Evangeliums), die Gerhart Hauptmann für so gut hielt, daß er sie als Denkmal für den Schauspieler in künftigen *Hamlet*-Texten gedruckt sehen wollte.

Aus Mehrdeutigkeiten, die von Schlegel in der Schwebe belassen werden, löst Bodenstedt meist eine Schicht heraus, oder er folgt der von Schlegel vorgeschlagenen Richtung der Deutung, sie höchstens um das zeitgemäßere Wort modifizierend. Die Verschiebungen, die so entstehen, geben Bodenstedts Text ihren historischen Stellenwert.

Gleich im 2. Vers – »Whether 'tis nobler in the mind to suffer« – läßt sich »in the mind« sowohl auf »nobler« wie auf »to suffer« beziehen. Schlegel schließt es scheinbar ans Adjektiv an, rettet aber den Doppelsinn, indem er »mind« durch »Gemüt« wiedergibt – »Ob's edler *im Gemüt*, die Pfeil und Schleudern / Des wütenden Geschicks *erdulden* ...« Bei Bodenstedt ist der Doppelsinn begraben; »mind« ist eindeutig auf »nobler« bezogen und die Alternative diesem Substantiv als Oberbegriff untergeordnet. Die Frage, die Hamlet sich stellt, ist somit nicht mehr eine Frage, die zwischen Handeln und Denken schlechthin zu entscheiden hätte, sondern sie wird, Bodenstedts *Hamlet*-Konzeption gemäß, nur in ihrer Spiegelung im Geist des Prinzen begriffen. Auch die Antwort brauchte dann nur theoretisch gegeben zu werden und hätte keine Folgen für das, was Hamlet tatsächlich tut, ob er eingreift oder ob er weiterdenkt. – Aufschlußreich für die Methode der Übersetzung ist der 4. Vers – »... to take arms against a sea of troubles.« Schlegel übersetzt den verbalen Ausdruck wörtlich mit »sich waffnend« und unterschlägt damit das Idiom. Bodenstedt ist der Sprachfügung näher, indem er das Idiom durch ein Idiom wiedergibt (»Die Stirn bieten«), treibt dadurch aber die paradoxe Metapher des Originals bis zur Katachrese. »To take arms« ist neutraler, bescheidener. »Die Stirn bieten« hat den Trotz der Halsstarrigkeit, die Unnachgiebigkeit des mit dem Kopf gegen die Wand Rennens. (Ist es Zufall, daß Bodenstedts Idiom sich auf den Kopf bezieht, Hamlets Bereich?) Das »opposing« der nächsten Zeile wird durch »Kampf« wiedergegeben, wo Schlegel, wörtlicher, »Widerstand« hat. Die Beispiele genügen. Sie zeigen, daß es sich in beiden Fällen um adäquate Übersetzungen handelt, die auf ihren jeweiligen historischen Hintergrund bezogen sind, ohne doch das Original darüber zu vergessen und ohne, daran entscheidet sich die Qualität, notwendig direktem »Zeitidiom«

verfallen zu müssen. Der selektive Prozeß des Übersetzens verbietet jede Entscheidung über objektive Richtigkeit. Das ehrliche Zeitidiom – ehrlich, weil sich in ihm der schiefe Anspruch auf Objektivität nicht stellt – läßt sich freilich nicht immer düpieren. Im 3. Vers hatte Schlegel »outrageous« durch das titanischer Gereiztheit verpflichtete »wütend« übertragen; Bodenstedt macht »schmählich« daraus: Hamlet spricht wie ein in seiner Ehre beleidigter Preuße. Der klassische »Drang des Ird'schen« (Vers 12) wird zum wagnerschen »ird'schen Wirrsal«, der »Übermut der Ämter« zum »Beamtenübermut« (18), »Lebensmüh« zum »harten Joch des Lebens« (22). Interessant ist in diesem Zusammenhang der Schluß: »And enterprises of great pith and moment / With this regard (sc. conscience etc.) their currents turn awry / ...« Das Salz dieser Stelle liegt in den letzten vier Wörtern, die das, was als theoretisches Beispiel sich gibt, im nachhinein in eine Metapher verwandeln. Keiner der beiden deutschen Fassungen gelingt es, die Fügung des Originals, wenigstens im Prinzip, einzuholen. Beide eskamotieren den Bruch der Stelle: Schlegel, indem er die Metapher in einer idiomatischen Wendung auflöst (»Unternehmungen ... aus der Bahn gelenkt«), Bodenstedt, indem er die ganze Stelle zur Metapher eindickt, sie gleichsam zur Parodie ihrer selbst machend (»... jedes hochgeschwellte Unternehmen, ... seine Strömung wendend.«). Schlegels »Unternehmungen« sind semantisch nicht näher differenziert; Bodenstedts »Unternehmen« tönen kommerziell. Ihre Verbindung mit »hochgeschwellt«, dem Partizip, das sonst nur im Klischee prahlerischen Stolzes geläufig ist, formuliert in psychologisch äußerst raffinierter Verkürzung etwas von der Ideologie der 1870er Jahre.

Bodenstedts *Hamlet*-Monolog zeugt kaum von einer Not des Denkens. Die Probleme *dieses* Hamlet wären durch Rhetorik aufzulösen. Vielleicht schon durch die eines Freiligrath:

Mach den Moment zu nutze dir!
Noch ist es Zeit – drein mit dem Schwert,
Eh' mit französischem Rapier
Dich schnöd vergiftet ein Laert!

Bodenstedts *Hamlet* erschien 1870, im selben Jahr als Deutschland, once for all, der Welt zeigte, daß es nicht Hamlet war.

(1965)

What Where?
Becketts Hinüber und Herüber

Der letzte Text, den Beckett schrieb, den er auf Englisch schrieb, trägt den zunächst eher schlicht klingenden Titel *Stirrings still*, den man mit »sich immer noch regen« übersetzen möchte, obwohl er dann eigentlich »Still stirring« heißen müßte. Hören wir genauer hin, fällt uns das nachgestellte und dadurch markierte »Still« auf, das ja in seiner Grundbedeutung »still, bewegungs- und reglos« heißt. Damit hätte dieser letzte Titel auf die knappste Formel gebracht, was sich als die paradoxe Grundfigur des Beckettschen Schreibens bezeichnen ließe: Bewegung und Stillstand in einem, Zenons »fliegender Pfeil, der steht«. Der Schluß von *En attendant Godot* lautet: »Alors on y va? – Allons-y. – Ils ne bougent pas.« Die letzten Worte von *L'Innomable* heißen: »il faut continuer, je vais continuer«, und hier ist es aufschlußreich, wie Beckett in seiner eigenen englischen Übersetzung diese Worte im Sinne des Paradoxons erweitert hat: »You must go on, I can't go on, I'll go on.«

So einfach, ja rudimentär, Becketts Wörter sich auch lesen, zumal seitdem er französisch schrieb, je länger man auf sie hinschaut, desto vielstelliger werden sie, wie der Wassertropfen unterm Mikroskop. Warum das zwar unmittelbar verständliche, aber leicht kolloquiale und zugleich altmodische »stirrings« statt des unauffälligeren »movings« oder »movements« zum Beispiel? Nun, »stirrings«, so das Oxford English Dictionary, meint eine reduzierte, eine winzige Bewegung, auch den Übergang von der Ruhe zur Bewegung, auch die mechanische Bewegung wie das Rühren in der Teetasse, lauter Verlaufsformen, die Beckett auskomponiert hat und worin man die minimalistische Zerlegung des Oberbegriffs »movement« in einzelne Parameter sehen mag. Und blättern wir weiter im Diktionär – was bei einem so grundgelehrten Autor wie

Beckett naheliegt, der den Reichtum seines Wissens, seiner Anspielungen, allerdings meist verbirgt, im Unterschied zu seinem Mentor Joyce –, dann stoßen wir vielleicht auf das Zitat eines Anonymus von 1400, das ins heutige Englisch übertragen lautet: »With stirring we begin, with stirring we end.« Damit wäre dem Wort eine Sinndimension einbeschrieben, die es für den absichtsvoll letzten Text eines langen Lebenswerks, in dem zugleich alle seine Motive noch einmal zusammenschießen, geradezu prädestiniert. Und die Kreisform des Anonymus erinnert zudem an das Diktum aus dem *Godot*, daß wir rittlings über dem Grabe geboren werden.

Beckett hat fast alle seine englischen Texte selbst ins Französische übersetzt, fast alle seine französischen ins Englische, wobei er um die größtmögliche Nähe zum jeweiligen Original bemüht war. Beckett hat auch diesen letzten Text ins Französische übersetzt, woraus sein letztes französisches Werk wurde. Aber wie läßt sich die Vielstelligkeit dieser Fügung – *Stirrings still* – übersetzen? Vermutlich gar nicht, und so ist Beckett so kühn, als französischen Titel *Soubresauts* hinzusetzen, was das im Englischen Gemeinte praktisch auf den Kopf stellt, wenn auch die Alliteration erhalten ist. »Soubresauts« sind jähe Sprünge, wie die von Pferden, Schocks, was gewiß aus dem Kontext der minimalen Bewegungen hinausführt. Das Wort meint aber auch konvulsivische Bewegungen oder Zuckungen, diese klinische Motorik des Nicht-Anhalten-Könnens, Beckettsche Motive also dennoch, wenn auch nicht hier. Das Wort meint weiter das Zusammenzucken, Zusammenfahren – zweimal zuckt Krapp zusammen, als er ein Geräusch hinter sich hört, und Beckett, in einem der seltenen Momente der Preisgabe, gibt zu, daß er, Krapp, den Tod hinter sich spürt. Die »Soubresauts« bündeln also noch andere Motive des Beckettschen Werks als »Stirrings still« wie in einem Brennglas – die Übersetzung ist die Erweiterung des Originals um die in ihm nicht ausdrückbare Dimension des Anderen (hier: des ihm zuinnerst Eigenen). Im Text selber ist im Englischen von »self and second self his own« die Rede, und im Französischen »de soi et de l'autre à savoir la sienne«.

Die Erweiterung findet sich womöglich noch auf einer anderen Ebene. So wie »stirrings« in das dem Autor vertraute Mittelalter führten, bringt der *Robert* den Hinweis auf Baudelaire: in der Widmung zum *Spleen de Paris* spricht er von »soubresauts de la conscience«. Benjamin übersetzt »Chocks des Bewußtseins« und Friedhelm Kemp sagt »jähe Ängste des Gewissens«, aber wie immer man die Stelle übersetzt – der Doppelsinn von »conscience« ist bei Beckett stets gegenwärtig –, dem großen Baudelaire-Kenner Beckett könnte sie bei der Findung seines Titels im Kopf gewesen sein. Das heißt zugleich – und läßt sich gut belegen –, daß die Übersetzung dem Original die Dimension der anderen Kultur hinzufügt, oder daß von Übersetzung im üblichen Sinne hier nicht gesprochen werden kann, eher von jeweils autonomen Texten, einander nah und fern zugleich.

Wir stecken bereits tief in der Zweisprachigkeit Becketts, müssen aber zu ihrem besseren Verständnis einiges nachtragen. Der Ire Samuel Beckett, 1906 in Dublin geboren, studierte Philosophie und romanische Sprachen und kam, zunächst als Austauschstudent, 1928 nach Paris, wo er dann an der École Normale Supérieure Englisch unterrichtete. In jenen Jahren befreundete er sich mit James Joyce, der an seinem vielsprachigen Epos, das später den Namen *Finnegans Wake* tragen sollte, vorläufig aber *Work in Progress* hieß, arbeitete. Über dieses entstehende Buch hat Beckett bereits 1929 einen der bis heute erhellendsten Aufsätze geschrieben, der sich zugleich wie das Postulat der eigenen Schreibabsicht liest: »Hier *ist* die Form der Inhalt«, lesen wir, »der Inhalt *ist* die Form ... Er schreibt nicht *über* etwas: sein Schreiben ist dieses etwas selbst«, und dieser letzte Satz ist kursiv hervorgehoben. Bis Beckett selbst das gelang – durch äußerste Reduktion, im Gegensatz zu Joyce, doch wie dieser durch Lenkung der Aufmerksamkeit auf die Oberfläche des Wie, nicht des

Was, womit zum Teil auch seine Abwehr gegen Deutungen zusammenhängt –, bis ihm das gelang, mußte er allerdings erst die Sprache wechseln. Zunächst ging er nach Dublin zurück und wurde Französischlektor am Trinity College, dann zog er ein halbes Jahr lang durch Deutschland, von 1933 bis 35 lebte er in London, wo er sich einer (fast zweijährigen) Analyse unterzog, 1937 ließ er sich für immer in Paris nieder. Was er in diesen Jahren schrieb, waren Gedichte, Erzählungen, zwei Romane, darunter der komische *Murphy*, selbstgefesselt in seinem Schaukelstuhl, der die Versenkung in die Sterne den von diesen ohnehin abhängigen Klischeehandlungen der Menschen vorzieht.

Die außerordentliche Schwierigkeit der frühen, englisch geschriebenen Texte liegt vor allem an ihrem Anspielungsreichtum. Kein Autor – außer Joyce, Dickens, Shakespeare – verfügte wohl über einen größeren Wortschatz, und es ist immer das abgelegene, auch das obsolete Wort, das er dem geläufigeren vorzieht. Beckett hat alles gelesen – die Bibel, die Kirchenväter, kennt die Gottesbeweise, die Logiken und Erkenntnistheorien des Mittelalters; Dante, der ganze Dante, nicht nur der der *Commedia*, samt den zeitgenössischen Kommentaren, ist ein ständiger Bezugspunkt; Bruno ist wichtig; die Rationalisten und Empiristen; die Occasionalisten und Sensualisten des 17. und 18. Jahrhunderts; er kennt die Kontroversen um Descartes, kennt den Protoidealisten Berkeley, dessen Diktum »esse est percipi« später Auslöser und Thema seines Filmes *Film* werden wird. Diese Liste ist natürlich keineswegs vollständig. Beckett stülpt seine Gelehrtheit seinen Charakteren über, die sie gern, am liebsten auf Lateinisch, wieder von sich geben: jedes Wort löst Ketten von Assoziationen in diesen Gedächtnismaschinen aus, die um ein Vergessen geradezu ringen – »If the mind were to stop. Of course it won't«, wird es später heißen. Schon in den frühen Texten wirkt die meist kryptische Anspielung wie eine Verschanzung, damit die Figuren nicht von sich sprechen müssen, zugleich gibt sie das Herbeizitierte der Lächerlichkeit preis, als ein nur noch als Hülse erkenn- und benennbarer Gedanke. Es findet sich schon hier die Inszenierung von Stummeln, die aber hier noch, anders als im späteren Werk, fast nostalgisch auf verlustig gegangene Problemstellungen verweisen, die einmal die Illusion ihrer Lösung mit sich führten. Später erscheinen philosophisch-theologische Grundlagen allenfalls als ferne, verwischte Echos, die sich im Gemurmel der Textur bald wieder verlieren, ohne daß ihre Herkunft damit allerdings aus der Welt wäre. Aber Sprache als ausgestellte, als Funktion des Bewußtseins einer Figur, nicht als Darstellungsmittel einer von ihr abgelösten Realität, findet sich bereits in der frühen Prosa, in ebendiesem grotesken Aufwand des Gelehrten und Gesuchten, ohne den die Distanzierung für Beckett vielleicht nicht möglich gewesen wäre. In ihrer Sprache sind diese Figuren außer sich. Mehr kann man als Mittel der Exzentrizität kaum verlangen. Und auch andere Motive des späteren Werks sind hier schon präsent: Verstümmelung, das zwanghafte Unterwegs eines Extraneus, eines Stranger, mit dem Wunsch, zur Ruhe zu kommen, das Paradox aus Bewegung und Stillstand im Schaukelstuhl, die Ritualisierungen und Rhythmisierungen, die Mathematisierung, um dem Chaos der Wörter Form zu geben.

Warum wechselte Beckett die Sprache? Warum wechselt überhaupt jemand die Sprache? Adaptation an die neue Kultur, in der einer lebte oder zu leben gezwungen war? Das mag für Nabokov gelten, vielleicht für Canetti, für den aber das Deutsche – seine dritte oder vierte Sprache – die Sprache des Geheimnisses war, weil in ihr die Eltern sich unterhielten, wenn die Kinder sie nicht verstehen sollten. Joyce kam mit 22 in das, was er Exil nannte. Die Familiensprache wurde Italienisch, und gleichzeitig entwickelte er sich zu einem englischen Schriftsteller, wobei sein Englisch – vielleicht wegen der immer anderssprachigen Umgebungen: nach Triest kam Zürich, dann Paris – spätestens mit dem *Ulysses* eine Kunstsprache wird, Kompositionsmaterial, bis es sich dann mit *Finnegans Wake* in die Vielsprachigkeit auflöst. Und Beckett? Sein Londoner Analytiker – Wilfred Bion, ein Schüler Melanie Kleins – hat die Analyse als einen beständigen Wortwechsel beschrieben, wobei für diesen Schlagabtausch einmal die französische Wendung »prise de bec« auftauchte, die Beckett stutzen ließ: »bec«? Und es kam heraus, daß er einer französischen Hugenottenfamilie entstammte, die Ende des 17. Jahrhunderts nach Irland geflüchtet war. Lag dann der Schluß nicht nah, so der Analytiker, daß Beckett durch seinen Sprachwechsel zurück zu seinem Ursprung wollte, was ja auch in den Texten ein wiederkehrendes Erzählmotiv ist? Der Sprachwechsel fungierte zunächst vor allem als Reduktion: »to cut away the excess«, wie Beckett sagte, »to strip away the colour«, oder auch »parce qu'en français il est plus facile d'écrire sans style«. So vertraut ihm auch französische Sprache und Literatur waren, die Wörter hatten nicht, oder wenigstens zunächst nicht, den unauslöschlichen Assoziationsreichtum der englischen, sie konnten gewissermaßen rein, als Material, benutzt werden. Der Wechsel ist also sicher ein Purgativ gewesen, eine Befreiung, eine Radikalkur. So üppig der englische Wortschatz gewesen war, so schlicht und karg, ja rudimentär, ist der französische. Der Zuwachs liegt woanders. Indem Beckett sich auf die Materialität der Wörter auf der Seite konzentriert, die Möglichkeiten der Lautverbindung, des Wortspiels, der grammatischen Variation – »qui parle? qui est parlé? à qui la voix parle? de qui parle-t-elle?« –, läßt er den Text sich aus sich selber entwickeln, stellt er den jedem Text eigenen Resonanzboden im Prozeß des Schreibens her, die Echos und Verweise, und muß nicht mehr nach textexternen Verstrebungen suchen, die die Aufmerksamkeit eher gefangen genommen hatten, als daß sie sie für das im Text sich Vollziehende geschärft hätten. Erst jetzt ist ernstgemacht mit der Deckungsgleichheit von Form und Inhalt, die er an *Work in Progress* beobachtete. Jeder seiner Texte läßt sich jetzt, im wörtlichen

Sinne, ein »work in progress« nennen: »Er schreibt nicht *über* etwas: sein Schreiben ist dieses etwas selbst.« In einem Gespräch anläßlich seiner Berliner Inszenierung des *Endspiels* hat er gesagt: »das Band zwischen dem Ich und den Dingen besteht nicht mehr ... Man muß sich eine eigene Welt schaffen, um sein Bedürfnis zu wissen, zu verstehen, sein Bedürfnis nach Ordnung zu befriedigen.« Und er nennt sein Werk eine Arbeit der Imagination (»un travail d'imagination« – bei einem so sorgfältig die Worte setzenden Mann ist hier sicher auch der Gebärprozeß mitzudenken), der reinen Imagination, wie er insistiert, und grenzt sie ab gegen die Erinnerung. Das ist übrigens die genaue Umkehr von dem, was Joyce einmal von seinem Schreiben behauptete: er brauche keine Imagination, er habe keine Phantasie, alles sei memoria.

1945, also mit bald vierzig Jahren, schrieb Beckett seinen ersten Roman auf französisch, *Mercier et Camier*, den er allerdings nicht publizierte und erst 1970 für die Veröffentlichung freigab. Es ist ein komischer Roman, streckenweise in Dialogform, und handelt von zwei Tramps, die immer wieder aufbrechen, sich verlieren und am Ende wieder da sind, wo sie waren. Die beiden wirken wie ein erster Entwurf zu Vladimir und Estragon aus *Godot* – Randexistenzen, die einmal bessere Tage gesehen haben, unterwegs, beschäftigt nur noch mit den elementarsten Dingen – wie kommt einer von da nach da, was ist in dem Sack, den einer schleppt? –, an denen sie lächerlich scheitern wie Laurel und Hardy. Aber das Nicht-von-der-Stelle-Können hat noch nicht die Unausweichlichkeit, die Zwanghaftigkeit eines unkennbaren Gesetzes. Der große imaginäre Fokus Godot ist noch nicht da, und der Text folgt eher Einfällen als der Strenge der Entwicklung von Wort zu Wort.

Von 1947 bis 50 schrieb Beckett seine große Trilogie und zwischendurch *En attendant Godot*, das Stück, das ihm endlich Erfolg bringen sollte. Zwei der Romane – *Malone meurt* und *L'Innomable* – sowie das Stück hat er selbst ins Englische übersetzt, und hier beginnt der Prozeß – nach einem Jahrzehnt des ausschließlich französisch Schreibens –, in dem beide Sprachen in einen Dialog miteinander treten. In der Trilogie sagt Beckett zum erstenmal »ich«. Gewiß, es ist das »Ich« einer erzählenden, einer erzählten Figur, aber gleichwohl: »ich«. Das war im Englischen bisher nicht möglich und ist es in ihm erst über den Umweg des Französischen. »Surrogate existence« ist es, heißt es einmal, was die Menschen zu führen gezwungen sind – Sie erinnern sich: »qui parle? qui est parlé?« –, und was ist radikaler kategorisches Surrogat als der Wechsel in eine andere Sprache? Natürlich trügt dieses »Ich«. Das einzige, was sich von ihm mit Gewißheit sagen läßt, ist, daß es sich um ein Personalpronomen handelt. Denn es entsteht kein identifizierbares Ich im Sinne eines Charakters, eines wie auch immer verstümmelten Selbst. Sobald ein Ich greifbar zu werden beginnt, löst es sich auch schon wieder auf. Greifbar sind allenfalls die Molloys, Malones, Mahoods, aber sind sie als Handelnde vorzustellen, oder sind sie vielleicht nur Tagtraumfiguren des murmelnden Ichs? Alles, was wir haben, ist die Stimme, die Ich sagt – »soi soidisant« – und die im Ich den anderen hindurchhört, das Ich als einen anderen vergegenwärtigt.

Die Romane, wie auch alle späteren Werke, spielen in einem Niemandsland, und genau das scheint das Feld der Beckettschen Doppelsprachigkeit zu bezeichnen: ein französischer Text mit irischen Eigennamen lebt aus der Differenz beider Kulturen, er hat die Nichtzugehörigkeit zur Voraussetzung, ist gleichsam deplaziert, dezentriert, wie diese »displaced persons«, die wie aus dem Nichts auftauchen, nur um in ihm wieder zu verschwinden. In Becketts Französisch ist Sprache als geborgte, als fremde, als Sprache des Anderen gesetzt. Damit ist die Konsequenz gezogen aus der möglicherweise auch psychoanalytischen Erfahrung, daß wir nur vermeinen, eine eigene Sprache zu sprechen, die bezeichnenderweise Muttersprache heißt, und daß wir in Wahrheit der Schnittpunkt von

Stimmen sind, die sich in uns durchkreuzen – nicht ich rede, *es* redet, »ça parle«. Ebendies, und daß Wörter immer nur ein Surrogat sind für etwas, das sich in Sprache nicht ausdrücken läßt – die unabschließbare Signifikantenkette, »The expression that there is nothing to express, nothing with which to express, nothing from which to express, no power to express, no desire to express, together with the obligation to express« –, ebendies hat, denke ich, die systematische Distanzierung durch das Französische ausgelöst, durch das das Ausdrückbare in einem kontrollierten Prozeß von Wort zu Wort sich entfalten ließ – »to cut away the excess, to strip away the colour« –, ohne die durchs fremde Idiom hindurchklingende eigene Stimme – »soi soidisant«, Molloy, Malone, Mahood – jetzt in doppelter Verfremdung zu ersticken. Vermutlich liegen bei allen, die ihre Sprache wechseln, Reiz und Irritation darin, daß eine andere Stimme hörbar bleibt. Warum hat der Pole Joseph Conrad auf »native speakers« – im Unterschied zu denen, die ihn in Übersetzungen aus dem Englischen lasen – verstörend gewirkt? Warum kann der Tschuwasche Gennadij Ajgi experimentelle Poesie nur auf russisch schreiben? Wie kann Maimonides eine Sprache der Philosophie im Hebräischen begründen, indem er zunächst arabisch schreibt?

Becketts Übersetzungen der eigenen Texte sind keine Übersetzungen im landläufigen Sinne – auch an ihnen läßt sich der Prozeß eines »work in progress« beobachten. Am wenigsten überraschend ist noch die Ersetzung der Namen, so wenn aus der »Normandie« »Connemara« wird – eine Verschiebung im Landschaftskolorit, die vielleicht nur die Bedeutung hat, im jeweiligen Kontext nicht weiter aufzufallen, das heißt, welche Landschaft genau gemeint ist, ist nicht weiter wichtig, sie hat keine Funktion außer der Bezeichnung eines halbwegs vertrauten Irgendwo. Andere Namensersetzungen fügen eine Nuance hinzu, so wenn im *Godot* Estragon, vielleicht ein gewesener Poet, auf die Frage nach seinem Namen im französischen Text zur Antwort gibt »Catulle«, während er sich im Englischen »Adam« nennt – ein Hinweis auf den gefallenen Menschen, auf Schuld und Exil, was dem Verständnis des Stückes einen Aspekt zuspielt, der für einen zweisilbigen Augenblick den Abgrund, über dem die Clownerien stehen, aufreißt. In Luckys Rede, ebenfalls im *Godot*, dieser Diarrhoe eines durchgeknallten Metaphysikers, taucht der Name »Voltaire« auf und wird zunächst durch den »Samuel Johnsons«, des Klassizisten, dessen equilibristische Prosa Beckett besonders schätzte, ersetzt. Im definitiven Text steht jetzt »Bishop Berkeley«, also derjenige Philosoph, der die Existenz im Wahrgenommenwerden begründete, eine Denkfigur, die für die Entwicklung des Beckettschen Schreibens zentral werden sollte.

Durch die starke Reduktion des Sprachmaterials im Französischen und die Entdeckung bisher kaum genutzter Möglichkeiten wie der Rhythmen und Klänge, syntaktischer Symmetrien, ausgezählter Satzabläufe und deren Wiederholungen, vor allem auch des skandierenden Einsatzes von Pausen, verändert sich dann auch der Duktus seines Englisch in der Übersetzung. Man könnte sagen, er habe das Englische um die Dimension des Französisch erweitert, nicht einfach nur, indem er übersetzte – Übersetzen ist ein zurückhaltender Vorgang –, sondern indem er den im Französischen begonnenen Prozeß fortführte und noch einmal radikalisierte. In der Regel werden Texte in der Übersetzung länger; bei Beckett werden sie kürzer. Der *Godot* ist um drei Seiten kürzer, *Endgame* um zwei. Die Reduktionen sind vom substantivierenden Typus: statt »rien qui bouge« das hart gefügte »no stir«. Gewiß sind einige Stellen gestrichen, weil sie in der anderen Sprache nicht funktionieren, dafür kommen neue hinzu, immer dann, wenn eine sprachliche Möglichkeit, etwa zu einem Wortspiel, sich bietet. Das gilt natürlich auch umgekehrt, wenn Beckett seine englischen Texte ins Französische überträgt. Die Erweiterungen sind dann ein verwandelndes Fortschreiben, wenn sie, wie im Beispiel »Adam«, einen neuen Resonanzboden einziehen. Das ist vor allem bei den verkappten oder direkten Zitaten der Fall, also den nicht abzustellenden Fremdstimmen, die die frühen Beckett-Figuren heimsuchten und die jetzt thematisch verknüpft eingesetzt werden. In *En attendant Godot* sagt Estragon: »... tu attends toujours le dernier moment.« Und Vladimir versetzt träumerisch: »Le dernier moment ... *Il médite.* C'est long, mais ce sera bon. Qui disait-ça?« (Tophoven übersetzt den Kolloquialismus mit »Was lange währt, wird endlich gut. Wer hat das noch gesagt?«) Im Englischen sagt Vladimir »*musingly*: The last moment ... *he meditates.* Hope deferred maketh the something sick, who said that?« Das zitiert eine Stelle aus den Sprüchen Salomos (13, 12), wo es heißt, »Aufgeschobene – oder verzögerte – Hoffnung macht das Herz krank« und wirkt wie ein Kürzel der Situation, in der Vladimir und Estragon sich befinden, was sie aber im unsentimentalen Klartext nie sagen würden und was sich schon in der Gedächtnislücke ausspricht, indem Vladimir »heart« durch »something« ersetzt. Anderswo betrachtet Estragon den Mond: »... je regarde la blafarde.« (»ich seh mir die Mattscheibe an.«) Im Englischen wird daraus: Estragon: »Pale for weariness.« Vladimir: »Eh?« Estragon: »Of climbing heaven and gazing on the likes of us.« Hier zitiert er aus Shelleys Gedicht an den Mond: »Art thou pale for weariness / Of climbing heaven and gazing on the earth ...«

Becketts Reduktion im Französischen, seine Konzentration auf die grammatische und lautlich-rhythmische Komposition, die Ausschaltung textexterner Echos als Purgativ und vermutlich auch die Tatsache, daß die französische Kultur eben doch eine erlernte war, brachten es mit sich, daß die Anspielungen hier, soweit ich sehe, eine viel geringere Rolle spielten als im Englischen. Was geschieht, wenn er dann doch ein französisches Zitat verwendet? Er sucht nach keinem zitierbaren Äquivalent – er überträgt es, führt es fort und macht daraus ein Stück englischer Poesie. Gegen Ende von *Fin de partie* posiert Hamm mit einer Zeile aus Baudelaires Sonett

»Sois sage, ô ma Douleur«: »Tu réclamais le Soir; il descend; le voici.« Im Englischen entsteht, nach einigen tastenden Versuchen wie beim Vorgang des Übersetzens, eine Gedichtzeile von makelloser Schönheit, die zugleich die Thematik des Stücks – immer in der Brechung durch den Schmierenkomödianten Hamm – in ununterbietbarer Kürze zusammenfaßt: »You cried for night« – nicht: »du flehtest die Nacht an, du riefst sie an«, sondern »du weintest und du schriest nach ihr«: »You cried for night; it falls« – nicht: »it descends«, nicht: »senkt sich herab«, sondern das ganz dunkeltonige, abschließende, den Fall, das Exil mitdenkende »it falls«: »You cried for night; it falls; now cry in darkness.« Es heißt nicht: »le voici« –: »sie ist da«, sondern der Text insistiert in der Wiederaufnahme und im beklemmenden Doppelsinn des »cry«, wird erweitert zum Zustand dessen, der da spricht und zum Jetzt seiner Zukunft. Das ergibt einen fast perfekten Alexandriner, der dem unaufhaltsamen Fließen des Auswegslosen die Form, das Gemessene, entgegensetzt: »You cried for night; it falls; now cry in darkness.«

Als Beckett dann wieder englisch schreibt – die Stücke nach *Fin de partie*, die Hörspiele, das Fernsehstück sind alle englisch geschrieben, für die Prosa bleibt er noch lange beim Französischen –, werden die Zitate wieder viel häufiger, für die er in der eigenen Übersetzung jetzt Entsprechungen sucht. Nur ein Beispiel aus *Happy Days*. Winnie, bis zur Hüfte in Sand eingegraben, dem gleißenden, stechenden Licht ausgesetzt, spricht auf einmal in ihrem Gebrabbel die Shakespeare-Zeile: »Fear no more the heat o' the sun«. Es ist der erste Vers des Trauergesangs aus *Cymbeline* über den vermeintlichen Tod Imogens, und Beckett verknüpft hier die Motive des Scheintods und der sengenden Sonne mit der Bühnensituation des lebenden Leichnams der Winnie, mit der ironischen Umkehr, daß es für Winnie kein Erwachen zum Leben mehr gibt – im zweiten Akt steckt sie bis zum Hals im Sand. In der Übersetzung ersetzt Beckett Shakespeare durch Racine: am Ende des zweiten Aktes der *Athalie* beklagt der Chor der Levi-Töchter das Los seines Volks, das von einer Baal-Anbeterin, eben Athalie, beherrscht wird. Beckett übernimmt daraus die Zeile: »Qu'ils pleurent, ô mon Dieu! qu'ils frémissent de crainte« (»Wie sie weinen, o mein Gott, wie sie zittern vor Angst« – nämlich die unglücklichen Gottesfürchtigen), ersetzt dabei allerdings »crainte« durch »honte« (»Schmach«), was eine kalkulierte Fehlleistung Winnies sein dürfte, deren unausgesetztes Reden ja gerade eines überdecken will: die Angst. Auch dieses Zitat bekommt sein Gewicht, und seine Ironie, aus dem ursprünglichen Zusammenhang: die Levi-Töchter preisen die »eternelle splendeur«, die »clartés immortelles«, »tes dons et ta grandeur«, haben also genau den gleichen Redegestus wie Winnie, das gleiche Vokabular, und selbst die schreiende Diskrepanz zwischen Gesagtem und theatralischer Gegebenheit läuft noch parallel, und das alles unter umgekehrten Vorzeichen: im Preis hört der Zuschauer nur noch den Hohn. Shakespeare und Racine – sie erweitern das Stück um eine jeweils andere Dimension, schreiben es fort im veränderten kulturellen Zusammenhang. Damit öffnet Beckett sein Stück – seine Stücke, denn ähnliches gilt für die späteren – auch der Möglichkeitsform und dem Dialog zwischen den Kulturen, der nichts mit der Ersetzung der einen durch die andere zu tun hat. Erst im Dazwischen des Hinüber und Herüber erscheinen die Texte als Optionen des Immer-*auch*-Möglichen, die gewissermaßen von Haus aus keinen Anspruch auf Ausschließlichkeit erheben, sondern bei aller Genauigkeit in der Aufmerksamkeit für das Besondere dessen Kontingenz mit brutaler Schärfe verdeutlichen.

Nirgends wird das deutlicher als am Übersetzungsvorgang selber. Es sind kleine Verschiebungen, minimale Rückungen – nicht immer von den Bedingungen der jeweiligen Zielsprache veranlaßt, etwa um eine gewünschte Assonanz zu erhalten –, die aus dem im Material begründeten Assoziationsspielraum eine Variation, zumindest eine Variante, freisetzen. »Pause« für »un temps« läßt sich noch idiomatisch, »old love new love« für »tout beau tout nouveau« läßt sich noch vom Primat des Klanges her rechtfertigen, obwohl die damit verbundenen Vorstellungen ganz verschiedene sind. Aber ein Weiterschreiben ist es, wenn aus den zwei Gedichtzeilen »cher instant je te vois / dans ce rideau de brume qui recule« die eine wird: »my peace is there in the receding mist« – Friede und der gesehene kostbare Augenblick ergänzen sich wechselseitig als das nur momentweise mögliche Zur-Ruhe-Kommen. Oder man denke an den berühmten Anfang von *Fin de partie*: »Fini, c'est fini, ça va finir, ça va peut-être finir.« In *Endgame* heißt das: »Finished, it's finished, nearly finished, it must be nearly finished.« Am auffälligsten ist hier die Ersetzung von »peut-être« durch das zweifache »nearly«. »Peut-être« läßt noch das Equilibrium des Vielleicht/Vielleicht-auch-nicht offen. »Nearly«, zumal doppelt, dreht die Schraube eine Spur weiter: »fast« täuscht das Ende nur vor; es ist eben immer nur fast erreicht, wie eine periodische Zahl, diese Grundfigur für Becketts Annäherungen an das Ende, oder wie Zenons fliegender Pfeil, der steht. Auch hier zeigt der Vergleich Variation und Intensivierung zugleich. Ein letztes Beispiel, diesmal in umgekehrter Richtung. *Stirrings still*, Becketts letzter Text, endet: »... till nothing left from deep within but only ever fainter oh to end. No matter how no matter where. Time and grief and self so-called. Oh all to end.« Im Französischen ist das anders gestimmt, und Beckett findet eine letzte nachdrückliche Schlußkadenz durch Wiederholungen: »... jusqu'à plus rien depuis ses tréfonds qu'à peine à peine de loin en loin oh finir. N'importe comment n'importe où. Temps et peine et soi soidisant. Oh tout finir.« Hier wird durch das eingefügte »à peine«, »kaum«, anders als im Englischen der Schmerz (»peine«, nicht nur einfach »grief«, Leid und Sorge), nein der physische Schmerz, das mittlere Wort des vorletzten Satzes vorbereitet – ein letzter Sinnwechsel im gleichen Material. Und zugleich wird eine Verbindung hergestellt zwischen dem

Schmerz und seinem Dennoch, auch wenn er kaum mehr zu spüren ist, aber eben trotzdem, »de loin en loin«. »Sie weint, also lebt sie«, heißt es in grotesker Verirdischung des Descartes-Satzes im *Endspiel.*

Wenn die irdische Existenz Surrogat ist, dann ist die Sprache doppeltes Surrogat, und die Zweisprachigkeit bedeutet nur verschiedene Weisen, sich ihr – asymptotisch – anzunähern und daran zu scheitern. In dem, was im Hinüber und Herüber zwischen den Texten sich abspielt, mag dieses Nicht-zu-Sagende, das Nicht-Surrogat, zu suchen sein, das in den Varianten und Variationen des Austauschs seinen Abdruck, seine Spur, hinterlassen hat. Mehr nicht. Aber dieses eben doch. Es verwundert nicht, daß Beckett mehr und mehr die Sprache ganz zurücknahm. Die Musik wurde immer wichtiger, diese Kunst über alle Begriffe. Schubert-Fetzen werden einkomponiert, Beethoven-Takte. Einmal werden nur Schrittfolgen notiert, sinnlos, ohne den Rest einer Semantisierbarkeit, reine Form, aber in der Präzision ihres Ablaufs dem Chaos entgegengesetzt. Mehr nicht. Aber eben dies. Die Frage nach dem Was und dem Wo ist es, die im letzten Stück, *What Where,* peinigend, quälend im raschen Hin-und-Her austauschbarer Figuren gestellt, aber nicht beantwortet wird. »Make sense who may«, lautet der vorletzte Satz, und der letzte: »I switch off.«

(1997)

III

Die Herausforderung des Fremden
Erich Fried als Übersetzer

Weniges ist öder als konkret über Übersetzungen zu sprechen. Nirgends wird der Zuhörer tückischer manipuliert. Das ist nicht unbedingt Unvermögen oder Böswilligkeit, sondern liegt in der Natur der Sache. Wer Übersetzungskritiken *liest*, hat es aus verschiedenen Gründen besser. Denn gelesene Fehler lassen sich anders überprüfen als gehörte, und wer der Angemessenheit einer Kritik nachgehen will, kann die isolierten Zitate wieder zurückstellen in den Kontext, dem sie entstammen und zusehen, ob sich auch im Zusammenhang die Vorwürfe halten lassen. Es kommt hinzu, daß für den Druck verfaßte Übersetzungskritiken in der Regel ihre Entstehung denunziatorischer Absicht verdanken, und derlei liest sich allemal spannender als die seltenen Versuche behutsamer Würdigung dessen, was ein Übersetzer getan oder nicht getan hat. Zumal die denunziatorische Übersetzungskritik dem Leser in zwei Punkten schmeichelt: Da ihr einziges Kriterium die Fehlerfindung ist und sie darin auch bei jedem Text, wenn sie will, erfolgreich ist, wird dem Leser suggeriert, diese Fehler hätte er selber, ohne Übersetzer zu sein, nicht gemacht. Das bißchen Englisch oder Französisch oder Italienisch oder Spanisch, das die Beispiele voraussetzen, beruhigt den Leser über seine eigenen Kenntnisse und läßt ihn sich gemeinsam mit dem Rezensenten hoch erheben über den erbärmlichen Übersetzer, der das Einfachste nicht weiß. Die zweite Schmeichelei für den Leser besteht in der Suggestion, als kenntnisreicher Mann zu einem grundsätzlichen Vorgang zugelassen zu sein. Es geht nämlich selten um die Kritik einer bestimmten Übersetzung, so berechtigt sie im einzelnen vielleicht auch sein mag, es geht vielmehr darum, einer öffentlichen Exekution beiwohnen zu dürfen. Selten werden Autoren in einem Ton verrissen, in dem Übersetzer geschlachtet werden. Der letzte Rest Respekt vor einer schreibenden Existenz ist geschwunden, da man es im Falle des Übersetzers ja ›nur‹ mit einem Handwerker zu tun hat, der es sich gefallen lassen muß, auf seiner Ebene, der technischen des Fehlernachweises, kritisiert zu werden. Hier hat der Kritiker noch eine Möglichkeit, sich seine Blutrunst zu leisten, die er sich sonst hinwegzivilisiert hat. Das ist für alle Personen bis auf eine, die stillschweigend zur Unperson erklärt wurde, amüsant und bisweilen spannend zu lesen, und der Leser geht aus diesem Theater erhobenen Hauptes hervor, mit der Schadenfreude des Überlebenden. Soviel zur schriftlichen Auseinandersetzung mit Übersetzungen, für die Kriterien nie entwickelt wurden und deren Erfolg in der Beispielsammlung liegt, die für beispiel*haft* gehalten wird.

Anders die mündlichen Verlautbarungen. Da gibt es zwei Möglichkeiten. Die eine, tristere, ist die der übersetzerischen Erfolgsmeldung, die unter den Namen Werkstatt- oder Rechenschaftsbericht firmiert. Hier begibt sich der Übersetzer auf das Niveau seiner Kritiker, indem er, nun mit umgekehrten Vorzeichen, Beispiele aneinanderreiht, die nicht die Bockschüsse, sondern die Blattschüsse dokumentieren sollen. Hier ist der Übersetzer eindeutig der Held, nicht mehr der Frevler. Erkenntniswert hat freilich auch diese Äußerungsform nicht, sie ist bloß Kehrseite, anekdotisch und kriterienlos. Kriterienreich aber ist die zweite Form der mündlichen Verlautbarung, das thesenhafte Grundsatzreferat, eine Äußerungsform, die neuerdings gern von Linguisten wahrgenommen wird, jedenfalls selten oder nie von praktizierenden Übersetzern. Diese Form hat zwei entgegengesetzte Richtungen: Die eine will das Original in die Zielsprache, die andere die Zielsprache ins Original integrieren. Diese Möglichkeiten sind um so überzeugender, je weniger sie durch Beispiele verwässert werden. Übersetzungstheorien können oft theoretisch einleuchten, aber da sie gewöhnlich nicht auf induktivem Wege gewonnen wurden, lassen sich Übersetzungen in sie höchstens einpassen wie in das Bett des Prokrustes. Ein besonders krasses Beispiel ist Walter Benjamins originelle Interlinear- und Komplementaritätstheorie, die er aber merkwürdigerweise verstanden wissen wollte als Einleitung zu einer Reihe eher konventioneller Baudelaire-Übersetzungen.

Damit sind die Extreme genannt: Beispielsammlungen einerseits, theoretische Postulate und Normierungen andererseits, wobei beide nicht für dieselben Diskursformen gleichermaßen geeignet sind. Hier und heute aber soll versucht werden, beides irgendwie unter einen Hut zu bringen. Die Schwierigkeiten dürften durch den Vorspruch deutlich geworden sein. Es wäre unangemessen, aus dem übersetzerischen Werk Erich Frieds eine Theorie abziehen zu wollen, denn sie könnte nie die Spanne und Spannung zwischen 20. Jahrhundert und Renaissance erfassen, die nicht nur unterschiedliche Kriterien, die zu verschiedenen Theorien hätten führen können, notwendig gemacht haben, sondern zugleich im Verlauf der übersetzerischen Praxis wechselnde, sich entwickelnde oder sogar revidierte Kriterien. Vor jeder Theorie müßte also in vielen geduldigen Einzeluntersuchungen der Entwicklung des Friedschen Übersetzens nachgegangen werden, was in diesem Rahmen nicht zu leisten ist. Die andere Möglichkeit – der Übersetzer als Held oder als Frevler, auf- oder abbaubar auf Grund von Beispielen – scheidet aber auch aus wegen der Willkür und der Unmöglichkeit einer Überprüfung durch das Ohr. Ich werde also versuchen, durch die Skylla der Theorie und die Charybdis der Beispielketten hindurchzusegeln, indem ich von Beobachtungen berichte, die ich an Friedschen Übersetzungen gemacht habe. Die Beobachtungen sind subjektiv, und darum können die Schlüsse, die ich aus ihnen ziehe, objektiv falsch sein. Das heißt, es lassen sich jeweils wohl immer auch Gegenbeispiele anführen.

Also. Erich Fried als Übersetzer, als Übersetzer poetischer Sprache. Dylan Thomas, W. H. Auden, Sylvia Plath einerseits,

Shakespeare andererseits. Die Moderne soll uns dabei als Kontrastfolie zur Renaissance dienen. Ich glaube nämlich, daß es unterschiedliche Vorgehensweisen gibt, wenn Fried neue und wenn er alte Texte übersetzt. Grob vereinfacht und vorgreifend gesagt: neue Texte übersetzt er kühn, alte eher konventionell, weshalb denn auch von der Kritik, wie nicht anders zu erwarten, die kühnen bisweilen bemängelt, die konventionellen ausnahmslos belobigt worden sind. Unter kühn verstehe ich folgendes: Fried versucht nicht, die Gedichte einzudeutschen, d. h. sie in Bekanntes zu überführen, sondern er nimmt ihre Herausforderung an. Er nimmt sie an, indem er das Fremde, Widerständige und Eigene der Originale nicht, wie sonst üblich, wegharmonisiert, sondern indem er es nachzubilden versucht. Das Übersetzen ist deshalb nicht bloß Vermittlung, sondern es ist ein poetischer Vorgang, indem versucht wird, wie im Gedicht, die Grenzen der eigenen Sprache zu erweitern.

Ein Blick auf die Geschichte des Übersetzens lehrt, daß dies ein durchaus legitimer Anspruch ist. Wie sieht das konkret aus? Einmal kann es dadurch zu Komplizierungen gegenüber dem Original kommen. Ich halte das für ganz in Ordnung, wenn dadurch auf Eigentümlichkeiten der fremden Sprache hingewiesen wird, die im Text selber funktionalisiert worden sind. In einem Gedicht von Sylvia Plath mit Seebad-Hintergrund und Tod ist dreimal von *pallors* die Rede, verschiedene Blässe-Typen, Totenblässe, Blässe von Händen und Gesichtern, sogar Blässe der Iris. Fried übersetzt das korrekt und befremdlich mit *Blässen*, was viel wirkungsvoller ist als das gebräuchliche ›Blässe‹, denn durch die neue Form mag der Leser zum Nachdenken darüber animiert werden, warum denn das konkrete Abstraktum sich im Deutschen nicht in die Mehrzahl setzen lasse, wo doch ganz unterschiedliche Qualitäten damit bezeichnet würden. Die Blässe hingegen wäre blaß geblieben, und ohne Zweifel hätte der Leser über sie hinweggelesen, ohne ihren vielstrahligen Sinn zu erfassen.

Nebenbei bemerkt ist dieses Darüberhinlesenkönnen, auch Flüssigkeit genannt, der oberste Belobigungsgrad, den unsere Kritiker zu verleihen sich anheischig machen. Demgegenüber wäre, wenn vom Original irgendwie gedeckt, die erhellende Funktion des Stolperns und Stutzens zu betonen, die die Aufmerksamkeit des Lesers wachhält, ihn aktiviert. Denn nichts ist, zumal bei Gedichten, lähmender, als sich einzulesen. Natürlich gibt es kaum Übersetzer, die es gewissermaßen auf sich nehmen, in diesem Sinne aufmerksam zu übersetzen, weil ihnen das die Kritik ausnahmslos als Unvermögen ankreidet. Erich Fried ist einer von diesen wenigen.

Neben den Unverträglichkeiten zweier Sprachen, die hier wachgehalten werden, gibt es die Eigenwilligkeiten der Autoren. Hier sind Übersetzer wie Kritiker immer rasch bei der Hand mit Verdikten wie: das läßt sich im Deutschen nicht nachmachen, das verstößt gegen mein Sprachgefühl usw., meist ohne zu bedenken, daß eine inkriminierte Stelle vielleicht auch im Original gegen die Grammatik oder gegen das immer um Diskussionen abzukappen herbeizitierte windelweiche Sprachgefühl verstößt. Wobei in dieser Hinsicht einem Autor vieles, einem Übersetzer nichts konzediert wird. Die Dichtung von Dylan Thomas ist geradezu definiert durch die Eigenwilligkeit ihrer Bilder, deren besondere Befremdlichkeit in der Art ihrer syntaktischen Erzeugung zu liegen scheint. Und gleichzeitig reagiert die Kritik viel empfindlicher auf syntaktische Kühnheiten als auf semantische. Fried versucht, rigoros die Syntax, sofern sie poetisch funktionalisiert ist, nachzubauen, und prompt wird er darüber belehrt, daß das, was im Englischen möglich sei, im Deutschen sich verbiete. Ein Kritiker wirft Fried u.a. zu große Originaltreue vor. Es heißt hier: »Thomas spricht von ›the mussel pooled and the heron / Priested shore‹: das ist zwar outriert, bleibt jedoch innerhalb der Möglichkeiten des Englischen, das die Grenzen zwischen Nomen und Verbum verwischt hat. Schon Shakespeare konnte eine Formulierung wie ›tower'd citadel‹ prägen. Im Deutschen müssen wir solche Konstruktionen umschreibend auflösen; wenn Erich Fried nachzudichten versucht ›vom muschelgeteichten und reiher-/Gepriesterten Strand‹, dann tut er nicht nur der Sprache Gewalt an, sondern gerät ins Komische.« Soweit der Kritiker, von dem ich gerne wüßte, wie denn die umschreibende Auflösung der Konstruktion hätte aussehen sollen bei gleichzeitiger Beibehaltung des metaphorischen Gestus und der Ökonomie der Silben. Zweitens wüßte ich gern von dem Kritiker, wieso die Originalstelle innerhalb der Möglichkeiten des Englischen verbleibt, denn mögen im Englischen die Grenzen zwischen Nomen und Verbum auch durchlässiger sein als im Deutschen, Formen wie *mussel pooled* und *heron/Priested* sind im Englischen ebenfalls neu und unerhört sowohl im Bild wie in der Konstruktion. Der ›Sprache Gewalt antun‹ donnert zwar als schwerer Vorwurf daher, aber was tut neue große Dichtung anderes als ebendies, wobei unter ›Sprache‹, hier wie in der Übersetzungskritik, natürlich immer nur die eingeschliffene, die automatisch gewordene zu verstehen ist. Der Kritiker hätte übrigens nur seinem eigenen Shakespeare-Beispiel nachgehen müssen, um zu sehen, daß eine umschreibende Auflösung solcher Konstruktionen, die unumgänglich sein soll, auch von früheren Übersetzern nicht praktiziert worden ist. Bereits Baudissin übersetzt die Antonius-Stelle mit *hochgetürmte Burg*, und Gundolf stellt kühn und neu *türmige Burg* hin, die ihm der Schulmeister Karl Kraus vermutlich übelgenommen hätte, wenn er auf sie gestoßen wäre. Und wie hat Fried diese Fügung übersetzt? Es ist, als hätte er die Mahnung des Kritikers beherzigt; er löst die Konstruktion nämlich auf und schreibt: *Wie eine Burg mit Türmen*. Es ist gewiß ein Zufall, daß Fried ausgerechnet die Stelle, die ihm als Beispiel für die Konventionalität der Grenzverwischung zwischen Nomen und Verbum entgegengehalten wird, auch konventionell übersetzt, aber es entbehrt nicht des Witzes angesichts der Richtungsänderung, die bei den Shakespeare-Übersetzungen erfahrbar wird.

Bevor wir aber zu diesen kommen, sei doch etwas gesagt über das gemeinsame, das verbindende Moment zwischen diesen beiden Übersetzungstypen, die sich, wie zu Anfang behauptet, in der Laufrichtung grundsätzlich unterscheiden sollen. Das Gemeinsame scheint mir darin zu liegen, daß Fried auf die Sprache hört, die er verwendet. Seine einzigartige Begabung zum Spielen mit der Sprache spricht sich eben nicht nur in den eigenen Dichtungen aus, sondern auch in den Übersetzungen, sofern dies möglich erscheint; es ist jedenfalls nicht beschränkt etwa auf ein vom Original gefordertes Wortspiel. So sind die Übersetzungen immer wieder auch produktive Aneignungen, Weiterführungen nach Maßgabe des in der eigenen Sprache Angelegten. Dies ließe sich Zeile für Zeile an dem Hörspiel *Unter dem Milchwald* von Dylan Thomas zeigen, wo Fried, wie mir scheint, am weitesten geht in dem, was ich, bei aller Wahrung des Übersetzungscharakters, ein Weiterschreiben des Textes nennen möchte. Ein Beispiel sei gegeben aus dem schon angeführten »Gedicht im Oktober«, weil der hierzu bereits zitierte Kritiker auch die Form der Produktivität inkriminiert hat. Unter dem Stichwort ›Fehlgriff‹ heißt es, ich zitiere: »Er schreibt: ›Ich ... ging hinaus in einen Schauer all meiner Tage‹ und gibt damit Anlaß, in ›Schauer‹ einen hintergründigen Doppelsinn zu vermuten; erst der Blick auf ›shower of all my days‹ zeigt, daß nichts dergleichen gemeint ist; man braucht also das Original, um die Übersetzung zu verstehen.« Niemand wird behaupten, daß es jedem Autor angemessen ist, Mehrdeutigkeiten hinzuzusetzen, die nicht beabsichtigt sind, aber bei einem Autor wie Thomas ist genau dies legitim, und es zeigt, daß der Übersetzer die Verfahrensweise des Autors begriffen hat. Derartige Weiterführungen, allerdings äußerst zurückhaltend eingesetzt, finden sich nun auch in Frieds Shakespeare, bei einem Autor also, der selber nur höchst ungern auf ein Wortspiel verzichtete. Die Ironie, mit der Hamlet Polonius abserviert – *This counsellor / Is now most still, most secret, and most grave* – wird von

Fried durch eine witzige Wiederholung ausgedrückt, vielleicht auch, weil er den Verlust des dreifachen *most* ausgleichen wollte: *Ja, der Geheime Rat da / Ist nun sehr still, geheim, ja würdig gar.* Es gibt aber auch Stellen, die vom Original nicht vorbereitet sind und nur den Möglichkeiten des Deutschen folgen. So wird Iagos Satz – *I follow him to serve my turn upon him* – übersetzt mit: *Ich dien ihm, um mich seiner zu bedienen.* Ich halte diese Stelle für stärker als das Original, auch wenn der Kritiker hier wohl denselben Vorwurf parat hätte wie bei *shower.* Es steht nichts davon im Original. Abgesehen davon, daß die Zeile ›sitzt‹ und natürlich in Iagos sprachlicher Manipulationsfertigkeit begründet ist, kann man sich auch gewissermaßen nach dem Gesetz von der Erhaltung der Energie verteidigen: als Kompensation für viele eben nicht wiederzugebende Wortspiele.

Damit sind wir also bei Shakespeare. Daß diese Übersetzungen konventionell oder traditionell sind, ist kein Vorwurf, sondern eine erklärte Absicht. Die Übersetzungen stehen bewußt in der von Schlegel und der Familie Tieck in Gang gesetzten Tradition, weil es unklug wäre, einen Teilbereich der deutschen Kultur gewissermaßen leugnen zu wollen, und weil gleichzeitig den alten Übersetzern so viele meisterhafte, d. h. unübertreffliche Formulierungen geglückt sind, die nicht zu übernehmen, nur um sich zu unterscheiden, töricht wäre. Ich brauche nicht zu sagen, daß diese Einstellung zur Tradition mehr Probleme aufwirft als löst, ist sie doch damit einer bestimmten Rezeptionsgeschichte mehr verpflichtet als dem elisabethanischen Zeitalter. Es wäre, umgekehrt, denkbar, gerade *gegen* eine bestimmte, mithin typisch deutsche Tradition anzuübersetzen – so wie Schlegel gegen die Sturm-und-Drang-Tradition anzuübersetzen hatte –, um so vielleicht einen neuen oder anderen Shakespeare zu begründen. Es wäre anzuübersetzen gegen die Einschüchterung durch eine bestimmte Spielart von Klassizität. Schließlich sind die Originale unerschöpflich wie das Fortunatus-Säckel. In gewissem

Sinne könnte man also sagen, Frieds Shakespeare wäre ein verfeinerter und verbesserter, zuweilen bloß modernisierter Schlegel/Tieck. Das ist natürlich nur halb richtig und gilt für die früheren Übersetzungen mehr als für die späteren. Da es aber ohnehin nur in die Irre oder zu Gemeinplätzen führt, von einer Übersetzung im Ganzen zu sprechen, will ich einige Schichten herauslösen und isoliert betrachten. Wir werden dabei zu dem Schluß gelangen, daß Fried in einzelnen Schichten sehr wohl an Schlegel/Tieck anschließt, in anderen aber überhaupt nicht, ohne daß dies nun wieder immer einsichtig oder im Original begründet wäre.

Am konventionellsten scheint mir Fried vorzugehen in der Verwendung der Metrik. Grundlage ist und bleibt der fünfhebige Jambus, den Fried geschmeidig handhabt mit einer Tendenz zum Glätten und Harmonisieren, auch wenn im Original Härten funktionalisiert sind. Genau das sind Vorwürfe, die Übersetzer wie Richard Flatter, auch Hans Rothe, den Romantikern bereits gemacht haben. Der Gedanke Hamlets, seinem Leben rasch ein Ende setzen zu können *with a báre bódkin*, wird von Schlegel gemildert und geglättet zu *mit einer Nadel bloß*. Bei Fried wird die Aggressivität bis zu einem gewissen Grad beibehalten, aber verlagert in die Semantik; weder die metrische Härte noch die Alliteration ist gewahrt. Es heißt: *mit einem bloßen Stich*. Das Gebot der Metrik führt sogar in den frühen Übersetzungen zu Elisionen, die die Zeilen manchmal wie Pastiches erscheinen lassen. So wird der Geist folgendermaßen angeredet:

Wer bist du, der du dich bemächtigst dieser
Nachtstund und edlen kriegrischen Gestalt.

An anderer Stelle heißt es: *Das Ungeheur Gewohnheit.*

Bei aller beibehaltenen Tendenz zur Regelmäßigkeit finden sich derartige Elisionen in den späteren Übersetzungen nicht mehr, und der Übersetzer leistet sich sogar gelegentlich überzählige Senkungen, d.h. die natürliche gesprochene Sprache bekommt größere Rechte eingeräumt gegenüber der metrisch gebundenen. Und eine zweite Freiheit setzt sich gegenüber Schlegel / Tieck durch: die Vers*zahl*, die Zeilenzahl, war bei den Romantikern identisch mit der des Originals. Man kann sich rein numerisch unschwer vorstellen, was beim Übergang einer monosyllabischen in eine mehrsilbige Sprache bei dieser Beharrungsabsicht alles verlorengeht. Fried läßt sich auf diese Form der Originaltreue nicht ein, sondern benutzt so viele Zeilen wie nötig sind, um kein Wort unter den Tisch fallen zu lassen.

Die Frage der Erweiterung des Verskorpus ist natürlich auch im semantischen Bereich von Bedeutung, der sich allerdings nicht auf Satz- oder Vers*bau* erstreckt. Das soll heißen, daß es Fried offensichtlich gleichgültig ist, in welcher Ordnung die Wörter einander folgen. Er hat hier nicht nur die Tendenz zur Verständlichmachung, zu Unterteilung längerer Perioden, etwa auch zum Springen aus der Syntax durch den Anakoluth, wenn er glaubt, daß der Hörer die Übersicht zu verlieren droht, was ja alles durchaus sinnvoll sein kann; aber er hat diese Tendenz auch dann, wenn syntaktische Eigenheiten zur Charakterisierung einer Figur oder einer Situation gehören.

Man kann die Beobachtung machen, daß bei Shakespeare häufig sich die Gedanken – und vor allem die Bilder – erst allmählich beim Reden verfertigen. Das hat, glaube ich, etwas mit Shakespeares Schreibtempo zu tun und gewiß auch mit seiner Auffassung der Charaktere. Wichtige Unterschiede etwa zwischen Othello und Iago sind bereits auf der syntaktischen Ebene erkennbar. Aber die Übersetzer, Fried ist da keine Ausnahme, gehen in der Regel davon aus, daß Gedanke und Bild fertig im Kopf des Autors sind und in einem zweiten Schritt mit Vorbedacht zu Papier gebracht werden. Das bedeutet für den Übersetzer, die Sätze gewissermaßen auf ihre Tiefenstruktur zurückzuführen und von da aus, in der eigenen Sprache, neu zu generieren. Solchen Verfahrensweisen gegenüber ist an das Wort Hofmannsthals zu erinnern, daß die Tiefe an der Oberfläche zu verstecken sei. Genau das hat Shakespeare getan, weshalb eben die Abfolge der Wörter nicht nur die Ordnung des Satzes regelt, sondern zugleich sinngebende Funktion hat. Ähnlich uninteressiert wie am Satzbau ist Fried auch an den Zeilenschlüssen, den Zäsuren. Ähnlich Schlegel und der Familie Tieck scheint Fried das Zeilenende für einzig bestimmt durch die entsprechende Versfußzahl zu halten, d. h. die Verse laufen in fortlaufender Kette ineinander über, Unterbrechungen sind numerisch und nicht sinngemäß, Sinneinschnitte und syntaktische Einschnitte fallen zusammen. Hier wäre von Fall zu Fall zu überprüfen, ob die Verszäsur wirklich so willkürlich ist. In sehr vielen Fällen ist sie es jedenfalls ganz und gar nicht, sondern impliziert bereits das, was Brecht ›gestisches Sprechen‹ genannt hat. Im übrigen ist zumindest die Spannung zwischen überlaufenden Versen und solchen, bei denen der rhythmische und der syntaktische Einschnitt zusammenfallen, von Shakespeare genau kalkuliert. Für Fried ist dies, wie gesagt, nicht zum Problem geworden, weil er das Kunstmittel wohl nicht bemerkt hat.

Unter dem Stichwort der Erweiterung des Verskorpus, von dem wir bei diesen Fragen nach Syntax und Verszäsuren ausgingen, sind aber viel konkreter als Probleme zu erkennende Fragen zu stellen. Ist es immer möglich, ein Wort durch ein Wort wiederzugeben, oder muß man, zumal bei älteren Texten, bisweilen erklären, hinzufügen, paraphrasieren? Wie steht es mit dem zeitgenössischen Wortsinn? Es ist bekannt, daß eine der obersten Übersetzungsmaximen lautet, ein Wort sei durch ein Wort wiederzugeben. Zwar ist auch bekannt, daß eine Wortgleichung nie ganz aufgeht, daß es das ›mot juste‹ hier nicht gibt und nicht geben kann auf Grund der verschiedenen Verwendungsweise und Tradition der Wörter, aber vom Übersetzer wird gleichwohl verlangt, daß er sich zwischen mehreren Möglichkeiten für die passabelste entscheidet. Übersetzen ist ein dezisionistisches Geschäft, und so lange diese Meinung herrscht, sind die Aussichten schlecht, daß eine Übersetzung die Weite und Vielfalt der Originale erreicht. Nun, ich halte es für völlig legitim, einen Text, zumal einen alten, erklärend zu erweitern, nicht um ihn zu vereindeutigen, komplexe Stellen zu versimpeln oder ähnliches, sondern um dort dem Leser oder Hörer beizuspringen, wo eine zeitgenössische Vorstellung fremd geworden ist. So war der Mond wegen seiner Wechsel im übertragenen Sinne ein Inbild der Wechselhaftigkeit und Launischkeit, von da aus übrigens oft in Verbindung gebracht mit Fortuna. Die Vorstellung ist uns Mondfahrern alles andere als vertraut; sie müßte es aber sein, wenn wir die Implikation mancher Stelle verstehen wollen. Darum wird etwa aus einer so simpel erscheinenden Fügung wie *the changes of the moon* bei Fried mit vollem Recht: *jede Phase des launischen Mondes.*

Wir sollten nicht verschweigen, daß die Auflösung zeitgenössischer Bedeutungen oft eine äußerst heikle Unternehmung ist, die nicht nur mit Interpretation zu tun hat, sondern auch mit den Handbüchern, die man benutzt, oder abhängt von der Bereitschaft, sich überhaupt auf sie einzulassen. Es liegt nämlich eines der größten Probleme für den Übersetzer älterer Texte darin, daß er erst einmal ein Gefühl dafür bekommt, wo überhaupt Probleme liegen. Die Vertrautheit mit der fremden Sprache, etwa indem man sich in ihr bewegt wie ein ›native speaker‹, ist dafür sogar eher hinderlich. Der Übersetzer müßte umgekehrt dazu kommen, keines der ihm vertrauten Wörter als vertraut passieren zu lassen, oder die vertrautesten am wenigsten. Wenn Iago sein Preislied auf die Opportunisten und Heuchler im 1. Akt singt, heißt es: *those fellows have some soul.* Fried weiß, daß *soul* nicht mit dem heutigen *Seele* identisch ist, aber er rekonstruiert die alte Bedeutung nicht, wenn er das tut, was die Übersetzer sinngemäßes Übersetzen nennen. Er übersetzt: *Die Kerle haben Herz.* Der nächstliegende deutsche Sinn, daß die Kerle nämlich freundlich oder gutmütig sind, scheidet natürlich sofort aus, denn sie sind das Gegenteil davon. Ich stelle mir also vor, daß Fried mit *Herz* ›Beherztheit‹, ›Mut‹ o. ä. meint. Das ist aber kaum gemeint. Einmal sitzt der Mut tiefer, nämlich in der Leber, und Shakespeare verwendet die Leber ja oft genug, wenn er den Mut physiologisch verankern will, zum andern gehört *soul* zum intelligiblen Bereich: soul, intellect, mind, reason gehören eng zusammen, und sie sind streng geschieden vom kreatürlichen Lebensbereich des Herzens. Wenn Baudissin übersetzt: *Die Burschen haben Witz*, kommt er dem Gemeinten näher, auch wenn *Witz* im Sinne von Verstand uns heute nicht mehr geläufig ist. Sinngemäß könnten hier deutsche Ausdrücke wie ›Grips‹ oder ›Köpfchen‹ stehen, aber man spürt sofort, daß das zu salopp klingt, während das Original einen hohen Ton hat, durch den die Abgefeimtheit Iagos um so greller hervorsticht.

Zeitgenössische Vorstellungen spielen eine besonders große Rolle im Bereich der Bilder, die meist aus Lebensbereichen genommen sind, die wir nicht mehr – oder anders – kennen: Jagd, besonders Falkenjagd, Schiffahrt, Stoff- und Tuchherstellung, Münzwesen, Medizin, Astrologie. Ich führe in diesem Zusammenhang absichtlich nicht Symbolsysteme wie die Mythologie oder die Bibel an, weil sie trotz aller historischen Verschiebung noch für uns abrufbar sind als Teile unserer eigenen Tradition. Zu den Lebensbereichen, denen die meisten Bildvorstellungen entstammen, gehört hingegen ein Selbstverständnis, die sozusagen subkutane Unhinterfragbarkeit des Gehens, Riechens, Schmeckens, Fühlens usw., die allenfalls mühsam rekonstruierbar, nicht aber erfahrbar ist. Wer *heart* für ›Herz‹ hält, *soul* für ›Seele‹, *thought* für ›Gedanke‹, der wird nie erfahren, wovon diese Texte sprechen. Die Aufgabe des Übersetzers ist in dieser Hinsicht der Quadratur des Kreises vergleichbar: Er muß ein Selbstverständnis herstellen, das zugleich als ein Fremdes, als Nicht-unser-Selbstverständnis deutlich wird. So etwas fällt natürlich einem exotischen Text gegenüber leichter als gegenüber einem Text, den wir immer schon verstanden zu haben glauben, weil er Teil unserer Tradition ist. Hier jedenfalls scheinen mir die größten Übersetzungsprobleme zu liegen, über deren Lösungsversuche man schwerlich mit Entscheidungen wie richtig oder falsch urteilen kann: Man kann die Lösungsversuche im Grunde nur noch diskutieren, das Für und Wider abwägen. Für diesen kaum noch kritisierbaren Bereich abschließend ein besonders vertracktes Beispiel, das die Grenzen der Übersetzbarkeit und zugleich das Ausweichen auf Einfälle seitens der Übersetzer bezeichnet.

Als sich für Othello der Verdacht verdichtet, Desdemona könnte untreu sein, spricht er die Zeilen:

... if I do prove her haggard,
Though that her jesses were my dear heart-strings,
I'ld whistle her off, and let her down the wind,
To prey at fortune. (III, iii, 264 ff.)

Dem Bild liegt die Vorstellung vom Falken zugrunde, der auf der Hand des Jägers sitzt und von diesem in irgendeiner Weise in die Luft geworfen wird, was ja wohl zur Falknerei gehört. Die Schwierigkeit ist aber, daß das Bild ziemlich unverständlich ist – meine Paraphrase war Konjektur –, daß zum Beispiel vom Falken gar nicht direkt die Rede ist, sondern nur durch Wörter auf der von Roman Jakobson sogenannten Kontiguitätsebene metonymisch auf ihn verwiesen wird. Oder auch nicht verwiesen wird, denn die entsprechenden Wörter (vor allem *jesses*, in viel geringerem Maße *haggard*, *whistle off* und *prey*) wollen auf den Falkenbereich vielleicht nur anspielen, als Nuancierung oder Lesbarmachung eines Verdachts, für den die Worte fehlen. Ein jedenfalls auch nur halbwegs ausgeführter Vergleich – so wie der Falke, so die Frau – ist es nicht. Erich Fried übersetzt die Stelle folgendermaßen:

Doch find ich dich verwildert, Falke,
So geb ich dir den Abschiedspfiff und werf dich
Dem Wind hin! dann jag du dir selbst dein Futter,
Ob auch dein Fußriemen verwachsen ist
Mit jeder einzelnen Faser meines Herzens!

Die Wendung zur Anredeform ist dabei aus Baudissin übernommen, ebenso die direkte Nennung des Falken, ebenso die Interpretation des *haggard* durch *verwildert*, was ja so eindeutig auch nicht ist: es kann ›ungezähmt‹ heißen im Sinne von ›unzähmbar‹, also das Gegenteil von *verwildert*. Fried bleibt in seinem, in Baudissins, Bild konsequent, wenn er dem Falken zurufen läßt: *dann jag du dir selbst dein Futter*. – *To prey at fortune* steht bei Shakespeare, und der Ausdruck *fortune* sollte uns immer hellhörig machen, weil der ganze Bereich der fortunatischen Kontingenz, das Ausgesetztsein in der Willkür, damit evoziert ist. Und es ist auch keine harmlose Futtersuche gemeint, sondern Raubzug und Beutemachen im Revier der Schicksalsdämonin. Ich überziehe die Deutung der Stelle, weil ich zeigen möchte, wohin die Fluchtlinien auszuziehen sind – in Regionen, die für unsere Vorstellungskraft unsichtbar geworden sind.

Dies gilt erst recht für die wirkliche Crux der Stelle: *Though that her jesses were my dear heart-strings*. Der heutigen Vorstellung plausibel ist offensichtlich nur, wenn die Fußriemen metaphorisch *verwachsen* sind mit jeder – wiederum metaphorisch, hier in Form einer sogenannten toten Metapher – *Faser* des Herzens. Shakespeare hingegen schreibt nicht-metaphorisch, er benutzt eine Vorstellung aus einer uns fremd gewordenen Medizin: *heart-strings* sind zu verstehen als Nervenfasern, Sehnen oder Bänder, die das Herz so ›halten‹ und strukturieren wie Bänder einen Muskel. Das Herz ginge physiologisch, nicht metaphorisch, kaputt, wenn seine *strings* aufgelöst würden. Es geht hier also keineswegs, um das klar zu sagen, um die Erhaltung einer archivarischen Bedeutung, die allenfalls den

Philologen interessiert, sondern: Die ganze Kühnheit des Shakespeareschen Bildes in der Gleichsetzung der *jesses* mit den *heart-strings* wird durch die Metaphorisierung vereinfacht und dem heutigen Bewußtsein plausibel gemacht; ihm nahegebracht, sollte ich sagen, als hätte er, der Heutige, irgendein Recht auf diese Nähe. Es ist das, was ich meinte, wenn ich anfangs davon sprach, daß Fried Shakespeare in konventionelle Verabredungen gewissermaßen rückübersetzt. Die Kühnheiten und Sperrigkeiten, das Brüchige, Ungereimte, Inhomogene und Gewaltsame, das Zusammenschneiden heterogener Kontexte, das also, was die ›Modernität‹ Shakespearescher Texte ausmacht und das in seiner Kompromißlosigkeit nachzubauen Fried keine Kritikerverdächtigung scheut bei den Autoren *dieses* Jahrhunderts, alles das wird wegharmonisiert durch eine Übertragung in unanstößige und häufig genug klischeehafte, jedenfalls plausibilisierende Vorstellungen. Fried übersetzt im Geist der Familie Tieck, er übersetzt noch einmal, wenn auch zweifellos mit anderen Ergebnissen, den Shakespeare, den die Romantik sich erarbeitet hatte.

Ich möchte damit allerdings weniger Erich Fried korrigieren, dessen Kenntnis auch des elisabethanischen Shakespeare vorauszusetzen ist, als vielmehr auf ein allgemeines Problem zeigen. Die Produktion und Rezeption einer Übersetzung ist nämlich genau wie ein Originalwerk vor dem situiert, was Hans Robert Jauß den Erwartungshorizont genannt hat. Wenn der Übersetzer die syntaktische oder metaphorische Inkohärenz eines modernen Autors nachbaut, darf er darauf hoffen, von seinen Lesern entsprechend verstanden zu werden; die Vernageltheit des vorhin zitierten Kritikers ist vermutlich die Ausnahme. Wenn er aber einen Klassiker übersetzt, übersetzt er nicht diesen ›direkt‹, sondern er steht immer zugleich im Spannungsfeld existierender Übersetzungen und hat diese gewissermaßen mitzuübersetzen. Der Leser oder Hörer, der Theatergänger zumal, will ›seinen‹ Klassiker wiedererkennen, und es ist bei diesem Geschäft vielleicht allenfalls möglich, die Säulen des Herkules um eine Regenwurmwindung zu versetzen. Auf der anderen Seite: Wie kann eine neue Sicht eröffnet werden, wenn nicht durch ›Entautomatisierung‹ einer gedankenlos mitgeschleiften Tradition? Erich Fried jedenfalls hat sich für die erste Möglichkeit entschieden. Er kannte vermutlich den Preis. Und das Publikum hat es ihm gedankt.

(1982/1986)

Dankrede nach der Überreichung
des Wieland-Preises

Wieland war, wie Sie alle wissen, einer der freizügigsten deutschen Schriftsteller. Sein Werk steckt voller Pikanterien und Zweideutigkeiten, die Moral ist locker und anrüchig. Man spürt kein Ringen um Ausdruck, sondern die Lust am Formulieren, die Freude an den offenbar grenzenlos gewordenen Möglichkeiten der deutschen Sprache, nachdem sie, eben durch Leute wie Wieland, wieder zu einer Literatursprache hochkultiviert worden war. Das ist die eine Seite. Auf der anderen Seite steht Wieland, der Übersetzer. Niemand wäre befähigter gewesen, die Vielfalt Shakespeares, einschließlich seiner Schlüpfrigkeiten, Derbheiten und Kalauer – oder vielleicht *gerade* diese – zu übersetzen als Wieland. Kein Shakespeare-Übersetzer war gebildeter, keinem stand ein größerer Wortschatz zur Verfügung als Wieland. Und was tat er? Er glättete, er ersetzte, er entschärfte, und er ließ ganz einfach aus. Die wortspielreichen Sauf- und Singszenen im 2. Akt von *Was ihr wollt*, die ein Höhepunkt jeder Aufführung sind, blieben z. B. mit der Bemerkung fort: »Diese beyden Zwischen-Scenen sind der Übersetzung unwürdig, und eines Aufzugs unfähig.« Der Übersetzer als Zensor.

Die Gegenüberstellung des einen und des anderen Wieland zeigt das ganze Elend des Übersetzens und des Übersetzers. Daran hat sich bis heute nichts geändert. Der Original-Autor darf, der After-Autor darf nicht. Was der eine tut, nimmt der andere wieder zurück. Hier von freiwilliger Selbstkontrolle, von innerer Schere, zu sprechen, scheint mir nicht übertrieben. Was Wieland mit Gesittung und Schicklichkeit begründete, wird heute von dem nicht minder breiten Hut des sogenannten Sprachgefühls bedeckt. Wenn ein Übersetzer sich erst einmal hinter seinem sogenannten Sprachgefühl, das im allgemeinen nichts anderes ist als ein Kanon von Regeln, verschanzt, ist jedes Argumentieren aussichtslos geworden. Es fragt sich nur, um zum Beispiel Wieland zurückzukehren, warum die Gebote der Schicklichkeit angesichts lesender Frauenzimmer dem Herrn Originalautor offenbar gleichgültig waren. Vielleicht kann man hier von Bewußtseinsspaltung sprechen, jedenfalls scheint es unausgesprochene Verabredungen zu geben, was in einer Übersetzung, im Unterschied zu einem Originalwerk, erlaubt ist und was nicht.

Es paßt hierzu, daß die am häufigsten benutzte Übersetzung des Wortes Übersetzer die vom Vermittler ist. Unter einem Vermittler stellt man sich einen Diplomaten vor, dessen Aufgabe es ist, so leise, unauffällig und unanstößig wie möglich, nach zwei Seiten hin ausgleichend zu wirken, stets kompromißbereit und höflich. Augenfällige Klippen werden so umschifft, daß die, die im Boot sitzen, die Leser, sich im spiegelglatten Wasser wähnen. ›Flüssig‹ ist darum das Lieblingswort der Kritiker für eine für gelungen gehaltene Übersetzung. Man will, in dieser Vorstellung vom vermittelnden, vom diplomatischen und womöglich auch noch diplomierten Übersetzer, vor allem eines nicht: verstört werden. Wenn das Textschiff auch gerade von einem Eisberg angebohrt worden ist, sollte dennoch die Kapelle des Übersetzers ›Näher, mein Gott, zu dir‹ spielen. Nur dem Leser nichts zumuten, ist die gängigste Devise. Die Kritiker wachen wie Sittenpolizisten und ahnden jeden Verstoß gegen die ehernen Gesetze der eigenen Sprache; sie lasten dem Übersetzer auch solches als Vergehen an, was der Autor pexiert hat. Die Ausnahmen Voß, Hölderlin, Borchardt, Franz Rosenzweig sind eben Ausnahmen geblieben, die die Regel nur bestätigen. Sie stehen als Alibi da, so als gäbe es eine vom allgemeinen lesenden Bewußtsein akzeptierte oder wenigstens tolerierte Alternative zum üblichen glättenden Übersetzen.

Der russische Formalist Viktor Šklovskij hat die These

aufgestellt, daß Literatur und Kunst zu definieren seien als Vorgang der Entautomatisierung. Die Lese- und Seh- und Hörgewohnheiten würden aufgebrochen und möglicherweise verändert. Ich möchte, parallel hierzu, behaupten, daß auch das Übersetzen, natürlich nicht jedes Übersetzen, aber ein Übersetzen, das nicht nur Inhalte herüberholt, als Entautomatisierungsvorgang verstanden werden kann. Genausowenig wie die Originalliteratur hängen Übersetzungen im luftleeren Raum. Vielmehr sind sie, wie die Literatur auch, bewußt oder nicht, bezogen auf das literarische Umfeld, ja bisweilen *antworten* sie auf bestehende Übersetzungen, setzen sich im Prozeß der Aneignung mit ihnen auseinander oder sind polemisch gegen sie angeschrieben. Der deutsche Shakespeare zum Beispiel ist nicht nur beschreibbar als wechselnde Annäherung an diesen Autor, sondern zugleich als Verdrängung und Verarbeitung einer Übersetzung durch andere. Entautomatisierung hieße in diesem Fall: nicht Schlegel zu verbessern oder gar zu aktualisieren, sondern gegen die gängige, gedankenlos gewordene Tradition des Schlegeltons anzuübersetzen durch Sichtbarmachung anderer, bisher nicht wahrgenommener Schichten des Originals. Ein Shakespeare *kann* wieder so unroutiniert und verstörend werden, wie er es in Deutschland im 18. Jahrhundert war. Nur so ist produktive Auseinandersetzung möglich. Was sich auch gegen Wielands Shakespeare-Übersetzung sagen läßt, in ihre Zeit ist sie gefallen wie eine Bombe. Shakespeare war bis zu Wieland nichts als ein Gerücht, und um ihn den Deutschen und der entstehenden deutschen Schaubühne vorzusetzen, tat Wieland etwas ganz Ungeheuerliches: er übersetzte ihn gegen den Strich der literarischen Übereinkünfte. Gerade ihm wäre es leicht gefallen, Shakespeare leicht, geschmeidig, elegant zu übersetzen. Er hätte mühelos einen Rokoko-Autor aus Shakespeare machen können. Schon daß er sich für Prosa entschied, statt der Verse, zeigt, daß er das keinesfalls wollte. Wielands Shakespeare ist ein grober Klotz, ein schwer verdaulicher Brocken, und die vorhin erwähnte Zimperlichkeit leitet sich vielleicht auch daher, daß er seinen Lesern nicht einfach alles zumuten wollte; der Rest der Übersetzung war Zumutung genug. Eben durch ihre Sperrigkeit hatte diese Übersetzung eine Chance, wahrgenommen zu werden und wurde sie schließlich unübersehbar. Ohne Wielands Shakespeare wäre die deutsche Literatur vermutlich anders verlaufen, obwohl er, außer von Lessing, nur Prügel dafür bekam. Die Prügel zielten zwar auf den Übersetzer, waren aber wohl insgeheim an den Urheber solcher unordentlichen, regelwidrigen Stücke gerichtet. Was wiederum mit dem eingangs Gesagten zu tun hat: der Original-Autor darf, der Übersetzer darf nicht. Wobei jetzt hinzuzusetzen wäre: der Unmut gegenüber einem Autor, an den ein Kritiker sich nicht herantraut, führt oft dazu, daß er sein Mütchen am elenden Übersetzer kühlt. Mit einem Taschenlangenscheidt hat sich noch kein Kritiker von einem Übersetzer überfordert gefühlt. Wenn Walter Jens vor vier Jahren in Biberach über Wieland als Übersetzer, mit Blick auf Lukian und Cicero sagte, er sei bis heute nicht überholt, stimme ich dem für Shakespeare zu, was die strategischen Voraussetzungen und die Absicht dieser Übersetzung betrifft. An Wieland, obwohl seine Methode grundverschieden ist von der Voßens oder Hölderlins, läßt sich nämlich lernen, daß Übersetzen, um etwas zu bewirken, einen entautomatisierenden Vorgang darstellt. An Wieland läßt sich lernen, daß ich mir klarzumachen habe, *was* ich *jeweils* übersetzen will – und da gibt es verschiedene Formen der Adäquatheit – und daß ich mir klarzumachen habe, *wohin* und *für wen* ich übersetzen will – und da gibt es unterschiedliche historische Bedürfnisse. An Wieland läßt sich lernen, daß ich unter Umständen auch den Vorwurf der Holprigkeit und Sperrigkeit in Kauf nehmen muß. Anders und zusammenfassend gesagt: Kein Übersetzen ohne eine Theorie des Übersetzens. Natürlich heißt das nicht, daß ich meine, der Übersetzer sollte optieren für die eine oder andere Methode – Voßische Eckigkeit *oder* die Eleganz des späten Wieland –, sondern es heißt, daß jeder Text für sich und im Rahmen der wechselnden historischen Bedürfnisse und Bedingungen eine eigene Theorie verlangt. Ob eine solche Theorie richtig ist, darüber kann man sich nicht nur streiten, darüber soll man sich streiten. Nur ein Übersetzen aus dem hohlen Bauch, ein Draufloswurschteln mit dem Wörterbuch als einzigem und letzthinnigem Auskunftsmittel, das halte ich für unzulässig oder nur vertretbar zur Deckung eines bestimmten Konsumbedarfs. Ich habe hier einiges von meinen Meinungen vom Übersetzen erzählt. Da war viel grüner Tisch und keine Werkstatt. Ich bitte Sie das zu entschuldigen. Ein einziges, wenn auch leider wieder allgemeines Beispiel will ich wenigstens abschließend geben. Das Hörspiel von John Cage, auf Grund dessen ich hier heute vor Ihnen stehe, schien sich mir jeglicher Übersetzung zu entziehen, wegen der in der Mittelachse des Textes herunterlaufenden Initialen der Namen Duchamps, Joyce und Satie. Diese Initialen strukturieren den Text, schränken ihn ein und erzeugen ihn zugleich. Das läßt sich nicht nachmachen in einer Sprache, die kaum Jots und so gut wie keine Ypsilons hat. Da gibt es zwei Möglichkeiten: entweder man läßt die Achse fort und übersetzt schlicht den Text, oder man läßt sie weg und sucht erst einmal nach einem Äquivalent für die regulierende Erzeugung und Beschränkung des Textes. Das Äquivalent, mit dem ich gearbeitet habe, bestand darin, eine Gleichheit der Silbenzahl von Zeile zu Zeile zu versuchen. Die Übersetzung von einer einsilbigen in eine mehrsilbige Sprache unter Beibehaltung der Anzahl der Silben ist nicht eben einfach. Aber innerhalb dieser Beschränkung, dieses sturen Korsetts, stellte sich während der Arbeit eine merkwürdige Freiheit ein, wie sie vielleicht durch den Reim gefesselten Sonettschreibern früherer Zeiten auch bekannt gewesen ist. Und die übersetzerische Aufmerksamkeit mußte in ganz anderer Weise als bisher geschärft und gewitzt sein: nicht nach dem schönen oder klangvollen oder auch nur ›richtigen‹ Ausdruck im Sinne des *mot juste*, sondern nach dem kurzen, kürzeren oder kürzesten Ausdruck. Übersetzern mit zu viel Theorien im Kopfe reinigt das natürlich noch ihr schwarzgalliges Blut.

Ein Letztes: Ich sollte nicht vergessen zu sagen, daß ich es mir leisten kann, so zu übersetzen, *wie* ich will, und das zu übersetzen, *was* ich will. Für mich hängt nichts davon ab, da ich mein Auskommen anderswo habe. Ich kann Aufträge ablehnen und Bedingungen stellen. Dadurch bin ich in puncto Übersetzung natürlich privilegiert. Dagegen gibt es die Legionen von Übersetzern, neue aufstrebende oder die alten, die ein halbes Säkulum im Verborgenen sozusagen ihren Dienst tun, Übersetzer, Lohnabhängige, die sich ihre Bedingungen diktieren lassen müssen von Lektoren, Redakteuren, nicht zu vergessen den Dramaturgen. Vielleicht sähe der Zustand des Übersetzens, das allgemeine Bewußtsein von der Funktion des Übersetzens und schließlich die Bereitschaft, ein innovatives Übersetzen zu akzeptieren, anders aus, wenn es nicht mehr den privilegierten Übersetzer gäbe, sondern den, der durch seine Arbeit so akzeptiert, toleriert und gefördert wäre wie der originale Autor. Warum eigentlich nicht? Die vielen geförderten Autoren zweifelhafter Provenienz und die vielen nichtgeförderten Übersetzer, die einer Beförderung der Literatur fähig wären oder gewesen wären, halten sich sicher die Waage.

Ich danke Ihnen, daß Sie mir Gelegenheit gaben, als Geförderter auf die zu Fördernden hinzuweisen. Ich danke Ihnen, daß Sie meinen ebenso problematischen wie heiteren Versuch einer Cage-Übersetzung mit so viel Geduld aufgenommen haben. Ich danke der hochverehrten, unermüdlichen Hildegard Grosche, der Vorsitzenden der Jury, und der sehr freundlichen Jury natürlich auch. Ich danke Klaus Schöning, ohne dessen Bohren und Insistieren diese Übersetzung nicht gemacht worden wäre. Ich danke dem Land Baden-Württemberg für seine Großzügigkeit, und ich danke der Stadt Esslingen für ihre Gastfreundschaft. Ich danke Ihnen allen, daß Sie gekommen sind.

(1983)

Zur Technik des Übersetzens
amerikanischer Gedichte

Gedichte zu übersetzen gilt als besonders schwierig, als schier unmöglich. Die Gründe, schwer von der Hand zu weisen, finden sich in jeder Lyrik-Interpretation. Doch auch die Gegengründe. Denn wo gäbe es zwei Interpretationen ein und desselben Gedichts, die zu gleichen Resultaten kämen oder sich wenigstens einig wären, auf welche Formen, Schichten, Strukturen des Gedichts es spezifisch ankommt? Die Übersetzer, von allem Anfang ansässig im Reich der Interpretatoren, dessen Witz darin liegt, daß jeder Untertan sich für den König hält, begründen von hier die Aporie ihres Geschäfts, die, bei solcher Abstammung, die Apologie gleich mitliefert.

Die Unmöglichkeit, das *Ganze* zu übersetzen, ist die Prämisse jeder Übersetzung. Es fragt sich, wo der Verlust, optimal, am geringsten ist, in der Prosa oder im Gedicht. Für die Literatur der Vergangenheit läßt sich das unschwer zugunsten der Prosa beantworten. Aber heute? Und das heißt, ziemlich genau gerechnet, ab Lewis Carroll, bei dem erstmals die *Sprache* (Wortspiele usw.) den Verlauf der Handlung bestimmt.

Für mich ist es leichter, Gedichte, Gedichte von heute, zu übersetzen, als Prosa, Prosa von heute. Gedichte kann ich auswendig lernen, mit mir herumtragen, sie fallen mir ein, sollten es wenigstens, wo Ort und Stunde etwa den Bedingungen entsprechen, unter denen sie geschrieben wurden. Ich übersetze Gedichte, wie ich sie schreiben würde: heute eine Zeile, morgen ein Bild, dann drei Wochen nichts. Man mißverstehe mich nicht: ich will sagen, daß Lyrik mit dem Kopf übersetzt wird und nicht wie die Prosa, wenigstens große Teile der vergangenen *und* heutigen, mit dem Hintern. (Darum ist die Schinderei bei der – im engeren Sinne – *heutigen* Prosa so viel größer als beim heutigen Gedicht.) Ich will *nicht* sagen, daß der Übersetzer so tun sollte, als schreibe er ein Gedicht. Immerhin hat er, for better or worse, die Vorlage, und an die hat er sich, bis in jedes Komma, oder von den Kommas angefangen, zu halten. Allzu viel Unheil haben hier die Dichter gestiftet, die Originale lediglich als Rohstoff benutzten, um Eigenes zu bilden, wobei sie sich gern auf das Große-Ganze beriefen und berufen, vor dem Einzelheiten vergleichsweise minder relevant wären und seien. Gewiß, der Übersetzer muß histrionisch begabt sein, sonst soll er zu Hause bleiben, doch auch hier stimmt Brechts, von Diderot übernommene, Lehre, daß schlecht spielt, wer so tut, als *sei* er Hamlet, daß er sich vielmehr bewußt zu bleiben hat, daß er so *tue*, als sei er usw.

Gedichte sind überschaubar, man kann sie, wie gesagt, auswendig lernen, auch die sogenannten langen; die Prosa ist nicht überschaubar, man kann sie nicht auswendig lernen, auch die sogenannte kurze nicht. Das hängt, unter anderem, mit den Gesetzen der Prosodie zusammen. Weiter: bei Gedichten weiß ich, welche Wörter vorkommen, und wo, und wie, und wie oft, und warum; bei der Prosa verliere ich nach dem ersten Umblättern die Übersicht. Prosa übersetze ich Satz für Satz, im günstigeren Fall Absatz für Absatz, bestenfalls im Hinblick auf einige Schlüsselwörter, auf typische Syntax. Lyrik übersetze ich im Hinblick auf die Relevanz jedes einzelnen Wortes, des Rhythmus, des ›Tons‹, zum Zusammenhang: vom Einzelnen zum Ganzen, vom Ganzen zum Einzelnen. Zu Hilfe kommt mir überdies beim Übersetzen von Lyrik ein Leservorurteil: Lyrik gilt gemeinhin als schwierig. Darum ist man geneigt, Härten, Dunkelheiten, Eigentümlichkeiten passieren zu lassen (poetische Freiheit und so). Von der Prosa, und sei sie noch so artifiziell, verlangt man Diskursivität, lineare Plausibilität, denn Prosa, sagt man, ›erzählt‹. Es ist dann völlig egal, ob der Autor wie Johnson oder wie Gaiser geschrieben hat. Von der Übersetzung verlangt man Gaiser. Wer's nicht glaubt, dem schick ich gerne Rezensionen über Creeleys von Ernst Jandl und mir übersetzte Prosabücher.

Das Problem hier ist ein allgemeines, oft besprochenes: darf der Leser an den Text, oder muß der Text an den Leser herangeführt werden? Das Problem ist, als Alternative, unbrauchbar; nur jeweils und von Fall zu Fall ist es zu lösen. Es gibt Texte, die lassen sich mühelos prostituieren, tragen sich dem Leser jeder Sprache sozusagen selber an. Es gibt aber andere, die eine Übersetzung nicht vertragen, sich ihr geradezu widersetzen, wie Creeleys Prosa, weil ihr Übersetzbares der Zwerg Antaios ist und ihre Syntax Mutter Erde. Und ›Übersetzbares‹, nicht wahr, so heißt doch solches, das in der Sprache, in die übersetzt wird, eh schon bekannt ist. Durch ein derartiges Verfahren käme zur Sprache, in die übersetzt wird, nicht nur nichts hinzu – auch das Spezifische des Originals, das also, warum es geschrieben wurde, das, worin es die eigene Sprache weiterbringt, verschwände. Übersetzen aber beginnt erst da, wo nicht mehr, oder noch nicht, übersetzt werden kann. Das ist Glanz und Elend des Übersetzens.

Ein Großteil des ›Fortschritts‹ der Literaturen durch die Jahrhunderte beruht auf der Kühnheit der Übersetzungen, die nicht etwa Inhalte, die auch, vermitteln, sondern Formen. Welche Revolution, als man den Homer, der bisher nur in doggerels, in Knittelverse gedolmetscht worden war, in Hexameter übersetzte, und das von einer flektierten Sprache in die nicht-flektierten, vom quantitativen Akzent in den qualitativen! Oder als Chapman ihn in gereimte fünffüßige Jamben übertrug, wobei er zwar das dem Englischen adäquate Versmaß des Originals opferte, aber dafür ein solches fand, das nicht nur die *Länge* des fremden Maßes reproduzierte, sondern zugleich in der eigenen Sprache *sprechbar* war: er machte Homer vom Moritatensänger wieder zum Epiker. Eine Geschichte der Übersetzungen bleibt noch zu schreiben. Sie könnte eine Entwicklung der Literatur zeigen, die ganz und gar ohne die ›großen‹ Namen auskäme, aus der diese aber, jeweils als Folge, die Entwicklung bestätigend und deren Gesetze erfüllend, sich ergäben.

Was kann die Übersetzung, *heute*, tun, was, übers bloße Vermitteln von Inhalten, wichtig und, sagen wir, neu wäre? Speziell (weil ich darüber sprechen kann): die aus dem Anglo-Amerikanischen? Sie kann, sie muß, versuchen, im Deutschen, auch im Deutschen, endlich im Deutschen Umgangssprache literaturfähig zu machen. Die Herren Autoren tun's ja einfach nicht, trotz allem, was Döblin im *Alexanderplatz* gezeigt hat (der natürlich *lokal* bedingt und begrenzt war; aber er war ein Anfang, wäre als Anfang brauchbar gewesen). Umgangssprache, das heißt nicht slang, heißt nicht Einsprengsel im Dialog, Milieuvokabular, denn das gibts allerdings. Literaturfähige Umgangssprache, das heißt, ganz generell, eine Sprache, die Konrad Duden höchstens als Modell gelten läßt, als Abstraktion, die in der Natur nicht frei vorkommt, genauso wenig wie die chemischen Gase; das heißt, wenigstens, dies als Anfang, die Fiktion zu errichten, man schreibe wie man spreche; heißt, die andere Fiktion, die vom persona-Reden, aufzugeben, derzufolge nur dort Umgangssprache geschrieben wird, wo die ›Rolle‹ es erfordert; heißt, durchgängig, die (immer noch) nach dem Muster des Donat konstruierbare, ›kunstvolle‹ Syntax zu ersetzen durch eine nicht mehr konstruierbare und kunstlose oder, wenn man will, ›natürliche‹, eine Syntax, die alle Schlacken und Rückstände und widerlogischen Spontaneitäten mit sich führt, die die gesprochene Sprache konstituieren. Die Textur einer nach solchen Prinzipien fixierten Sprache wäre komplexer und verwickelter, als es die herkömmliche ohne Drechselei sein kann; doch nur, wer nicht mit den Ohren liest, kann solcher Sprache Künstlichkeit nachsagen.

Olsons Feldtheorie – die sprachliche Einheit (jeder Wörterverband, der auch ein Satz sein kann) als Energieübertragung: von dort, wo der Dichter die Wörter herhat, bis dahin, wohin er sie haben will, zum Leser oder Hörer – diese Feldtheorie läßt sich überhaupt nur postulieren, wenn die Möglichkeiten umgangssprachlicher Fixierung vorausgesetzt werden. Denn nur in der Umgangssprache sind sprachliche Einheiten von vorn und hinten ausgefranst. Olson durfte allerdings mit einem vorbereiteten Bewußtsein rechnen: seit Whitman, spätestens seit W. C. Williams, kommt in den Staaten die Buchsprache von der Umgangssprache nicht nur her: die eine definiert sich zugleich durch die andere. Dieses Selbstverständnis im Umgang mit gesprochener Sprache als Literatursprache kann man, leider, im Deutschen nicht nur nicht voraussetzen: verwendet man gesprochene Sprache, so klingt es ›zitiert‹. Dies ist nun Pflicht und Chance des deutschen Übersetzers: eine Umgangssprache als Literatursprache aus dem Boden zu stampfen oder langsam aufzubauen, die den Originaltext adäquat überträgt und zugleich allmählich eine Selbstverständlichkeit der gesprochenen Sprache gegenüber verfügbar macht, die die Dichter dann nutzen können. Wichtig ist es nicht, ›dem Volk‹ aufs Maul zu schauen, das tun schon die Apostel der Jargon-Einsprengsel zur Erzielung sogenannter Wirklichkeitstreue zur Genüge –: wichtig ist, sich selber aufs Maul zu schauen. Tut man das lang genug, so kann man die Umgangssprache aus ihrer Milieubefangenheit befreien. Irgendwann wird sich dann der notwendige Rollentausch vollzogen haben, daß nämlich Buchsprache, wo sie auftaucht, sofort als Zitat apostrophiert wird und nur als solches noch erträglich ist.

Die amerikanische Lyrik und Prosa, seit Williams, empfängt ihre Gesetze von der Umgangssprache. Der Übersetzer ist verloren, wenn er sich ihnen nicht gleichfalls unterstellt.

Charles Olson: The Kingfishers

I/1

What does not change / is the will to change

He woke, fully clothed, in his bed. He
remembered only one thing, the birds, how
when he came in, he had gone around the rooms
and got them back in the cage, the green one first,
she with the bad leg, and then the blue,
the one they had hoped was a male

Otherwise? Yes, Fernand, who had talked lispingly of
    Albers & Ankor Vat.
He had left the party without a word. How he got up,
    got into his coat,
I do not know. When I saw him, he was at the door,
    but it did not matter,
he was already sliding along the wall of the night,
    losing himself
in some crack of the ruins. That it should have been
    he who said, »The kingfishers!
who cares
for their feathers
now?«

His last words had been, »The pool is slime«. Suddenly
    everyone,
ceasing their talk, sat in a row around him, watched
they did not so much hear, or pay attention, they
wondered, looked at each other, smirked, but listened,
he repeated and repeated, could not go beyond his
    thought
»The pool   the kingfisher's feathers were wealth   why

did the export stop?«

It was then he left
...

III

I am no Greek, hath not th'advantage.
And of course, no Roman:
he can take no risk that matters,
the risk of beauty least of all.

But I have may kin, if for no other reason than
(as he said, next of kin) I commit myself, and,
given my freedom, I'd be a cad
if I didn't. Which is most true.

It works out this way, despite the disadvantage.
I offer, in explanation, a quote:
si j'ai du goût, ce n'est guères
que pour la terre et les pierres

Despite the discrepancy (an ocean   courage   age)
this is also true: if I have any taste
it is only because I have interested myself
in what was slain in the sun
      I pose you your question:

shall you uncover honey / where maggots are?

      I hunt among stones

Die Eisvögel

I / 1

Was sich nicht ändert / ist der wille zur veränderung

Er wachte, in kleidern, in seinem bett auf. Er
erinnerte sich nur an eins, die vögel, wie
als er reinkam, er durch die zimmer laufen
und sie wieder in den käfig sperren mußte, erst den
    grünen,
das weibchen mit dem schlimmen fuß, und dann den
    blauen,
von dem sie gehofft 's wär ein männchen

Und sonst? Ja, Fernand, der wispernd von Albers & Ankor
    Vat sprach.
Er verließ wortlos die party. Wie er aufstand, den mantel
    anzog,
weiß ich nicht. Als ich ihn sah, war er an der tür, aber es
    war egal,
er schlich die wand der nacht schon entlang, verlor
    sich
in einem spalt der ruinen. Daß ers gewesen sein mußte
    der sagte: »Die eisvögel!
wem liegt
an ihren federn
jetzt?«

Seine letzten worte warn gewesen, »Der tümpel ist
    verschlammt.« Alle plötzlich
hörten zu sprechen auf, setzten sich um ihn herum,
    sahn zu
hörten nicht so sehr zu, oder paßten auf, sie
wunderten sich, sahn einander an, schmunzelten,
    doch lauschten,

er sagte wieder und wieder, konnte den gedanken nicht
   vergessen
»Der tümpel   die eisvogelfedern bedeuteten reichtum
   warum
hat die ausfuhr aufgehört?«

Hier wars daß er ging
...

III

Kein Grieche bin ich, den vorzug hab ich nicht.
Und, freilich doch, kein Römer:
von dem was zählt kann er nichts wagen,
am allerwenigsten die schönheit.

Doch meine sippschaft hab ich, und seis nur deshalb
   weil
(nächst der sippschaft, wie er sagte) ich mich engagiere,
   und,
im besitz meiner freiheit, wär ich ein lump
wenn ichs nicht tät. Was genau stimmt.

Darauf läuft es hinaus, trotz des nachteils.
Ich gebe, zur erklärung, ein zitat:
si j'ai du goût, ce n'est guères
que pour la terre et les pierres

Trotz der verschiedenheit (ein meer   mut   alter)
stimmt auch das: hab ich überhaupt geschmack
so nur weil ich mich interessiere
für das was man in der sonne erschlug

ich stell dir deine frage:

wirst du honig finden / wo maden sind?

ich jage zwischen steinen

Olsons *Kingfishers*, die 1949 erschienen, waren das einflußreichste Gedicht im Nachkriegsamerika, vergleichbar höchstens Ginsbergs *Howl*, haben aber, im Unterschied zu diesem, vorwiegend auf die Dichter und ihre Schulen eingewirkt. Im Jahr darauf erschien in der Zeitschrift *Poetry* Olsons Essay *Projective Verse*, der die Methode des Gedichts theoretisch begründete. Das lange Gedicht war damit in die Welt gesetzt. Es wäre falsch, in Olson den Verweser des Erbes von Pound und Williams zu sehen. Sicher findet Olson manche wichtigen Ansatzpunkte im Werk dieser beiden (Umgangssprache; Notwendigkeit, nach neuen prosodischen Qualitäten zu suchen), doch war deren Dichtung auf die zyklische Großform hin entworfen, nachdem ihnen die Möglichkeiten des kurzen Gedichts nicht mehr ausreichten. Alles deutet übrigens darauf hin, daß auch Olson den Weg zum großen Zyklus weitergeht: seit mehr als zehn Jahren veröffentlicht er keine eigenständigen langen Gedichte mehr, sondern Teile aus dem enormen Komplex der Maximus-Gedichte. (Von hier wäre Walter Höllerers These – »Das lange Gedicht als Voraussetzung für das kurze« – zu ergänzen: »Das lange Gedicht als Voraussetzung für die zyklische Großform.«) Die Übersetzung solcher Zyklen ist aus zwei Gründen schwierig: sie setzt für das richtige Erfassen jeder Stelle die Präsenz des Ganzen voraus, oder wenigstens die Präsenz der wichtigsten Themen, Motive usw.; und sie muß sich hüten, die Schlüsselwörter dem jeweiligen Kontext angepaßt zu übersetzen, muß vielmehr nach einem Äquivalent suchen, dessen semantische Streuung der des Originals annähernd gleichkommt, um in, sagen wir, dreißig verschiedene Kontexte zu passen. Dies letzte ist eine Schwierigkeit, die bei der Übersetzung kurzer Gedichte fast nie auftaucht: hier ist es möglich, ein und dasselbe Wort in fünf verschiedenen Gedichten desselben Dichters fünfmal verschieden zu übersetzen, indem jeweils *der* semantische Teil herausgeholt wird (es kann sich hierbei auch um einen phonetischen, rhythmischen usw. Teil handeln, der über die Semantik entscheidet), der für den Kontext am wichtigsten ist. Verführe man so bei der Übersetzung von Zyklen, so wären die Ariadnefäden, diese Halteseile des alpinisierenden Lesers, zerrissen.

Im Unterschied zur Übersetzung kurzer Gedichte oder großer Zyklen ist das Übersetzen langer Gedichte ›leicht‹. Sie sind immer *kurz* genug, so daß man das Ganze im Blick und im Gedächtnis behalten kann; sie haben selten Leitmotive, Schlüsselwörter nötig, und wenn doch, so fehlt ihnen meist die Zeit, sie in verschiedene Kontexte zu stellen, und wenn ja verschiedene Kontexte zusammengestellt sind, so bleibt die Streuung gewöhnlich erträglich, weil übersichtlich; sie sind, weiter, immer *lang* genug, so daß es nicht auf die Genauigkeit und Unverrückbarkeit jedes einzelnen Wortes ankommt. Wenn man mir die fahrlässige Verallgemeinerung durchgehen läßt: kurze Gedichte und Zyklen sind introvertiert, abgekapselt, leben von Verknappung und/oder Bezug, die sich erst mit der Zeit erschließen; darum die Schwierigkeit, daß *jedes* Wort richtig gesetzt werden muß. Lange Gedichte sind extrovertiert, sind offen zum Leser hin, sind, das sind sie bestimmt, rhetorisch; darum die untergeordnete Rolle des Wortes und die Notwendigkeit, *jede Zeile* richtig zu setzen.

Die Sprache der *Kingfishers* ist die Umgangssprache. Durchgängig. Als Haltung des Ichs (zunächst eines Er, der mit diesem verschmilzt), das – ja was? – das ›erzählt‹. Dieses Ich ist nicht mehr ein schlechthin ›lyrisches‹, keine persona, es ist – ein Name wie Albers macht das deutlich, der in unmittelbarster Nähe zu Black Mountain College stand – es ist Olson selber, der erzählt. Einem Zuhörer. Sich erinnernd, doch so, daß er das Erinnerte ›vergegenwärtigt‹, den Hörer unmittelbar an ihm teilhaben läßt. Die Sprache ist nicht poetisch – sieht man ab von Fügungen wie ›wall of the night‹, die Zitat sind und denen die Funktion der von Pound so genannten Juxtaposition zukommt; Konfrontation von Umgangssprache mit Buchsprache, von Sage mit Schreibe im vorliegenden Fall –, sondern sachlich-realistisch, gibt sich als gesprochene Sprache. Dieses Moment des Gesprochenen wird nun nicht nur im Vokabular und nicht nur in der Syntax realisiert, sondern – das ist Kern und Gehäuse der Poetik – in der Zeile.

Die Zeile, wir erinnern uns, ist das, was auf einen Atemausstoß gesagt werden kann. Sie setzt die Zäsuren, die mit den grammatischen selten etwas gemein haben, leistet, somit, der gesprochenen Sprache Vorschub, die auch Punkt und Komma überrennt und dort pausiert, wo es ihr, *ihr*, paßt, d. h. wo es für Sinn und Effekt und Tendenz opportun ist. Das steht alles in Olsons Poetik des projektiven Verses. Erwähnt ist es hier, weil es fürs Übersetzen genauso relevant ist wie fürs Schreiben. Es kommt also darauf an, Anfang und Ende der Zeile (vor allem ihr Ende, denn darauf läuft sie ja hinaus) besonders im Auge zu behalten. Das sind die Haltepunkte. Zwischendrin, pardon, kann man mogeln. Das Mogeln wird manchmal zum sine qua non, wenn es darum geht, die Prädikate, die im Deutschen unseligerweise am Ende stehen – Edwin Muir, der schottische Dichter und Kafka-Übersetzer hat sein Lied davon gesungen –, und die, wenn sie zusammengesetzt sind, unerträglich klappern, zu raffen; die sich hieraus vielleicht ergebende Ungenauigkeit des Tempus läßt sich manchmal durch einen Partikel wieder ausgleichen.

Überhaupt kann die Differenz der syntaktischen Abfolge beider Sprachen das Verständnis des Gedichts erheblich beeinflussen: schließlich spielt es eine Rolle, ob ein Wort in Zeile 13 eingeführt wird oder erst in Zeile 17. Die Übersetzung muß ja *auch* versuchen, ihren Leser oder Hörer mit annähernd den gleichen Bedingungen zu konfrontieren, wie sie dem Leser oder Hörer des Originals gegeben waren. Zu diesen Bedingungen gehört auch die *Reihenfolge* der Wörter, die über die Assoziationsfolge im Leser oder Hörer entscheidet. Diese Reproduktion der Reihenfolge scheitert freilich meist an der genannten syntaktischen Differenz. Sie ist eine Hauptkrux des Übersetzens. Manchmal kann man sich durch einen Trick retten. Ein Beispiel aus der Mitte der *Kingfishers*:

> In this instance, the priests
> (in dark cotton robes, and dirty,
> their dishevelled hair matted with blood, and flowing wildly
> over their shoulders)
> rush in among the people, calling on them
> to protect their gods

Der Satz ist ganz regelmäßig konstruiert, nur sind Subjekt und Prädikat durch eine dreizeilige Parenthese getrennt. Diese Trennung läßt sich im Deutschen nicht nachmachen, denn es müßte ja das Prädikat vorgezogen werden, die Parenthese hinge also in der Luft. Zieht man Subjekt *und* Prädikat zusammen vor (›in diesem Augenblick stürzen sich die Priester [...] unters Volk ...‹), dann passiert dreierlei: es wird ein rhythmisch langweiliger, das Stakkato des Originals opfernder Satz daraus (das Komma hinter ›instance‹ beispielsweise kann nicht wiedergegeben werden); die Suspension, das durch die Parenthese isolierte und in der Schwebe gehaltene ›the priests‹, ein Spannungsmoment, denn was ist mit ihnen los, den Priestern, verschwindet; und schließlich ist die Parenthese zu lang, als daß die schwache Lokalbestimmung ›unters Volk‹ hinreicht, die Spannung mit derselben Intensität aufzunehmen, die vor der Klammer suspendiert worden war. Die Trennung Subjekt/Prädikat im Originaltext ist eine echte Klammer, die die dazwischengeschobene typographische wiederholt. Was kann man also tun? Plausibel scheint mir folgende Lösung:

In diesem augenblick, die priester
(In dunklen baumwollgewändern, und schmutzig,
ihr zerwühltes haar blutgetränkt, und wild
um ihre schultern wehend)
sie stürzen sich unters volk, rufen es auf
seine götter zu beschützen

Zwar ist der einfache Satz hier in einen Anakoluth verwandelt, und das Hektische der beschriebenen Situation wird vielleicht eine Spur überzogen, doch bleibt die Suspension der Spannung gewahrt, bleibt das Stakkato, bleibt der aufgeregte umgangssprachliche Ton, dem die gewählte Stilfigur ja noch entgegenkommt. Wörtlicher, scheint mir, ist diese Lösung als die buchstäbliche, aftergenaue der genannten provisorischen Übersetzung, die Sinn und Intention unter sich begräbt.

Was die Wörtlichkeit betrifft: man hat gefragt, warum ich in Teil III der *Kingfishers* – einem Teil, der ausschließlich aus Juxtapositionen zwischen Umgangssprache und Buchsprache, slang und erlesenem Zitat in dem Fall, besteht – warum ich, Apologet der Wörtlichkeit ansonsten, warum ich hier ›I am no Greek‹ nicht mit ›Ich bin kein Grieche‹, sondern mit ›Kein Grieche bin ich‹ übersetzt habe. Eben darum: weil es für das Gespreizte des (vermutlich) jakobäischen Zitats (›hath not th'advantage‹) im Deutschen keine morphologische Entsprechung gibt und man, um etwas annähernd Korrespondierendes zu finden, ins Vokabular oder, wie ich's durch die Inversion versucht habe, in die Syntax ausweichen muß. Diese einfache Inversion reicht freilich noch nicht aus. Um ein übriges zu tun, wurde in der nächsten Zeile das gewöhnliche ›of course‹ durch das antiquarische ›freilich doch‹ wiedergegeben. Dies letzte hängt indessen auch damit zusammen, daß diese Zeile im Unterschied zur ersten, jambischen, trochäisch ist. Darum auch im Deutschen die Zäsur nach dem ›und‹, die auszusprechen ist, um die Zeile zum Trochäus zu überreden.

Doch wir verstricken uns in Details, Puzzle-Arbeit, die fürs Übersetzen langer Gedichte eigentlich sekundär ist. Wichtig ist, das kann allerdings gerade dieses Beispiel lehren, daß es auf die Sprechbarkeit der Zeile ankommt. Auf keine nur rhetorische, die hätten der Blankvers oder der von Eliot fürs poetische Theater geforderte freie Pentameter auch, eine motorische Rhetorik, deren Prinzip die Wiederholung, deren Effekt der Tiefschlaf ist, sondern auf eine Sprechbarkeit, die den wechselnden Modi des Gedichts Rechnung trägt, dabei aber den ›Atem dessen der spricht‹, Olsons also, exakt mitzuatmen bestrebt ist.

›Der Atem des Dichters‹, der herüberzuholen ist, ohne daß allzuviel Atem des Übersetzers dazwischenpfeift! Wie ist das zu machen, wenn überhaupt? Ist durch die Verschiedenartigkeit der Sprachstrukturen nicht von selber die Grenze gesetzt? Nötig ist, vor allen Dingen, ein hohes Maß an Identifikation (vom histrionischen Talent des Übersetzers war ja schon die Rede). Dies beginnt beim Einhören in den Text, für das vom Autor besprochene Bänder beinah unerläßlich sind. Die ›akustische Maske‹ des Dichters sich überzuziehen, wäre ein wünschenswerter nächster Schritt. Hierfür könnte eine gewisse somatische Ähnlichkeit zwischen Dichter und Übersetzer nicht schaden. Denn wie hilft man sich, bei einer vom Atem des Dichters bestimmten Lyrik, wenn der Dichter Asthmatiker ist und der Übersetzer nicht, oder umgekehrt? Erst jetzt stellt sich die Frage, wie sich der Atem ›übertragen‹ läßt. Dafür *kann* es keine allgemeine Regel geben, die Frage ist jeweils von Zeile zu Zeile, von Einheit zu Einheit (rhythmischer, gedanklicher, metaphorischer usw.), von Absatz zu Absatz zu lösen. Versucht werden muß jedenfalls, die Fiktion von Zeile gleich Atemstoß beizubehalten. Die Zäsuren, die der Atem macht, fallen mit denen der Sinneinheiten, der Redefiguren, der herkömmlichen ›Verse‹ usw. nicht notwendig zusammen. Doch dies sind genau jene Stellen, ›um die das Gedicht sich dreht‹. Von diesen Stellen her sind die Zeilen aufzubauen. Die Frage nach der syntaktischen Zulässigkeit verschwindet dann bald hinter der, ob etwas, das dem Original zufolge am Anfang oder am Ende der Zeile stehen muß, atemtechnisch *so* möglich und wahrscheinlich und, schön wär's, gebräuchlich ist.

Verlieren wir nun das Ganze aus dem Blick, verbeißen wir uns in Details. Was Olson allerdings nicht recht war, Creeley ist es durchaus billig.

Robert Creeley: *Please*
for James Broughton

Oh god, let's go.
This is a poem for Kenneth Patchen.
Everywhere they are shooting people.
People, people, people, people.
This is a poem for Allen Ginsberg.
I want to be elsewhere, elsewhere.
This is a poem about a horse that got tired.
Poor. Old. Tired. Horse.
I want to go home.
I want you to go home.
This is a poem which tells the story,
which is the story
I don't know. I get lost.
If only they would stand still and let me.
Are you happy, sad, not happy, please come.
This is a poem for everyone.

Bitte
> für James Broughton

O Gott, gehn wir.
Dies ist ein Gedicht für Kenneth Patchen.
Überall werden Leute erschossen.
Leute Leute Leute Leute.
Dies ist ein Gedicht für Allen Ginsberg.
Ich will anderswo sein, anderswo.
Dies ist ein Gedicht über ein Pferd das müde wurde.
Arm. Alt. Müde. Das Pferd.
Ich will nach Hause gehn.
Ich will daß du nach Hause gehst.
Dies ist ein Gedicht das die Geschichte erzählt,
was die Geschichte ist
weiß ich nicht. Ich verliere mich.
Wenn sie nur still stehen würden und mich ließen.
Bist du froh, traurig, nicht froh, komm nur her.
Dies ist ein Gedicht für viele mehr.

Die Schwierigkeiten beginnen beim Titel. ›Bitte‹ ist korrekt, aber leider doppeldeutig, im Unterschied zu ›Please‹. Und im Deutschen liegt es viel näher, den Titel substantivisch zu verstehen, also falsch. Zudem wird ›please‹ in der Schlußpointe wieder aufgenommen, was im Deutschen auch nicht geschieht, weil der Reim gerettet werden sollte und ich – könnt ich reimen, spart ich's Leimen – keinen anderen auftreiben konnte. Voilà: schon die Hilflosigkeit dem Titel gegenüber zeigt die ganze Krux des Geschäfts. (Wobei sich an diesem Beispiel wieder einmal zeigt, wie gemein einem gerade die alltäglichen Wörter mitspielen; und je ›literarischer‹ die Wörter, desto größer ihr Spielraum, desto leichter die Möglichkeit, sie wiederzugeben, zu übertragen.)

Unangenehm, weil in ihrer syntaktischen Doppelfunktion nicht herüberzuholen, ist Zeile 8: »Poor. Old. Tired. Horse.«:

erstens vier durch Punkte abgeschlossene und gesetzte Interjektionen, zweitens zugleich eine einzige, für die die Punkte lediglich Zäsuren, ein Suspendieren der Stimme und damit forcierte Betonung jedes einzelnen Adjektivs der einen einzigen Interjektion bedeuten. Im Deutschen muß also versucht werden, sowohl die syntaktische Isolation der Adjektive zu erhalten und sie zugleich ihrem Substantiv syntaktisch zuzuordnen. Wie soll das gehen? Ein auf ein Substantiv bezogenes Adjektiv verlangt ja leider Flexion. Die einzige Lösung, die mir möglich scheint, ist, die Adjektive unflektiert zu lassen, den dritten Punkt gewissermaßen als Doppelpunkt mit Gedankenstrich davor zu denken und das Substantiv *mit* Artikel hinzuschreiben: »Arm. Alt. Müde. Das Pferd.« Die so gesetzten Adjektive erlauben, wie im Englischen, keine Vorentscheidung über ihre mögliche Zugehörigkeit, zugleich stellt der Artikel vor dem Substantiv, zusammen mit der (zu denkenden) verlängerten Zäsur davor, Anschluß und Zusammengehörigkeit her: daß sich, in dieser Zeile, die Adjektive nicht, wenigstens syntaktisch nicht, auf die Leute im allgemeinen, oder die Personen, denen das Gedicht gewidmet ist, im besonderen, oder gar auf das lyrische Ich im speziellen, beziehen, sondern eben auf das Pferd.

Das Problem, das die Zeilen 11-13 stellen, verschwände, wenn man wüßte (Gott sei Dank ist der Autor noch erreichbar; die Frage läßt sich also wirklich lösen), ob Zeile 12 durch einen Punkt abgeschlossen ist oder nicht. Der oben wiedergegebene Text (ohne Punkt) ist der der Erstveröffentlichung des Gedichts in dem Band *A Form of Woman* (Jargon/Corinth 1959); nach diesem Text wurde das Gedicht übersetzt. Die Fassung *mit* Punkt steht in den Gesammelten Gedichten *For Love* (Scribner's, New York 1962). Einfacher, natürlich, übersetzt sich das Gedicht *mit* Punkt. Zudem wäre diese Version, aufs Ganze gesehen, plausibler, denn jede Zeile ist am Ende interpunktiert, einmal durch Komma, sonst durch Punkte – bis auf die eine Zeile 12 eben. So wäre auch die parataktische Struktur des Gedichts bruchlos durchgehalten. Die Zeilen würden lauten: »Dies ist ein Gedicht was die Geschichte erzählt, / was die Geschichte ist. / Ich weiß nicht. Ich verliere mich.« Der Sinn wäre dann der, daß das Gedicht die (unser aller) Geschichte *erzählt* und selber diese Geschichte *ist*. Ich gebe zu, daß mich diese Lösung verlockt, daß ich sie vermutlich für die allein mögliche gehalten hätte, wenn mir, als ich das Gedicht übersetzte, '59 oder '60, schon die Fassung der Gesammelten Gedichte vorgelegen hätte – oder mir, im Blick aufs Ganze, die Erleuchtung gekommen wäre, ein Druckfehler könnte seine Hand im Spiel gehabt haben. Nun, oben steht zu lesen, wie ich übersetzt habe, und ich will versuchen, meine Version zu rechtfertigen. Mir erschien / erscheint die Stelle *ohne* Punkt insofern plausibel, als sie typisch ist für eine Creeleysche Satzfigur, den Anakoluth. (Allerdings muß ich gleich zugeben, daß sich diese Figur fast ausschließlich in seiner Prosa findet, die überhaupt, was die Syntax betrifft, vielschichtiger, komplexer sein dürfte als seine Lyrik.) Das Gelenkstück wäre dann also Zeile 12: sie zieht zwei Sätze in einen, gehört zum Vordersatz wie zum Nachsatz. Daß es ›die Geschichte‹ gäbe, wird im Mittelsatz zugleich behauptet und in Frage gestellt: er ist eine Verdichtung aus Vorder- und Nachsatz und führt zugleich die Affirmation, in raffinierter Verkürzung, in die Negation über. Übersetzen läßt sich die Stelle, in beiden Versionen, ganz mühelos. Weshalb sie dann so breit diskutiert wurde? Um zu zeigen, daß der Übersetzer, wie der Ausdeuter, um Textkritik nicht herumkommt, daß der Sinn, natürlich, oft an Kommas und Punkten sich entscheidet (und bei Creeley ganz besonders).

Schließlich die beiden Schlußzeilen mit dem Reim. Man erinnert sich an endlose Diskussionen: ist der Reim in der Übersetzung beizubehalten oder nicht? Es wäre absurd, hierüber grundsätzlich zu entscheiden. Komische Gedichte etwa leben zumeist vom Reim; sich um ihn in der Übersetzung herumzudrücken, hieße, sie tot zur Welt bringen, oder mindestens, sie kastrieren. Andererseits gibt es Gedichte, bei denen eine kategorisch nachgemachte Reimerei notwendigerweise eine Verfälschung der Metaphern und der inneren Struktur zur Folge hätte. Die heutige Dichtung hat ein zwiespältiges Verhältnis zum Reim. Bis vor ein paar Jahren noch gehörte es zum guten Ton, von ihm, diesem großelterlichen Relikt, die Gedichte sauber zu halten. Inzwischen hat sich der gute Ton gewandelt, und der Reim ist wieder zugelassen, wie ein Stehpult, eine Gallévase, eine Ottomane, an bevorzugte Stelle zu setzen, in gehörige, man sagt, ironische, Distanz zum übrigen Intérieur; zumal, da es sich um Einzelstücke handelt, der Wert durch Überhäufung gemindert würde. Reime, heute, sind wie versprengte Reiter: ein Stück Sezessionskrieg in Korea (nein da noch nicht) oder Vietnam. Etwas von der surrealistischen Methode scheint hier nachzudämmern: eine Rüsche aus dem bürgerlichen Jahrhundert im pluralistischen Kontext. Ich meine: wenn heute gereimt wird, als Schnörkel oder als winding-up, so hat man das als Übersetzer genauso ernst zu nehmen wie Metapher-Wortspiel-Syntax usw. Gewiß beeinträchtigt oder verändert eine Übersetzung des Reims in den meisten Fällen den semantischen Sinn des Originals. Das aber muß in Kauf genommen werden in dem Maße wie er, jenseits dessen, was er *sagt*, mehr oder weniger Effekt und Bedeutung, und also *Sinn*, trägt. In der Übersetzung des zitierten Gedichts geht der Reim auf. Geopfert wird die Rückverbindung zum Titel; verändert wird die Adresse: aus ›everyone‹ wird ›viele‹. Das ist peinlich, dennoch erscheint mir ein hieb- und stichfester Reim als wichtiger, *sinnvoller*. Aufgetaucht ist die Lösung: »... bitte komm. / Dies ist ein Gedicht für jedermann.« Aber abgesehen von dem deutschen Ohren mithin unerträglichen ›jedermann‹ (ein Papierwort überdies im Unterschied zu ›everyone‹), hockt der Reim zwischen den Stühlen. Der Reim, bei Creeley gern als Mittel zur Ironisierung benutzt, hebt den Sinn auf, in der doppelten Bedeutung. In der eben genannten Lösung kommt er, der Sinn, klumpfüßig daher. Dabei geht Ironie aber doch auf Zehenspitzen! Womit ich jedoch keineswegs meine eigene Verlegenheit überzuckern will.

Robert Creeley: *Chanson*

Oh, le petit rondelay!
Gently, gently.
It is that I grow older.

As when for a lark
gaily, one hoists up a window
shut many years.

Does the lady's eye grow moist-
er, is it madame's in-
clination,

etc. Oh, le petit rondelay!
Gently, gently.
It is that I grow older.

Chanson

Oh, le petit rondelay!
Zärtlich, zärtlich.
Ich werde nämlich älter.

Wie wenn für eine Lerche,
heiter, man ein Fenster aufsperrt,
viele Jahre zu.

Wird der Dame Auge feuch-
ter, ist Madame ge-
neigt,

etc. Oh, le petit rondelay!
Zärtlich, zärtlich.
Ich werde nämlich älter.

So leicht tanzen nur französische Galane, zu Couperin, und der schwerfüßige Deutsche muß sich hüten, daß er nicht in den Ländler verfällt. Leichtigkeit ist bei dem Gedicht fast alles. Sie kommt durch den Rhythmus herüber. Darum ist es, wie manchmal, ›wörtlicher‹, diesen Rhythmus zu wahren als den exakten Sinn der Vokabeln. So brauchte ich für die zweite Zeile ein Adverb, das nicht nur sanft-leise-intim-freundlich usw. ausdrückt, semantisch sowohl wie phonetisch, sondern das zugleich Trochäus ist. Deshalb ›zärtlich‹.

Das zweite Terzett hat gleich in der ersten Zeile einen Fehler: ›for a lark‹ heißt ›zum Jux‹ und nicht ›für eine Lerche‹. Trotzdem, und ohne mein akutes Nichtwissen des Idioms beschönigen zu wollen, der buchstäbliche Sinn ist für amerikanische Ohren natürlich auch mitgesetzt (wenn man annimmt, daß Ohren nicht etymologisch denken. Denn das ›lark‹ des Idioms leitet sich her von ae. ›lacan‹, was dasselbe heißt wie mhd. ›laichen‹, nämlich ›foppen‹. Doch selbst wenn man das weiß, tief unten singt die Lerche sehr hoch mit.) Die Frage heißt ganz allgemein: muß man Idiome als Idiome übersetzen? Dies würde zwar der Richtigkeit eine Reverenz machen, aber welcher Richtigkeit eigentlich außer der lexikalischen? Kaum ein Idiom verändert bei der Übersetzung seinen Bildgehalt nicht, oder wird abstrakt, oder, wenn das Original abstrakt ist, wird Bild. Denkbar wäre durchaus eine Übersetzung von Idiomen, bei der lediglich die Bilder übersetzt würden. (Denn der Dichter bedient sich ja gewöhnlich nicht der Idiome als Vehikel, sondern meint, was er sagt und wie er es sagt.) Ein solches Verfahren ergäbe vermutlich einen anderen ›Sinn‹ oder gar keinen, wäre aber *eine* mögliche, und sicher legitime, Übersetzung. (So wie Ernst Jandl einmal Wordsworths »My heart leaps up when I behold ...« rein phonetisch übersetzt hat: »mai hart lieb zapfen eibe hold ...«; er nannte das ›Oberflächenübersetzung‹.) Diesen ganzen Abschnitt kann man gern als Parenthese lesen; ich wollte so tun, als hätte ich den Fehler *for a lark* gemacht.

In der nächsten Zeile – »..., one hoists up a window« – stellt sich die Frage nach der sinn-gemäßen Übersetzung. ›Hoist‹ heißt ›hissen, hochziehen‹. Nun sind vertikal funktionierende Schiebefenster in England und in den Staaten etwas Alltägliches, in Deutschland sind sie selten (quasi-feudal) bis nicht-existent. Würde ich ›hoist‹ also wörtlich übersetzen, so klänge das gespreizt bis unverständlich. Ich versuche also den ›Sinn‹ zu übertragen, stelle dabei mein philologisches Gewissen in den Schrank und fahnde nach einem Wort – das ist hier der Sinn! –, welches genauso ungewöhnlich wie ›hoist‹ ist. (Statt dessen hätte ja fast so gut ›open‹ gesagt werden können.) – Das Problem, hier, ist wieder allgemein: inwieweit darf (oder muß) Übersetzung zu Übertragung werden, in dem Sinne, daß Wörtlichkeit, die Verdunkelung wäre, geopfert wird, zugunsten einer Reproduktion des Sinngehalts, unter Berücksichtigung des Ambiente, in das hinein übersetzt wird? Denn übersetzen heißt, für den Leser annähernd die gleichen Bedingungen herstellen, die dem Leser des Originals gegeben sind; heißt, im Leser nicht nur die gleichen Assoziationen zu evozieren, sondern zugleich, sie mit derselben Geschwindigkeit sich evozieren zu lassen. Das will sagen: würde man ›hoist‹ mit ›öffnen‹ übersetzen, so käme die Assoziation im Deutschen rascher als im Amerikanischen, wäre dafür aber konturlos; würde man es mit ›hochziehen‹ übersetzen, so käme sie unvergleichlich viel langsamer – wenn sie überhaupt kommt, was immerhin so etwas wie Wissen voraussetzt – und wäre gesucht, fände kein vorbereitetes Bewußtsein. Die ›Übertragung‹ auf (und für) den Bewußtseinshorizont des deutschen Lesers scheint mir hier das Problem (Wörtlichkeit, Retardierung, Acceleration) am schlüssigsten zu lösen. Man kann beileibe kein Prinzip daraus machen. Ich gebe den kleinen Finger und *nicht* die ganze Hand. Denn es gibt genügend Fälle, wo man wörtlich bleiben *muß*, wo eine ›Übertragung‹ das Gedicht kaputt machen würde. Von Olson gibt es Variationen über Rimbauds ›O saisons, ô château‹. Eines der Schlüsselwörter des Gedichts ist ›whippoorwill‹, ein Vogel, den jedes, aber wirklich jedes Kind in den Staaten kennt. Auf deutsch heißt er ›Ziegenmelker‹, und selbst Ornithologen kratzen sich erst zweimal, bis ihnen etwas dazu einfällt. Hier hätten also, um der obigen These zu folgen, Amseldrosselfinkundstar hergehört. Nun lebt aber das Gedicht aus der Evokation amerikanischen Raums und entsprechender Flora und Fauna. Die ganze Szene hätte transplantiert, das Gedicht hätte neu geschrieben werden müssen. (So etwas kann legitim sein, heißt dann aber nicht mehr Übersetzung.) Nur wäre dabei eben die spezifische Differenz zwischen der Alten und der Neuen Welt, auf die es Olson, zum Teil wenigstens, ankam, eingeebnet worden: man hätte das Gedicht dahin zurückgeholt, wovon es fortwollte. Ohne die doppelte Phasenverschiebung Rimbaud-Olson/Olson-deutsche Übersetzung taucht das Problem oft genug einfach auf. Man hat eine ganze Theorie darauf aufgebaut: die vom Original, das durch die Übersetzung hindurchscheinen muß, um das ›Besondere‹ der Vorlage, welcher Gestalt es auch immer ist, zu retten. Ich bin ein Parteigänger dieser Theorie, bin aber, von Fall zu Fall, korrupt genug, mir Konspirationen mit der Gegenseite zu gestatten.

Genug für jetzt. Jede Diskussion über Übersetztes kann irgendwo und jederzeit abgebrochen werden. Denn es läßt sich aus ihr nur lernen, daß sich nichts aus ihr lernen läßt. Es gibt keine Methode des Übersetzens und keine Theorie. Jede Theorie ist durch eine andere zu widerlegen; jede Methode gilt gerade für das Exempel, an dem sie sich beweisen will.

Selbst allgemeinste Postulate, die Wörtlichkeit zum Beispiel, verlieren bei Gebrauch ihre Eindeutigkeit. Übersetzen muß man von Fall zu Fall, eine Methode hat so lange Gültigkeit, bis das Gedicht, für das sie erarbeitet wurde, fertig übersetzt ist.

(1966)

Wichtigste Übersetzungen von Klaus Reichert

Robert Creeley, *Mr. Blue (The Gold Diggers)*, Frankfurt: Insel, 1964; Neuausgabe unter dem Titel *Die Goldgräber*, mit einem Nachwort des Autors und einem Nachnachwort des Übersetzers, Salzburg: Residenz, 1992

Charles Olson, *Gedichte*, Frankfurt: edition suhrkamp, 1965

Lewis Carroll, *Briefe an kleine Mädchen*, Frankfurt: Insel, 1966. Erweiterte Neuausgabe, Frankfurt: Insel, 1994

Paul van Ostaijen, *Gedichte*, aus dem Flämischen, Frankfurt: Suhrkamp, 1966, Reihe Poesie in zwei Sprachen

Edward Bond, *Gerettet (Saved)*, Frankfurt: Suhrkamp, 1967

Robert Creeley, *Gedichte*, Frankfurt: edition suhrkamp, 1967

James Joyce, *Verbannte*, Frankfurt: Suhrkamp, 1968

James Joyce, *Giacomo Joyce*, Frankfurt: Suhrkamp, 1968

Lewis Carroll, *Die Jagd nach dem Schnark*, Frankfurt: Insel; Stuttgart: Hensel, 1968

Charles Olson, *WEST*, Berlin: LCB-Editionen, 1969

Shakespeare, *Timon von Athen*, Frankfurt: Verlag der Autoren, 1971

James Joyce, *Stephen der Held*, Frankfurt: Suhrkamp, 1972

James Joyce, *Ein Porträt des Künstlers als junger Mann*, Frankfurt: Suhrkamp, 1972

Shakespeare, *Maß für Maß*, für das Hamburger Schauspielhaus, Buchausgabe mit Kommentar, 1982, Frankfurt: Verlag der Autoren, 1974/75

Getrude Stein, *Zarte Knöpfe* (zusammen mit Marie-Anne Stiebel), mit Nachwort zu Übersetzungsproblemen bei Gertrude Stein, Frankfurt: Suhrkamp, 1979

Shakespeare, *Der Kaufmann von Venedig*, Buchausgabe mit Kommentar, Frankfurt: Verlag der Autoren, 1981

John Cage, *Marcel Duchamp, James Joyce, Erik Satie: Ein Alphabet*, WDR Köln, 1981/92

John Ashbery, Gedichte, in: *manuskripte* 79 (1983), Graz, S. 11-15

John Cage, »Empty Mind«, in: *Nachtcagetag*, WDR Köln, 1987, S. 83-86

John Cage, »Wie die Welt zu verbessern ist«, in: *Nachtcagetag*, WDR Köln, 1987, S. 112-128

Robert Creeley, *Gedichte*, zweisprachige Ausgabe, Salzburg: Residenz, 1988

Das Hohelied Salomos, aus dem Hebräischen (mit Transkription und Kommentar), Salzburg: Residenz, 1996 (Neuausgabe München: dtv, 1998)
Robert Creeley, *Fenster. Neue Gedichte*, Salzburg: Residenz, 1997
Tom Lanoye, Luk Perceval, *Schlachten! nach den Rosenkriegen von Shakespeare*, (1. Teil: »Richard Deuxième«, »Heinrich 4«, »Der Fünfte Heinrich«), aus dem Flämischen, Frankfurt: Verlag der Autoren, 1999
Gedichte von G. M. Hopkins, Thomas Hardy, W. B. Yeats, D. H. Lawrence, Dylan Thomas, in: *Englische und amerikanische Dichtung 3*, hrsg. v. Horst Meller und Klaus Reichert, München: C. H. Beck, 2000

Nachweise

1 Zur Übersetzbarkeit von Kulturen – Appropriation, Assimilation oder ein Drittes?, Vortrag auf der II. Europäischen Übersetzerkonferenz, Literarisches Colloquium Berlin, 5.-7. Mai 1994, in: *Sprache im technischen Zeitalter*, Nr. 130, 1994. – Englische Fassung vorgetragen auf einem Jerusalemer Symposion ›Between Cultures‹ im August 1994. – Überarbeitete Fassung in: Carola Hilfrich-Kunjappu, Stéphane Mosès (Hrsg.), *Zwischen den Kulturen – Theorie und Praxis des interkulturellen Dialogs* (Conditio Judaica, 20), Tübingen: Niemeyer, 1997.

2 Im Hinblick auf eine Geschichte des Übersetzens, Vortrag am Institut für Allgemeine und Vergleichende Literaturwissenschaft der Freien Universität Berlin, in: *Sprache im technischen Zeitalter*, Nr. 79, 1981.

3 Lesbarkeit oder Erhaltung der Komplexität? Thesen zur Praxis des Übersetzens, Vortrag am 19. November 1976 beim 9. Eßlinger Übersetzergespräch in Bergneustadt aus Anlaß der Frankfurter Joyce-Ausgabe, in: *Akzente*, Bd. 25, 1, München: Hanser, 1978.

4 Der Silberblick für das Detail in der Geschichte des Übersetzens, Vortrag auf einer Tagung des Einstein Forums, Potsdam, ›Der liebe Gott steckt im Detail‹, Juni 2000, unveröffentlicht.

5 Stil und Übersetzung, Vortrag bei einer Tagung über Stil im Rahmen des Sonderforschungsbereichs, ›Übergänge und Spannungsfelder zwischen Mündlichkeit und Schriftlichkeit‹, der Universität Freiburg i. Br. im Dezember 1989, in: *Stilfragen*, hrsg. v. W. Erzgräber, H.-M. Gauger, Tübingen: Gunter Narr, 1992.

6 Im Namen der Prose, in: *Poetica*, 22. Bd., Heft 3-4, Amsterdam: Grüner, 1990.

7 Zum Übersetzen aus dem Hebräischen, Vortrag auf der Frühjahrstagung der Deutschen Akademie für Sprache und Dichtung vom 1.-3. Mai 1997 in Passau unter dem Thema »Übersetzen als Brücke zum ganz anderen: Literarisches Übersetzen«, in: Deutsche Akademie für Sprache und Dichtung, *Jahrbuch 1997*, Göttingen: Wallstein, 1998.

8 »Zeit ist's«. Die Bibelübersetzung von Franz Rosenzweig und Martin Buber im Kontext, Stuttgart: Franz Steiner, 1993. Ursprünglich als

Vortrag in englischer Sprache bei einem Jerusalemer Symposion über ›Translatability of Cultures‹, August/September 1991. Gekürzte englische Fassung (»It is Time«. The Buber-Rosenzweig Bible Translation in Context) in: *The Translatability of Cultures. Figurations of the Space Between*, ed. S. Budick, W. Iser, Stanford: Stanford University Press, 1996, S. 169-185.

9 Ein Shakespeare aus Flandern, in: Deutsche Shakespeare-Gesellschaft, *Shakespeare-Jahrbuch*, hrsg. v. Ina Schabert, Bochum: Kamp, 2001; ebenfalls in: *Vertaling & Verbeelding. De creativiteit van de literaire vertaler*, hrsg. v. Johan Tielemans en Marc van de Velde, Gent: Mercator, 2001, S. 85-98.

10 Moses Mendelssohn: Seyn oder Nicht-Seyn / Der erste deutsche Hamlet-Monolog, in: *Ein solches Jahrhundert vergißt sich nicht. Lieblingstexte aus dem 18. Jahrhundert*, München: C. H. Beck, 2000.

11 Deutschland ist nicht Hamlet. Der Hamlet-Monolog am Vorabend der Reichsgründung, in: *Der deutsche Shakespeare* (Theater unserer Zeit, Bd. 7), hrsg. v. Reinhold Grimm, Willy Jäggi, Hans Oesch, Basel: Basilius Presse, 1965.

12 What Where. Becketts Hinüber und Herüber, in: *Jahrbuch 11 der Bayerischen Akademie der Schönen Künste*, München: Oreos, 1997. Es handelt sich um den Festvortrag anläßlich der Verleihung des Adalbert-von-Chamisso-Preises an deutschschreibende Autoren ausländischer Herkunft am 26. Februar 1997 in der Bayerischen Akademie der Schönen Künste.

13 Die Herausforderung des Fremden. Erich Fried als Übersetzer, in: *Text und Kritik*, Heft 91, *Erich Fried*, München 1986. Der Vortrag wurde gehalten zum 7. Internationalen Autorenseminar der Alten Schmiede in Wien »Über Erich Fried«, Dezember 1982. Damals war Erich Fried der meistgespielte Shakespeare-Übersetzer auf deutschsprachigen Bühnen.

14 Dankrede nach der Verleihung des Wieland-Preises, in: *Der Übersetzer*, November/Dezember 1983. Der Preis wurde mir am 18. Oktober 1983 für die Übersetzung des Hörspiels *An Alphabet* von John Cage verliehen.

15 Zur Technik des Übersetzens amerikanischer Gedichte, Vortrag auf einer 1966 von Walter Höllerer im Literarischen Colloquium Berlin veranstalteten Tagung zur Lyrikübersetzung, in: *Sprache im technischen Zeitalter* (Sonderheft *Übersetzen I*), Heft 21, 1967.